PAUL NEWMAN

Das außergewöhnliche Leben eines ganz normalen Mannes

PAUL NEWMAN

Das außergewöhnliche Leben eines ganz normalen Mannes

DIE AUTOBIOGRAFIE

Auf Grundlage von Interviews und Gesprächen
unter der Leitung von Stewart Stern

Zusammengestellt und aufbereitet
von David Rosenthal

Aus dem Amerikanischen
von Heike Holtsch

HEYNE

Die Originalausgabe erschien 2022 unter dem Titel »The Extraordinary Life of an Ordinary Man – A Memoir« bei Knopf Doubleday.

Paul Newman wurde 1925 geboren. Vor allem in seinen ersten Lebensjahrzehnten herrschte in der amerikanischen Gesellschaft noch ein anderes Frauenbild, ein anderes Verhältnis zwischen Männern und Frauen und auch zwischen Schwarzen und Weißen vor als heute. Daher sind in wenigen Passagen dieses Buches Formulierungen enthalten, die man heute so nicht mehr gebrauchen würde. Aus Gründen der Authentizität wurden diese beibehalten, obwohl sie nicht den Werten des Verlages entsprechen und auch im Widerspruch zu Paul Newmans philanthropischem Wirken und seinem Engagement in der Bürgerrechtsbewegung in seinen späteren Lebensjahrzehnten stehen.

MIX
Papier aus verantwortungsvollen Quellen
FSC® C014496

Penguin Random House Verlagsgruppe FSC® N001967

Deutsche Erstausgabe 2022

in der Penguin Random House Verlagsgruppe GmbH,
Neumarkter Straße 28, 81673 München
Redaktion: Evelyn Boos-Körner
Umschlaggestaltung: wilhelm typo grafisch,
unter Verwendung des Original-Covers:
Coverdesign: John Gall; Coverfoto: Bruce Davidson/
Magnum Photos/Agentur Focus
Satz: Uhl + Massopust, Aalen
Druck und Bindung: GGP Media GmbH, Pößneck
Printed in Germany
ISBN: 978-3-453-21840-6

www.heyne.de

Dieses Buch ist Stewart Henry Stern gewidmet
22. März 1922 – 2. Februar 2015

Erfolg ist das, was den Unterschied zwischen Vorstellungskraft und Verantwortungslosigkeit ausmacht

Wenn ich »Newman« als Eintrag im Wörterbuch definieren müsste, würde ich ihn so formulieren: »Jemand, der sich zu viel Mühe gibt.«

– PAUL NEWMAN, UNVERÖFFENTLICHTE INTERVIEWS, 1991

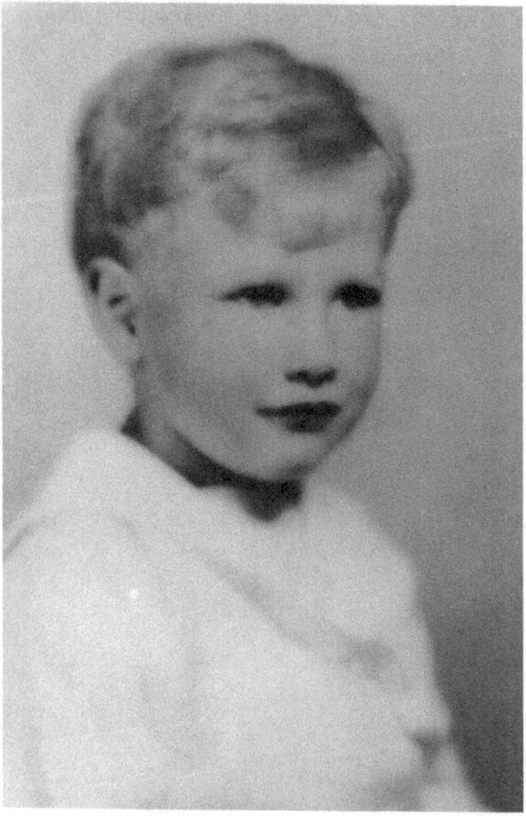

PAUL NEWMAN, ETWA 1929

VORWORT

Im September 1986, also in dem Jahr, als sich Paul Newman auf dieses Projekt einließ, wurde er in einem Artikel der *New York Times* als »hager und über eins achtzig« beschrieben.

Darauf konterte eine Klatschkolumnistin der *New York Post*: »Alle, die Paul schon mal von Angesicht zu Angesicht gegenüberstanden, sagen, er kommt nicht mal annähernd an eins achtzig heran, außer mit Absätzen.« Dann rief sie zu einem Wettbewerb auf: »1000 Dollar an Newmans bevorzugten Wohltätigkeitsverband oder Wahlkampfkandidaten für jeden Zoll, den er größer ist als eins zweiundsiebzig …, und zwar barfuß.« Weil unser Dad sich einen Spaß daraus machen wollte, in den Klatschspalten zu bleiben, spielte er mit. Er erhöhte den Einsatz auf hundert Mal so viel und kaufte sich ein Paar Gravity Boots, mit denen er sich kopfüber irgendwo herunterhängen lassen konnte, um sich noch ein Stück zu strecken. Soweit wir wissen, fand der Wettbewerb dann doch nicht statt.

Für 1986 können wir jedenfalls mit ziemlicher Sicherheit sagen, dass er volle eins achtundsiebzig groß war. Beide Zeitungen lagen also falsch.

Er besaß Integrität. Er legte auch stets Wert auf Privatsphäre und fühlte sich bei Interviews nie richtig wohl. Der Gedanke, dass unser Vater das Buch, das Sie jetzt in den Händen halten, überhaupt jemals in Betracht zog, scheint uns vollkommen abwegig, aber er ist tatsächlich fünf Jahre lang drangeblieben. Er wollte diese Aufzeichnungen seinen Nachkommen hinterlassen – so hatte er es sich ursprünglich vorgestellt. So, und als eine Möglichkeit, »das eine oder andere, was öffentlich dokumentiert war, geradezurücken«, nachdem die Boulevardpresse ihm die meiste Zeit seines Lebens auf den Leib gerückt war. Zum Teil Bekenntnis, zum Teil Selbstanalyse, enthüllt sich in diesem Buch vieles, das, wenn er uns eher daran hätte teilhaben lassen, wohl zu manch tief greifenden Gesprächen über Beziehungen, die eigene Identität, das Glück und die Kunst geführt hätte, und ganz bestimmt zu einigen ziemlich unbehaglichen Familienessen.

Der Einzige, der für Paul infrage kam, um an dem Projekt mitzuwirken, war Stewart Stern, ein enger Freund, vertrauenswürdiger Hüter von Familiengeheimnissen und atemberaubender Autor. Bekannt vor allem für das Drehbuch von *… denn sie wissen nicht, was sie tun*, hatte er auch die Drehbücher für zahlreiche Filme geschrieben, in denen sowohl Paul als auch seine zweite Frau, Joanne, mitspielten.

Durch seine Zuneigung zu den beiden, zu ihrer beider Kinder und den Kindern ihrer Kinder wurde Stewart so etwas wie ein adoptierter Verwandter, der wie durch eine glückliche Fügung zur DNA der Familie passte. Ab 1986 verschrieb auch er sich diesem neuen Projekt und bestand im Namen des Initiators darauf, dass alle bei den Interviews so schonungslos aufrichtig sein sollten, wie sie konnten. Enge Freunde und Verwandte wurden für die Abschriften der Tonaufnahmen verpflichtet. 1991 schienen Stewart und mein Vater schließlich absolut überwältigt davon. Sie steckten bis über die Ohren in Material.

Danach wurde nicht mehr viel darüber gesprochen. Nach einem Jahr Krankheit (und fast genau ein Jahr nach seinem letzten Sieg auf der Rennstrecke von Lime Rock) starb unser Vater im Jahr 2008. Er wurde dreiundachtzig Jahre alt. Für eine Ewigkeit schien unsere Welt stillzustehen. Unweigerlich herrschten zunächst die Verwirrung und das Chaos, womit man bei Todesfällen zurechtkommen muss, und der Nebel aus Trauer.

Fast ein ganzes Jahrzehnt verging. Ab und zu kamen die Abschriften der Tonaufzeichnungen wieder zur Sprache. Aber keiner wusste Genaues darüber. Es hatte sogar geheißen, sie wären verbrannt worden. Stewart, der sich mit seinen damals zweiundneunzig Jahren selbst dem Lebensende näherte, wollte unbedingt wissen, was aus den Aufzeichnungen geworden war. Er wollte sie zumindest für die Nachwelt archivieren. Bevor das Rätsel gelöst wurde, starb er.

Wir gingen davon aus, dass die Abschriften irgendwo herumlagen. Aber vielleicht auch nicht. Wir wollten sie uns ansehen … oder lieber doch nicht? 2019 fanden wir zufällig einige zusätzliche Interviews in verschlossenen Aktenschränken, die in den feuchten Keller unseres Elternhauses in Connecticut verfrachtet worden waren. Irgendwann später stieß unsere Freundin, die Produzentin Emily Wachtel, beim Archivieren von Unterlagen unserer Familie auf die gesamten Abschriften unseres Vaters. Aus einem flüchtigen Blick wurde ein jahrelanges Leseprojekt, und was sich dabei enthüllte, schien ungeschönt und sehr persönlich. Vierzehntausend Seiten insgesamt, und Emily war der Ansicht, es könne durchaus interessant sein, das begonnene Projekt zu vollenden.

Über Privatjets und rote Teppiche kann man überall etwas lesen. Aber darum geht es hier ganz eindeutig nicht. Es handelt sich eher um eine Selbst-Sektion, das Auseinandernehmen von Gefühlen, Motiven und Motivationen, erweitert um andere Stimmen und Ansichten wie in einem griechischen Chor, von Verwandten, Navy-Kameraden und Schauspielkollegen. Eines der allgegenwärtigen Themen ist die stetige Unsicherheit, die vielen Künstlern vermutlich bekannt vorkommt. Denn die Wirklichkeit scheint ihnen nicht verlässlich. Für manche Menschen ist kaum nachvollziehbar, warum bei all dem Erfolg dieses Gefühl des Zweifels so unablässig bestehen bleibt. Da war jemand, der sich für einen Hochstapler hielt, für einen ganz normalen Mann mit einem außergewöhnlichen Gesicht, der das Glück auf seiner Seite hatte und weit mehr erreichte, als er sich überhaupt vorgestellt hatte. Er hatte immer das

Gefühl, nicht mit Talent, sondern mit Beharrlichkeit hatte er es so weit gebracht. Es gab ein paar Leute, die ihn abwiesen, aber zum Glück gab es auch eine Menge Leute, die erkannten, dass er etwas Außergewöhnliches an sich hatte, lange bevor er selbst es bemerkte.

Dann ist da noch das allseits bekannte Märchen von zwei Hollywood-Stars und ihrer glückselig unkomplizierten fünfzig Jahre währenden Ehe, das, abgesehen davon, dass es aufgebauscht ist, unfair gegenüber all denen erscheint, ob berühmt oder nicht, die jemals eine Liebesbeziehung eingegangen sind. Wenn man sich klarmacht, dass es zwei Familien gab, mit Halbgeschwistern und allen möglichen Kollateralschäden, dann wird die Geschichte plötzlich um einiges nachvollziehbarer. Die Atmosphäre bei uns zu Hause war wechselhaft, mal aufgeladen, und dann wieder heiter. Umso mehr Anerkennung gebührt angesichts der Wahrheit dem Paar aus Fleisch und Blut, das all diese Dramen und Vertrauenskrisen überstand und wenngleich vom Kampf gezeichnet, dennoch unverrückbar miteinander verbunden daraus hervorging.

Bei Vätern bestimmter Jahrgänge gibt es das Klischee, dass sie distanziert oder unbegreiflich sind. Unserer war zwangsläufig der Nachfahre seines eigenen frustrierten Vaters und all der vorangegangenen Generationen, die sich mit der Erziehung ihrer Kinder abmühten, ohne dass ihnen jemand richtig beigebracht hätte, wie das geht. Dieses Buch besteht aus Rückblicken von späteren Zeitpunkten aus. Bemerkenswert ist, dass unser Vater nach all diesen Interviews immer weiter an sich arbeitete und sein Bestes tat, emotional, künstlerisch und altruistisch, unermüdlich bis zum Schluss. Plötzlich Einblick in diese Enzyklopädie seiner Gedanken und Beweggründe, seiner Konflikte … seiner Lebensumstände zu haben, war für uns, um es in Worte zu fassen, tief greifend. Zu hören, dass er uns all das wissen lassen wollte, war mehr als bewegend.

Melissa Newman

EINLEITUNG

Mal sehen, ob wir ein erstes Kapitel hinbekommen, und dann versuchen wir es mit einem zweiten Kapitel, dann mit einem dritten, dann mit dem vierten und fünften … Jetzt sehen wir uns mal an, was wir schon haben: Das haben wir erwähnt, und das haben wir auch erwähnt – die generelle Einstellung haben wir abgehandelt, die Anfänge und die Erschaffung (eines Sexsymbols, Anm. d. Redaktion), die Trinkerei und alles Amüsante und welche Moral auch immer dahintersteckt.

Das größte Paradox bei all dem ist, dass man eigentlich so anfangen könnte wie die Autoren manch anderer Biografien: »Schon als kleiner Junge brachte er dieses und jenes zustande, und als er dann erwachsen war, wurde er Premierminister. Und jetzt wollen wir einmal zurückblicken und uns genauer ansehen, wie es dazu kam.«

Aber wie sich bei diesem Buch herausstellt, ist es einfach nur die Geschichte eines kleinen Jungen, der zur Zierde seiner Mutter wurde, zur Zierde ihres Hauses, von allen bestaunt, weil er so dekorativ war. Wäre er ein hässliches Kind gewesen, hätte seine Mutter ihm keinerlei Beachtung geschenkt. Hätte er ein Bein nachgezogen oder ein herunterhängendes Augenlid gehabt, wäre sie nur deshalb kurz stehen geblieben und hätte ihn getröstet, weil sie etwas brauchte, dem sie Trost spenden konnte – aber mit dem kleinen Jungen selbst hätte das nichts zu tun gehabt.

Das gekünstelte Gehabe, das gar nicht ihm galt und in keinerlei Zusammenhang mit ihm stand, verletzte den kleinen Jungen so sehr, dass er sich in seinem tiefsten Inneren schließlich sagte:

»Meine Güte, nimm's doch einfach mit, es steht dir ja ohnehin zu. Ich für meinen Teil rette, was von meinem Selbst zu retten ist.«

Dann schnappte sich der Junge mit dem schönen Äußeren seinen Fußball und machte sich davon. Es fehlte ihm an nichts. Er bekam gutes Essen und führte ein tolles Leben, und er ließ sein tiefstes Inneres – den Waisenjungen sozusagen – weit hinter sich im Staub zurück.

Aber der verwaiste Junge lief hinter dem dekorativen kleinen Scheißkerl her, den er doch eigentlich so sehr verabscheute. Er wollte ihn einholen, auch dann noch, als der dekorative kleine Scheißer alle möglichen Auszeichnungen einheimste, jedes Spiel für sich entschied, immer wieder Lobeshymnen und Ehrungen einstrich, während das verwaiste Kind den Boden unter den Füßen verlor. Es konnte ihn lange nicht einholen, erst in den letzten paar Jahren gelang es ihm, und da sagte es: »Oha. Warte mal! Ich muss mich erst mal umsehen und mir das Ganze irgendwie erklären.«

Ich war für meine Mutter wie Pinocchio, jemand, der aus der Art schlug.

Noch heute versuche ich, die Verflechtung meines eigenen Innersten und meiner eigenen Wünsche von allen anderen um mich herum zu entwirren, die immer denken, sie würden sämtliche Antworten kennen.

Dieses Buch entsprang dem Bestreben, meinen Kindern alles zu erklären. Ich galt immer als distanziert und reserviert. Aber das lag nicht daran, dass andere Menschen ihre Arme zu weit ausgestreckt hätten, sondern daran, dass ich meine Arme nicht weit genug ausstrecken wollte. Und je weiter die anderen ihre Arme ausstreckten, desto weniger streckte ich meine aus. Für mich fühlte es sich dann an, als würde mir die Luft abgeschnürt.

Ich möchte nur ein paar Aufzeichnungen hinterlassen, die das eine oder andere geraderücken, die den Wildwuchs um mich herum ein wenig zurückstutzen, die mit einigen Legenden aufräumen und die Piranhas fernhalten. Etwas, das so genau wie möglich die Zeit dokumentiert, die ich auf diesem Planeten verbracht habe. Irgendwann höre ich mir die Aufzeichnungen nochmal an, an meinem Lebensabend wahrscheinlich, und dann mache ich daraus so etwas wie eine Autobiografie, die, so gut es geht, der Wahrheit entspricht. Denn was ansonsten über mich im Umlauf ist, kommt der Wahrheit nicht einmal nahe.

Das ist alles, was ich möchte, mehr nicht.

I

Ich sitze in der Bibliothek in meinem Haus in Connecticut, auf einer kleinen Couchgarnitur vor dem Kamin. Gerade habe ich einen Joint geraucht, und da hatte ich die Straßenzüge der Stadt, in der ich aufgewachsen bin, klar und deutlich vor Augen: Shaker Heights, Ohio. Ich erinnere mich noch genau an alles, auch an Einzelheiten, von denen ich dachte, sie wären längst vergessen und von denen ich niemals erwartet hätte, dass sie mir in Erinnerung geblieben sind.

Geboren wurde ich 1925. Shaker Heights war damals eine Vorstadt von Cleveland, und sie war so, wie alle anderen amerikanischen Vorstädte gern gewesen wären. Sie setzte die Standards, an denen andere wohlhabende Vororte sich messen lassen mussten. Wir wohnten in einem großen, dreistöckigen Haus in der Brighton Road, weit entfernt von der wohlhabendsten Gegend, aber wir waren eindeutig gut situiert. Mein Vater Arthur und sein Bruder Joe (genannt J. S. und in seiner Freizeit ein produktiver Autor von humoristischen Versen) betrieben die Newman-Stern-Sporting-Goods Company, die sich in einem imposanten Eckgebäude in Downtown befand. In der Branche rangierte sie direkt hinter dem New Yorker Vorbild Abercombie & Fitch.

Aber da ich in Shaker Heights aufwuchs, kann ich mich auch noch an Pferdegespanne erinnern, die Milchkarren oder Eisblöcke zogen. Die staatlichen Schulen dort galten als die besten in den Vereinigten Staaten. Rundherum waren Hunderte von Morgen Wald und fünf kleine Seen, wohin wir zum Angeln gingen und wo wir die Umgebung erkundeten. Sicherheit war damals kein Thema; im

Sommer konnte man vier Tage lang in den Wäldern bleiben, ohne dass einem etwas passierte. Ungemütlich wurde es allenfalls, wenn wir Kinder »Krieg« führten. Dann schnappten wir uns die Stangen, an denen die Nachbarn Tomaten zogen, warfen sie wie Speere und nahmen die Deckel von Mülltonnen als Schilde. Es war wie bei einem Ritus aus Papua-Neuguinea.

Alle Familien waren schneeweiß, keine Ausländer und keine Schwarzen auf den ruhigen Straßen und Grundstücken. Möglicherweise waren die Newmans die erste jüdische Familie, die in die Brighton Road vordrang. Aber wir taten das Gleiche wie alle anderen auch. Wir veranstalteten improvisierte Zirkusvorstellungen im Garten, verkauften Limonade, vollführten waghalsige Kunststücke auf unseren Schaukeln. Kleine Kinder, die im gleichen Alter waren wie mein älterer Bruder Art Jr. und ich, kamen zu uns nach Hause, und dann erzählte mein Vater erfundene Geschichten, für die er sich die abenteuerlustigen Terry Berry Boys ausgedachte hatte. Diese Geschichten erzählte er in Serie, jeden Abend ein anderes Kapitel. Anschließend tat er so, als wäre er ein verängstigtes Tier, und die Nachbarskinder hüpften auf ihm herum und machten Ringkämpfe mit ihm. Irgendwann ging er in Deckung wie ein Boxer, und der Spaß war vorbei. »Das reicht jetzt, Jungs«, sagte er dann immer, und die Kinder wurden nach Hause geschickt, während Art und ich uns bettfertig machten. Dabei hatte Art natürlich immer noch genug Zeit, mich nach allen Regeln der Kunst zu malträtieren, meistens in unserem sogenannten »Klub« – also in unserem gemeinsamen Spielzimmer auf dem eigentlichen Dachboden in der dritten Etage.

Am liebsten setzte er sich auf meinen Rücken, packte mich am Kinn und probierte aus, wie weit er mir den Kopf in den Nacken biegen konnte. Er dachte wohl, ich hätte es verdient, weil ich immer die gesamte Aufmerksamkeit unserer Mutter Tress bekam, all ihre Zuneigung, und dass für ihn nur ein paar Krumen übrig blieben. Der größte Unterschied zwischen Arthur und mir war, dass das unterschiedliche Verhältnis zu unserer Mutter ihn überhaupt nicht störte. Arthur fand immer, dass Gott ihn bei all den ihm zur Verfügung stehenden Möglichkeiten genau dort platziert hatte, wo es gar nicht besser hätte sein können. Mein Bruder beschloss, sich nur an das Gute aus unserer Kindheit zu erinnern, wohingegen ich mich in erster Linie an das Versagen und alles, was schieflief, erinnere.

Wir verbrachten viel Zeit oben in unserem Spielzimmer. Dort machten wir auch unsere Hausaufgaben. Und Art übte dort Schlagzeug, während ich in einem bequemen Sessel saß, Schallplatten auf dem Victrola laufen ließ und massenhaft Comics las. Unser »Klub« war gemütlicher als das schicke Wohnzimmer unten, wo eigentlich überhaupt keiner wohnte. Es liegt nahe, dass mein Gefühl für »Dekoration« aus dem penibel eingerichteten Showroom dort unten herrührt. Meine Mutter war sehr stolz darauf, wie es in diesem Wohnzimmer aussah, aber mir kam ihr Stil, den man heutzutage wohl als »Bloomingdale's Modern« bezeichnen würde, immer unterkühlt vor. Alles wirkte manikürt, ausgerichtet auf Wirkung, nicht auf Behaglichkeit. Schon ganz zu Anfang kam sie auf die Idee, das Zimmer mit schwarzem Teppichboden auslegen zu lassen – und dann kaufte sie sich einen weißen Spitz, weil er auf diesem Teppich so toll aussah. Natürlich hinterließ der Hund bei jeder Bewegung eine Spur aus weißem Fell.

Neben dem Wohnzimmer war ein großes Esszimmer, in dem wir jahrelang so gut wie alle Mahlzeiten gemeinsam einnahmen. Gesprochen wurde dabei kaum, und das Abendessen war immer eine Tortur. Wir hatten einen Esstisch mit Intarsien, und darauf lag immer eine feine Tischdecke. Jeden Abend wurde der Tisch mit edlem Porzellan gedeckt. Da saßen wir dann, und mein Vater erschien immer als Letzter. Oftmals trug er noch ein Jackett und eine Krawatte, aber wenn er nach der Arbeit Zeit gehabt hatte, sich umzuziehen, manchmal auch einen Bademantel. Wir hatten zwar ein Dienstmädchen, aber meine Mutter reichte uns die Teller immer selbst. Oft gab es bloß gebratenes Fleisch mit Gemüse und Kartoffel-

PAUL UND ARTHUR JR. ETWA 1929

püree. Vor dem Essen sprach mein Vater meistens einen Toast aus, und mein Bruder und ich stießen mit unseren Wassergläsern an.

Irgendwann beschloss meine Mutter, dass sie die Tischdecke nicht ständig bügeln wollte, also verlegte sie das Essen in den deutlich kleineren Frühstücksraum neben der Küche. Mein Vater war mit dieser Umstellung ganz und gar nicht einverstanden, deshalb aß er weiter im Esszimmer, und zwar allein. Zum Nachtisch gab es Pudding oder Kuchen – meine Mutter konnte sehr gut backen –, anschließend sagte mein Vater »Entschuldigt mich« und ging nach oben, um zu lesen (er bekam nie genug von der *Encyclopaedia Britannica*, die er von vorne bis hinten schon mehr als einmal durch hatte) oder um ein Schläfchen zu halten. Art und ich halfen beim Abwasch, dann gingen wir in unser Spielzimmer, machten uns eine Ladung Popcorn und tranken Eistee oder Sprudel.

Im Esszimmer schlugen Art und ich immer mit den Köpfen gegen die Wand. Wortwörtlich. Erst fiel es niemandem auf, bis die Delle schließlich so groß war, dass meine Eltern sie bemerkten. Wir waren nicht zimperlich beim Köpfe-an-die-Wand-Schlagen, sondern machten es mit solcher Wucht, dass hinter der Tapete der Verputz abbröckelte. Dabei müssen wir uns eigentlich das Gehirn halb zerschlagen haben. Diese Wand war unsere eigene Klagemauer. An jemand gleich Großem konnte ich meine Wut nicht auslassen, also ließ ich sie an der Wand aus. Heute muss ich lachen, wenn ich daran zurückdenke – zwei kleine Jungen, die sich abwechselnd auf die Schulter tippen und sagen: »Jetzt bin ich aber dran.« … »Ok, du zuerst!« Art war der Größere, also war er vermutlich zuerst dran. Da er einen halben Kopf größer war als ich, schlugen wir nie genau an dieselbe Stelle. (Jahre später, als ich aus dem Zweiten Weltkrieg zurück nach Hause kam, sah ich mir die Wand an und stellte belustigt fest, dass die Dellen noch deutlich zu erkennen waren.)

Bei uns zu Hause klang es immer, als herrschte Krieg. Manchmal waren die Kriegsgeräusche leise, wie Messerstiche in menschlichem Fleisch, verstohlen und heimlich wie kaum hörbare Kommandos bei Nacht. Aber es konnte auch explosiv und laut werden, wenn meine Mutter wieder einmal in die Luft ging. Oder in die Luft zu gehen drohte. Dann saßen wir da und warteten geradezu darauf, dass etwas schiefging und jemand aus der Haut fuhr; wir warteten darauf, dass jemand etwas falsch machte und auf den darauffolgenden Ausbruch. Meistens lagen wir schon im Bett und hörten, wie unsere Eltern sich stritten und gegenseitig anschrien. Ich hörte oft, wie etwas zu Bruch ging. Einmal riss meine Mutter bei einem

ARTHUR UND PAUL MITTE DER 1930ER-JAHRE

Streit ein Bild von der Wand und zerbrach es auf dem Kopf meines Vaters. Es war eine Pastellzeichnung von nackt herumtanzenden Nymphen (die ich mir mit einem Vergrößerungsglas schon genauer angesehen hatte). Es hing genau über dem Sofa. Wahrscheinlich ist mein Vater erst mal mit dem Rahmen über den Schultern herumgelaufen. Ich weiß noch, dass das Ganze wirklich bedrückend war, aber wenn ich heute daran zurückdenke, sehe ich all das vor mir wie Szenen aus einem Comic.

Als ich fünf war, kam die Weltwirtschaftskrise in Amerika an. Ein Viertel der Sportartikelhändler im ganzen Land ging in den folgenden Jahren bankrott, und mein Vater schien zutiefst verzweifelt. Wir handelten mit Luxusartikeln, aber niemand wollte noch Luxusartikel kaufen. Newman-Stern veranstaltete einen Sonderverkauf, und davon, wie erfolgreich der lief, hing es ab, ob das Geschäft geöffnet bleiben würde.

Irgendwann ging den Gebrüdern Newman das Geld aus. Ich weiß noch, dass mein Vater nach Chicago fuhr und die Firmen Spalding und Wilson dazu brachte, ihm Ware im Wert von 250 000 Dollar auf Kommission zu überlassen. Mein Vater hatte einen so guten Ruf als seriöser Geschäftsmann, dass die Fabrikanten wussten, sie würden die Bezahlung der Ware letztlich bekommen. Es sprach eindrucksvoll für meinen Vater und meinen Onkel Joe und für ihre Geschäftsmoral, dass sie die Wirtschaftskrise somit finanziell unbeschadet überstanden.

Wir alle trugen dazu bei. Dass meine Mutter arbeitete, hätte mein Vater niemals zugelassen, aber sie entließ das Dienstmädchen – was ihn schon genug ärgerte. Meine Mutter sagte: »Ich werde selbst putzen, und dann behalte ich das Geld, das ich sonst dem Dienstmädchen bezahlt hätte, und kaufe die Möbel, die ich haben möchte.« Das tat sie auch. Sie übernahm das Waschen, Mangeln, Bügeln, kaufte neue Möbel oder polsterte die alten selbst auf, sie nähte sogar Vorhänge und Volants. (Sie war mächtig stolz darauf, und es war ein Triumph für sie, das Gesicht zu wahren, weil mein Vater nie die Mitgliedschaft im Oakwood, dem jüdischen Country Club, ruhen lassen musste.)

Ich arbeitete zunächst im Lagerraum von Newman-Stern, und als ich etwas älter war, wechselte ich in den Verkauf. Ich verkaufte alles Mögliche: Ferngläser, Bälle, Tennisausrüstung. Ich war ein guter Verkäufer, ein redlicher Verkäufer. Wenn ich dabei war, jemandem eine Bowlingkugel zu verkaufen und derjenige plötzlich sagte: »Menschenskind, ich weiß gar nicht, ob ich überhaupt eine neue Bowlingkugel brauche«, dann sagte ich: »Wenn Sie sie nicht brauchen, kaufen Sie sie einfach nicht.« Ich habe gern dort gearbeitet.

Nach dem Zweiten Weltkrieg hatte Newman-Stern auch Militärbedarf im Sortiment. Einmal kam jemand vorbei und bot eine Kiste mit übrig gebliebenen Bombenzielfernrohren der Firma Norden an, diese futuristischen, einst geheimen militärischen Geräte, mit denen die US-Luftwaffe zielsicher ihre Bomben über Deutschland oder Japan abwerfen konnte. Der Typ konnte seinen unhandlichen Lagerbestand nirgendwo loswerden, verständlicherweise. Beim ersten Blick auf die komplizierten Apparaturen, dachte man: »Was soll man denn damit anfangen?« Aber Onkel Joe (der auf dem College Angewandte Wissenschaft belegt hatte) und mein Vater nahmen die Geräte auseinander, bis sie die Konstruktion durchschaut hatten. Wenn man an einer Stelle der Zielgeräte auf einen Knopf drückte, sprang ein leistungsstarker elektrischer Motor an, und mit etwas Improvisation konnte man daraus einen recht preisgünstigen automatischen Garagenöffner bauen. Die Regelwiderstände konnte man für viele gefahrenträchtige Haushaltsgeräte verwenden, und in den Zielgeräten war sogar einer der ersten analogen Computer verbaut.

Die Brüder schalteten eine ganzseitige Anzeige im *Plain Dealer* von Cleveland, in der sie beschrieben, wie man jedes einzelne der sechsunddreißig Bauteile umfunktionieren konnte. In den nächsten drei oder vier Tagen konnte man sich in unseren Laden kaum hereinkämpfen. Wir bekamen sogar einen Anruf der renommierten Case School aus Cleveland mit einer Bestellung von zwei vollständigen Geräten zum Preis von 2800 Dollar pro Stück – damals eine immense Summe. Es ging zu wie im Taubenschlag – etwa 200 000 Dollar Umsatz in ein paar Tagen.

Onkel Joe und mein Vater schäumten über vor Freude, nicht so sehr wegen des Geldes, sondern weil sie etwas ins Sortiment genommen hatten, das schon allen möglichen Läden angeboten worden war, aber nur sie hatten erkannt, welches Potenzial es hatte. Sie hatten einen riesigen Erfolg daraus gemacht. Das war die Romantik des Einzelhandels. Und die Brüder Newman waren Romantiker.

Dabei war es nicht von Anfang an so gewesen, jedenfalls nicht für meinen Vater. Als junger Mann wollte mein Vater Schriftsteller werden, und etwas anderes wollte er eigentlich auch gar nicht. Kurz nachdem er vom Pflichtdienst im Ersten Weltkrieg zurückkam, wurde er zum jüngsten Reporter, den die *Cleveland Press* jemals unter Vertrag hatte. Aber dann überredete ihn sein Bruder, der sich zunächst auf Elektro-Experimentierbaukästen für kleine Jungen und technisch fortschrittliche Mikrofone, Sender und Fernschreiber spezialisiert hatte, in sein noch neues Sportartikelgeschäft einzusteigen. (Die Umorientierung hin zu Sportartikeln war dadurch bedingt, dass die Regierung den Verkauf von privatem Fernmeldezubehör verboten hatte, nachdem Amerika 1917 dem Kaiser den Krieg erklärt hatte.) Joe war der Geschäftsführer der Firma, mein Vater der Finanzverwalter, wodurch er eigentlich immer im Schatten meines Onkels stand. Aber aus dieser Situation kam er nicht heraus – er hatte gerade eine Familie gegründet, er hatte Verpflichtungen und er war ein honoriger Mann. Er konnte seiner jungen Frau keine finanzielle Last aufbürden, und eine Scheidung wäre für Arthur niemals infrage gekommen.

Er wurde zu einem Gefangenen: gefangen in dem Geschäft, gefangen von seinem Schwanz, ohne die nötige Zeit, sich seine Entscheidungen reiflich zu überlegen.

Ich glaube nicht, dass er an seiner Arbeit wirklich Freude hatte. Ich glaube nicht, dass er an seinem Palast Freude hatte. Und ich glaube auch nicht, dass er an seiner Familie Freude hatte.

ARTHUR NEWMAN SR. 1938 IN SEINEM BÜRO

Teresa Fetzko, meine Mutter, war eine schöne junge Frau, die mit ihrer Familie aus Osteuropa hierher immigriert war (aus der damals schon zerfallenden Österreichisch-Ungarischen Monarchie, und zwar aus der heutigen Slowakei). Kurz nach Beginn des Zwanzigsten Jahrhunderts kam sie hier an, eigentlich noch als junges Mädchen, und eigentlich mit nichts weiter als Lumpen am Leib. Ihre Familie war sehr arm, und das war einer der Gründe für die stets vorhandene Angst meiner Mutter, alles zu verlieren. Sie behauptete, ihr Vater sei Professor, dabei war er in Wirklichkeit Maurer. Ihre eigene Mutter war gestorben, als sie selbst noch ein Kind war, und mit sechzehn heiratete sie einen jungen Typen, ließ sich aber kurz darauf scheiden, weil er, wie sie sagte, gewalttätig war.

Als mein Vater sie kennenlernte, arbeitete sie in Cleveland als Kartenabreißerin im Alhambra-Theater. Als sie mit meinem Vater liiert war, der wesentlich besser situiert war als sie, beschloss sie, aus der römisch-katholischen Kirche auszutreten und zur vergleichsweise weniger strengen (und der Familie ihres jüdischen Verehrers vielleicht weniger bekannten) Religionsgemeinschaft Christian Science zu konvertieren. Bald wurde sie von meinem Vater schwanger, und obwohl ihre Familie ihr gehörigen Druck machte, brachte sie das Baby (meinen Bruder Art Jr.) zur Welt und einige Zeit später heirateten Arthur Sr. und Tress. Mein Vater tat es aus dem Zwang heraus, und ich glaube, wenn er nicht ein so honoriger Mann gewesen wäre, hätte er sie im nächsten Moment schon wieder verlassen. Ich bin mir nicht sicher, ob meine Mutter ihn ganz einfach so sehr liebte, ob sie Angst vor einer Abtreibung hatte oder ob sie ihn aus anderen Gründen heiratete, jedenfalls schafften die beiden es, eine Familie zu gründen. Nur ein Jahr nach Art Jr. wurde ich geboren, aber das war zunächst auch gar nicht sicher, denn offenbar hatte es heftige Auseinandersetzungen über andere Optionen gegeben.

Die Newmans hatten von Anfang an Vorbehalte gegen Tress, aus diversen Gründen. Weil sie eine heidnische Christin war und die Newmans Juden, auch wenn die meisten in der Familie den Glauben nicht praktizierten. Weil sie umwerfend aussah. Weil sie sie für ein Flittchen hielten (»Ist sie nicht sogar geschieden?«), für berechnend, ungebildet und gesellschaftlich unter dem Niveau der Newmans (kurios, denn nur eine Generation zuvor waren die Newmans selbst noch fliegende Händler und Kesselflicker gewesen). Die Familie meiner Mutter war ihnen peinlich. Wie minderwertig sich meine Mutter dadurch gefühlt haben muss, und wie außen vorgelassen sich mein Vater gefühlt haben muss!

Mein Vater war von sich aus ein zurückhaltender Mensch, und soweit ich mich erinnere, pflegte er keinen Kontakt zur Familie seiner Frau. Meine Mutter nahm meinen Bruder und mich jede zweite Woche mit zu unserem mürrischen, schweigsamen Großvater (wo wir die wunderbare Hühnersuppe, die seine – zweite – Frau immer kochte, zu Essen bekamen), aber mein Vater kam zu diesen Besuchen nie mit. Nur zweimal war er, glaube ich, dabei. Ich glaube auch, mein Vater ärgerte sich, weil wir mitgingen, denn wir waren grundsätzlich sonntags zu Besuch bei unseren Großeltern, und da mein Vater an sechs Tagen in der Woche arbeitete, saß er dadurch noch öfter allein zu Hause. Die Sonntage waren für ihn ohnehin noch weniger unterhaltsam als die anderen Wochentage. Trotzdem wollte er mit den Verwandten meiner Mutter nichts zu tun haben. Ich weiß nicht einmal, ob er jemals zuließ, dass sie unser Haus betraten. Sie waren eben die arme Verwandtschaft.

Da ist es kein Wunder, dass auch meine Mutter selbst ein sehr zurückgezogenes Leben führte und nur wenige enge Freundschaften pflegte. Und so sehr sie sich um ihr Haus und ihren Mann kümmerte, so sehr verabscheute sie beides auch und traute keinem aus der Familie über den Weg. Sie war die misstrauischste Frau, die je gelebt hat, geradezu hysterisch, weil sie immer dachte, sie würde nie richtig anerkannt und nie bekommen, was ihr zustand. Dieses Misstrauen verfolgte auch uns immer wieder.

Worauf meine Mutter sich sehr wohl einließ, waren ihre eigenen zerstörerischen Gefühlsanwandlungen – aber nie auf die Objekte, die diese Gefühlsanwandlungen hervorgerufen hatten. Zum Beispiel begeisterte sie sich irgendwann für die Oper und schleppte mich mit zu fünfstündigen Wagner-Aufführungen in der Severance Hall. Durch die Musik geriet sie immer in eine euphorische Stim-

ARTHUR UND TRESS 1921

mung. Auch wenn ich als Kind etwas Drolliges tat oder die Treppe herunterkam und in meinen Shorts und meinem Pullöverchen besonders niedlich aussah, ließ sie sich von Emotionen überwältigen, von Tränen der Rührung oder Begeisterung. Von dem Kind selbst nahm sie eigentlich keine Notiz, ebenso wenig wie sie sich die Oper richtig anhörte. Was in ihrem Kopf und in ihrem Herzen vorging, hatte nur sehr wenig mit Wagners Musik zu tun oder mit mir, sondern nur mit einem Anflug ihrer eigenen Euphorie. Dann konnte man nur beten, dass sie einen wieder in Ruhe ließ. Wenn das Kind es schaffte, sich loszureißen, oder wenn die Musik aufhörte, fehlte ihr nichts von beidem. Denn ihre Emotionen hielten an, dadurch dass sie so groß und gewaltig waren, bis sie in Erschöpfung umschlugen. Erst dann kam sie vielleicht auf die Idee zu fragen »Wo ist er denn jetzt?« oder »Hat jemand die Musik abgestellt?«.

Wahrscheinlich hätte man ihr beim Sex einfach den Partner wegnehmen können, und ihre Leidenschaft hätte trotzdem angehalten, bis sie irgendwann auf die Idee gekommen wäre zu fragen: »Wo ist er denn hin?« So etwas über die eigene Mutter zu sagen, ist furchtbar, ich weiß, aber ich finde es auch furchtbar amüsant – und furchtbar traurig.

Manchmal habe ich die Vorstellung vor Augen, ich hätte mir als kleines Kind irgendwie wehgetan, vielleicht einen Splitter im Finger, und dann wäre meine Mutter um mich herum, würde mich gurrend in ihre Arme reißen und mich so fest drücken, dass sie dem kleinen Kerl die Luft abschnürt. Und wenn sie dann merken würde, dass der kleine Kerl, den sie in den Armen hält, nur noch eine leblose Hülle ist, wurde sie bestürzt ausrufen: »Aber ich wollte den Ärmsten doch nur trösten!«

Ich kam mir vor wie einer ihrer armen, jämmerlichen Hunde, die Krebs bekamen und so fett wurden, dass sie sich kaum noch bewegen konnten, aber meine Mutter fütterte sie weiter mit Schokolade, bis sie sie mit ihren Zuwendungen umgebracht hatte. Meine Mutter nahm überhaupt nicht wahr, welchen Schaden sie damit anrichtete. Mit ihrem Bedürfnis, Zuwendungen zu verteilen, überforderte sie das Objekt, dem diese Zuwendungen zuteilwurden, und dabei hatte es rein gar nichts mit dem Objekt an sich zu tun. Uns Kindern ging es nicht anders als den Hunden meiner Mutter, die nichts weiter waren als herumlaufende Dekorationsgegenstände und nach ihren Zuwendungen schnappten, während das verwaiste Kind in mir sich dagegen zu schützen versuchte, dass es zwischen der ganzen Dekoration zerdrückt wurde. Es sollte fünfzig Jahre dauern, bis sich das verwaiste Kind damit auseinandersetzen konnte.

Sie sah nie die Hunde selbst, sondern nur ihre eigene Wohltätigkeit. Und sie war so überwältigt von ihrer eigenen Wohltätigkeit und so verliebt darin, dass sie diese plumpen, fetten Hunde weiter vergiftete, bis sie schmolzen wie Eis auf einem Hörnchen und an der Seite des Sofas im Wohnzimmer heruntertropften auf die weißen Hundehaare, die sie auf dem schwarzen Teppichboden hinterlassen hatten.

LUCILLE NEWMAN WAR PAULS TANTE,
DIE FRAU VON ARTHUR NEWMAN SRS. BRUDER JOE.

Die beiden Newman-Jungs, Paul und Arthur Jr., mussten einsehen, dass ihre Mutter und ihr Vater beide gestörte Menschen waren. Gestört in dem Sinne, dass sie keinen Frieden fanden, keinen richtigen Frieden, niemals, und dass sie untergingen.

Wenn Art Sr. versucht hätte, sich scheiden zu lassen, hätte Tress, so wie sie charakterlich veranlagt war, etwas sehr Irrationales getan. Sie war ein einsamer Mensch, und manches, was sie tat, war einfach grausam.

Ich weiß nicht, wie Art Srs. Leben verlaufen wäre, wenn er eine andere Frau geheiratet hätte; da war wirklich eine enorme Anziehungskraft. Und für Tress bedeutete er eine Art Sicherheit. Ob sie ihn wirklich geliebt hat, weiß ich nicht. Aber sie konnte gar nichts wirklich lieben, außer diesem blinden, fetten Hund, den sie den ganzen Tag lang mit Süßigkeiten fütterte.

Auf meinen Vater wirkte sich die Ehe unter anderem dahingehend aus, dass er zum heimlichen Trinker wurde, zu einem Alkoholiker. Ich hatte immer gedacht, als er 1950 starb, wäre die Ursache Krebs gewesen. Aber erst vor Kurzem haben wir uns die Ergebnisse seiner Autopsie genauer angesehen und festgestellt, dass der Schaden an seiner Bauchspeicheldrüse, der zu seinem vorzeitigen Tod im Alter von sechsundfünfzig Jahren führte, in erster Linie vom Alkohol kam.

Es lief immer folgendermaßen ab: Die Geschäftsräume von Newman-Stern schlossen um 17.30 Uhr. Für den Fußweg zum Terminal Tower in Downtown Cleveland, von wo aus er den Schnellzug nach Shaker Heights nahm, brauchte mein Vater genau zwölf Minuten. So hatte er noch sieben Minuten Zeit für einen Zwischenstopp bei Fred Harvey's, einer Bar, in die alle Geschäftsleute nach der Arbeit gingen, und da konnte er sich schnell ein paar Drinks genehmigen – zwei doppelte Bourbon mit einem Schluck Wasser zum Nachspülen. Dann lief er zum Zug, und wenn er nach Hause kam, ging er sofort nach oben und schenkte sich aus der Flasche Bourbon, die er im Schrank versteckt hatte, noch einen doppelten ein.

BABETTE NEWMAN WAR EINE DER SCHWÄGERINNEN VON ARTHUR NEWMAN SR.; SIE WAR MIT SEINEM BRUDER AARON VERHEIRATET.

STEWART STERN WAR EIN HOCH ANGESEHENER DREHBUCHAUTOR, UND ER WAR EINER VON PAULS BESTEN FREUNDEN.

LUCILLE NEWMAN: Tress erzählte mir mal, was Arthur manchmal gemacht hat: Nehmen wir an, es war ein Feiertag. Die Kinder waren natürlich zu Hause, und sie waren alle dementsprechend angezogen. Sie hatte ein schönes Essen vorbereitet, den Tisch gedeckt und so weiter, und dann ging er nach oben und zog sich die schmutzigsten alten, zerlumpten Sachen an, die er finden konnte, kam wieder runter und setzte sich so heruntergekommen an den Tisch.

BABETTE NEWMAN: Einfach nur sehr, sehr traurig. Da könnte man weinen.

LUCILLE NEWMAN: Das ist schrecklich.

STEWART STERN: Wogegen wollte er damit protestieren, frage ich mich. Gegen ihren Perfektionismus? Wollte er damit alles beschmutzen und wohnlicher machen? Könnt ihr euch das vorstellen?«

BABETTE NEWMAN: Also, ich habe Tress jedenfalls nie gesehen, ohne dass sie perfekt gewesen wäre. Ihr Haar war immer schön …

LUCILLE NEWMAN: Bis zu ihrem letzten Atemzug, und sie trug Perücken.

BABETTE NEWMAN: Vielleicht wollte er dagegen protestieren.

An manchen Haltestellen des Schnellzugs konnte man Zeitschriften, Süßigkeiten, Kaugummi und zu bestimmten Zeiten auch Bier kaufen, mit 3,2 Prozent Alkohol. Die Marke hieß Fort Pitt, und auf dem Etikett waren Cowboys und Indianer abgebildet. Eines Sonntagnachmittags, Arthur und ich waren ungefähr elf und zwölf, überredeten wir unseren Vater, uns eine Flasche zu kaufen. Wir nahmen sie mit nach Hause, und da machte er sie mit großem Brimborium auf, schenkte uns ein und prostete uns zu. Als ich den ersten Schluck trank, dachte ich: »Meine Güte, was für eine Qual ist denn das? Wie kann man nur etwas trinken, das so schmeckt?« Es schmeckte einfach schrecklich.

Meinen Vater beeindruckte das nicht. »Ihr wolltet es probieren. Also haben wir es gekauft. Es hat euch nicht geschmeckt. Aber jetzt trinkt ihr es am besten auf.« Ich trank mein Glas auf ex und schwor mir, dass ich nie wieder Bier trinken würde.

Ich wüsste nicht, dass Art und ich unseren Vater jemals richtig betrunken erlebt hätten. Wir wussten, dass er vor dem Essen erst mal abschalten musste, und Jahre später fanden wir leere Schnapsflaschen, versteckt in einer Nische in dem Durchgang zum Keller. Kein Wunder, dass er so oft in den Keller ging, um nach dem Heizkessel zu sehen. Außerdem fanden wir später haufenweise versteckte Zigarettenkippen. Arthur und ich hatten so manchen Tadel einstecken müssen, weil wir in unserem »Klub« oben auf dem Dachboden heimlich geraucht hatten, und dann stellte sich heraus, dass unser Vater selbst oft Zigaretten rauchte – obwohl er meiner Mutter geschworen hatte, dass er es nicht tun würde.

LUCILLE NEWMAN

Als Paul zusammen mit Arthur irgendwann um die Zeit von Tress' Beerdigung noch einmal in das Haus ging, wollten die beiden sich zwei Dinge ansehen – erstens, ob die Dellen in der Wand, wo sie mit den Köpfen gegengeschlagen hatten, noch da waren, und ob das Loch in der Trennwand im dritten Stockwerk noch da war, wo sie immer ihre Zigaretten reingeschoben hatten, um nicht beim Rauchen erwischt zu werden.

Ich wollte nicht, dass Generationen von Newmans sich wegen Heimlichkeiten in alle möglichen Zimmer zurückziehen mussten. Wenn mein Sohn Scott Gras rauchte, rauchte ich es mit ihm zusammen. In den letzten Jahren habe ich mich manchmal gefragt, ob meine Alkoholprobleme, die mit der Zeit immer schlimmer wurden, und Scotts furchtbare Drogensucht irgendwie erblich bedingt waren – schlechte Gene bei den Männern der Newmans. Und oft frage ich mich auch, ob die Alkoholsucht meines Vaters etwas damit zu tun hatte, dass es uns beiden so schwerfiel zu kommunizieren.

Die deutlichste Erinnerung, die ich an meinen Vater habe (und mit der sich unser Verhältnis am besten beschreiben lässt) ist aus der Zeit, als ich etwa zwölf war. Es war Sonntag, und mein Vater sagte zu mir: »Komm, wir machen einen Spaziergang.« Ich freute mich, war aber auch überrascht. Wir gingen und gingen, aber mir

ARTHUR UND PAUL IN SHAKER HEIGHTS, ETWA 1928

fiel nichts ein, was er vielleicht so interessant gefunden hätte, dass ich es ihm hätte erzählen können. Und ihm fiel auch nichts ein, womit er mich dazu hätte bringen können, etwas zu erzählen. Was wir allenfalls hinbekamen, waren Plattitüden wie »Ist das nicht ein schöner Baum da?« oder »Ist das nicht ein schöner Feuerhydrant?«. Ich ging, hüpfte fast neben ihm her und sah zu ihm hinauf, aber er nickte immer nur zustimmend. Wir haben nicht einen einzigen Gedanken ausgetauscht.

Kinder lernen ihre Eltern nur kennen, indem sie Fragen stellen. Es sei denn natürlich, ihre Mütter und Väter sind von sich aus schon redselig, was ich früher nie war und auch später nie gewesen bin. Meine eigenen Kinder waren total verblüfft, als ich anfing, mit ihnen zu reden. Aber wenn man schweigsam ist und die Kinder nach nichts fragen, was dann?

Eines Nachmittags wollte ich beim Baseball einen Flugball fangen, aber ich fing ihn nicht, sondern stolperte darüber. Dabei verletzte ich mich schmerzhaft am Knöchel. Es war kurz vor dem Abendessen, und ich kroch fast nach Hause. Mein Vater, der gerade mit dem Schnellzug von der Arbeit kam, ging an mir vorbei. Ich fragte ihn, ob er mir helfen könne, aber er antwortete nur »Soll das ein Scherz sein?« und ging einfach weiter. Wahrscheinlich hielt er mich für eine Heulsuse. Am nächsten Morgen war mein Knöchel auf die Größe einer Pampelmuse angeschwollen, und ich musste ins Krankenhaus. Wie sich herausstellte, war der Knöchel gebrochen.

Bei uns zu Hause herrschte eine Atmosphäre der Unzufriedenheit, weil ich offenbar nichts richtig machte. Mein Vater war geringschätzig, desinteressiert und sein Tonfall war immer etwas sarkastisch. Ich glaube, er hatte es irgendwann aufgegeben, mich zu irgendetwas zu ermuntern, weil er das Gefühl hatte, er musste sich geschlagen geben. Ich gab mir nicht mehr Mühe, zu einem gebildeten Menschen zu werden, weil ich merkwürdigerweise wusste, dass es mir nie gelingen würde. Als ich in der Schule Schopenhauer las, konnte ich mir nichts davon merken, nicht einmal das, was ich nicht verstanden hatte. Jahre später, als Joanne und ich schon gut befreundet mit dem Schriftsteller und Schauspieler Gore Vidal waren, fiel es mir schwer, in Gegenwart eines Menschen zu sein, der über so vieles so intelligent sprechen konnte: amerikanische Schriftsteller, die alten Griechen, die Römer, französische Theaterautoren, dagegen war ich einfach ungebildet. Irgendwann ist mir aufgefallen, dass ich an einer Art Störung leide, durch die es mir schwerfällt, genau hinzuhören, anderen Menschen zuzuhören, schneller zu lesen, als ich sprechen kann, oder gar etwas auswendig zu lernen. Woran auch immer das liegt, jedenfalls habe ich auch nie etwas Akademisches mit Auszeichnung bestanden, meinem Vater nie einen Grund gegeben, stolz auf mich zu sein.

Die einzige Möglichkeit, irgendeine Art von Anerkennung von ihm zu bekommen, war durch Arbeit, mit der ich Geld verdiente. Vielleicht war es das Einzige, womit ich meinem Vater wirklich eine Freude machen konnte, indem ich ihm zeigte, dass ich ein Macher war und durchaus in der Lage, mir selbst Arbeit zu suchen. Ich glaube, ich hatte auch einen starken Drang nach Unabhängigkeit, um nicht immer das Gefühl zu haben, dass zu Hause für mich gesorgt wurde. Und für uns wurde immer gesorgt – ich wüsste nicht, dass mein Bruder und ich jemals etwas hätten sauber machen müssen. Aber ich habe viel gearbeitet. Ich habe die Auslieferungen für ein Blumengeschäft und für eine Reinigung gemacht, Fässer mit Eingelegtem und Coca-Cola-Kästen in einem Feinkostladen die Treppen rauf- und runtergeschleppt und sogar eine Zeit lang als Vertreter für die Firma Fuller Bürsten gejobbt. Darauf hatte ich mich beworben, als ich dreizehn war, und dann schleppte ich mich, damals noch flachsblond und etwas zu klein geraten, mit Musterkoffern ab, die genauso groß waren wie ich, aber viel mehr wogen.

Ich hatte genau die richtige Route, in einem Arbeiterviertel an der Kinsman Road. Meine Mutter holte mich von der Schule ab, ließ mich dann dort mit meinem Musterkoffer aussteigen und holte mich drei Stunden später wieder ab. In Kinsman wohnten nur Arbeiter, und alle brauchten, was ich im Sortiment hatte: Kehrbesen, Haarbürsten, Zahnbürsten, Handbesen – sechzig verschiedene Artikel, von hoher Qualität und wesentlich billiger als im Laden. Ich brauchte sie gar nicht anzupreisen, und von einem Haus zum nächsten Haus hatte ich es nicht weit, sodass ich etwa 40 Dollar die Woche machte.

Ich weiß noch, dass ich einmal an einem Haus schellte, bei dem eine sehr gut aussehende junge Frau von etwa Mitte zwanzig die Tür öffnete, in einem Unterrock, aus dem ihre Brüste mir fast entgegenfielen. Sie kam mir etwas angetrunken und heruntergekommen vor. Sie sagte: »Komm doch rein, Kleiner.« Ich merkte sofort, dass das absolut merkwürdig war und nichts mit Fuller Bürsten zu tun hatte. Hastig überlegte ich, wie ich dieser Dame entkommen konnte, und ergriff die Flucht. Den Koffer zerrte ich hinter mir her, wobei er auf die Seite fiel und die Musterbürsten hinter mir herausfielen.

Der Job, der bei mir den deutlichsten Eindruck hinterließ, war der als Zeitungsbote. Ich war ein sehr guter Fahrradfahrer, und meine Route lag in der Nähe meines Zuhauses. Auf dem Shaker Heights Boulevard standen all diese großen Häuser – die heutzutage bestimmt eine Million Dollar kosten. Sie wirkten wie aus dem Roman *Der große Gatsby* von F. Scott Fitzgerald, mit all den hübschen Frauen in ihren Sommerkleidern, der patrizischen Eleganz und lässigen Leichtigkeit. Da entwickelte ich den Wunsch, reich zu sein. Und damit meine ich, *extrem* reich. Das kam daher, dass ich all diese schönen Menschen dort sah, denen ich Zeitungen brachte. Und es schien so weit jenseits von allem, was ich jemals würde erreichen können, absolut außerhalb meiner Reichweite.

ARTHUR NEWMAN JR.

Paul hatte Elan und Energie und Einfallsreichtum, und vielleicht kam das aus der Zeit, als er noch ein kleiner Junge war, der sich an den eigenen Haaren aus seiner Situation herausziehen wollte. Vielleicht hat all das, was er in Bezug auf seine Kindheit und die Dominanz seiner Mutter im Hinterkopf hat, die Saat gelegt für diesen Elan, diese Energie und seinen Mut. Bei ihm ist das Zeug zum Macher eingebaut, und was ist aus ihm geworden? Er wurde zu einem Erfolg.

Art und ich hatten einen Freund, Dick Goss, dessen Familie sehr wohlhabend war – soweit wir gehört hatten, hatte sein Vater, Colonel Goss, all das Geld mit der Entwicklung chemischer Waffen im Ersten Weltkrieg gemacht. Außer dem Haus in Shaker Heights besaß die Familie noch eine Plantage unten im Süden und ein paar Sommerhäuser oben im Norden. Eines Tages war ich nach der Schule zu Besuch, und als ich durch die Bibliothek ging, sah ich den neuen Weihnachtsbaum, der mit Lichtern geschmückt war – und mit Fünf- und Zehndollarnoten. Mrs. Goss, eine sehr vornehme Frau, saß in einer Ecke und las, und als sie mich bemerkte, sagte sie: »Guten Tag, Paul.« Und ich fragte sie: »Entschuldigen Sie, Mrs. Goss, aber können Sie mir vielleicht erklären, warum all diese Fünf- und Zehndollarscheine an Ihrem Weihnachtsbaum hängen?«

Und hier ist der genaue Wortlaut ihrer Antwort: »Um Dick zu beweisen, das Geld tatsächlich nicht auf Bäumen wächst – sondern dass man es dort aufhängen muss.«

Das machte Eindruck auf mich.

STEWART STERN

Wie können Kinder in so einer Familie auf die Idee kommen, mit den Köpfen gegen eine Wand zu schlagen?

Paul wusste nie, was auf ihn zukam, denn obwohl Tress immer so ungeheuer stolz auf ihn war – stolz auf sein gutes Aussehen, und ihn herausputzte wie ein weiteres Ausstellungsstück in ihrem Haus –, ging sie manchmal, ohne dass Paul sich erklären konnte, warum, wie wild mit einer Haarbürste auf ihn los, und gleich darauf erdrückte sie ihn wieder mit Liebe. Er wusste überhaupt nicht, wer sie war, oder was sie dachte, wer er war. Wie er das überstanden hat?

Paul hat mir erzählt, er fühlt sich so oft wie betäubt, dass er das meiste aus seiner Kindheit ausblendet, sich an das meiste gar nicht mehr erinnert. Wonach er sucht, ist die Lösung des Rätsels, wer er eigentlich ist – warum er so viel Distanz zu seinen eigenen Emotionen hat, dass er bis vor nicht allzu langer Zeit nur sehr, sehr wenig fühlte. Ein bisschen traurig, ein bisschen glücklich – aber er erlaubte sich nie, das eine oder das andere voll und ganz zu spüren.

JEWELL FETZKO WAR EINE SCHWESTER VON PAULS MUTTER TRESS.

Bevor Tress Art Sr. kennenlernte, war sie mit einem Klempner namens Elmer verheiratet. Er war irrsinnig eifersüchtig. Wenn sie jemanden auch nur ansah, machte er ihr schon die Hölle heiß. Er hat sie furchtbar geschlagen. Eines Sonntags ging ich sie besuchen, und da war ihr Gesicht so entstellt, dass man sie kaum noch erkennen konnte. »Tress, was ist passiert?«, habe ich sie gefragt. Aber sie wollte nichts sagen, außer: »Na ja, ich hatte etwas Ärger.«

Elmer war ein gut aussehender Dreckskerl, dunkles Haar, Schnurrbart, gut gebaut. Aber er war so schlimm wie der Teufel. Meine Schwester Mae und ich haben ihr gesagt, irgendwann schlägt er sie noch tot, und dass sie sich unbedingt scheiden lassen soll. Das Ganze war ihr peinlich, aber sie war einverstanden, mit uns zum Gericht zu gehen, damit sich ein Richter und ein Staatsanwalt selbst ansehen konnten, wie sie zugerichtet worden war. Sie zog dann für sechs Monate zu Mae, während die Scheidung lief. Als sie irgendwann an einem Nachmittag wieder in ihre Wohnung kam, war alles, was sie besessen hatte, weg. All ihre Möbel waren ausgeräumt worden, alles, bis auf eine Matratze zum Schlafen. Sie hat geschrien.

Am nächsten Tag sind wir nochmal mit ihr zum Staatsanwalt gegangen, und er erwirkte eine Verfügung, dass Elmer alles zurückgeben musste. Kurz darauf wurde die Scheidung rechtskräftig.

Als Tress Arthur kennenlernte, verliebte sie sich wahnsinnig in ihn. Dass er Jude war, spielte für sie keine Rolle. Es war ihr egal, ob seine Familie oder ihre Familie damit einverstanden war oder nicht.

Ich glaube, Arthur war auch in sie verliebt. Tress sagte: »Ich kriege ihn.«

Und das hat sie.

BABETTE NEWMAN

Arthur ging mit einer schönen Frau, bevor er Tress kennenlernte, und er war sehr in sie verliebt. Sie gab ihm den Laufpass, und er heiratete Tress, um sich darüber hinwegzutrösten. Tress sah der Frau, die ihm den Laufpass gegeben hatte, sehr ähnlich.

JEWELL FETZKO

Tress wohnte allein in einem Apartment, als Arthur Jr. sich ankündigte. Unsere Mutter schickte mich zu ihr, weil ich bei ihr wohnen sollte. Ich wusste gar nicht, was los war. »Wo ist Arthur?«, fragte ich Tress. »Warum soll ich eine Zeit lang bei dir wohnen?«

Ich war ja noch ein naives junges Mädchen. Und dann, als man es ihr ansah, wollte sie nicht darüber reden. Also wurde nicht darüber gesprochen. Als sie mir schließlich erzählte, dass sie schwanger war, sagte sie, Arthurs Familie würde sie nicht akzeptieren, und deshalb würde er nicht mit ihr zusammenwohnen. Alles, woran ich mich noch erinnere, ist, dass sie oft geweint hat.

LUCILLE NEWMAN

Tress war hübsch, sie war klug, sie war ein begabter Mensch. Aber ihre Wertvorstellungen entsprachen nicht den normalen Wertvorstellungen – sie hätte eher Leute geopfert als ihr Haus oder irgendein Einrichtungsstück. Tress musste ihr Zuhause verlassen, als sie noch sehr jung war, und ihr ganzes Leben lang brauchte sie die Sicherheit eines Zuhauses. Sie war immer so wild entschlossen, die Sicherheit ihres Zuhauses zu gewährleisten, dass sie nicht einmal jemanden hereinließ, um zu tapezieren oder anzustreichen. Und als sie das Haus dann Jahre später verkaufte, nahm sie den Kronleuchter mit und ersetzte ihn durch einen anderen, weil dieser Kronleuchter ein Teil von ihr war. Einmal schenkte sie mir sechs Salatschüsseln. Und ein paar Tage später rief sie mich an und fragte: »Sechs Salatschüsseln brauchst du doch eigentlich gar nicht, oder?« Und dann nahm sie vier wieder mit.

Als Pauls Sohn Scott noch klein war, hatte er sich einmal oben im Badezimmer eingeschlossen und bekam die Tür nicht wieder auf. Tress verbot Paul, die Tür aufzubrechen. Also blieb ihm nichts anderes übrig, als die Feuerwehr zu rufen, die dann durchs Badezimmerfenster einstieg und Scott da rausholte.

II

An die Grundschule und an die Junior Highschool kann ich mich wesentlich besser erinnern als an die Highschool. Wie es dort aussah. Die Klassenräume und die Aulen. Wie es auf dem Heimweg war. Mit diesen Schulen und dem Geschehen darum herum fühlte ich mich verbunden. Ich fühlte mich angenommen und zugehörig.

Ich konnte gut Fahrrad fahren und war dabei ziemlich wagemutig, geradezu halsbrecherisch. Wir fuhren neben den Gleisen des Schnellzugs her bis zu den Straßenbahnhaltestellen, denn an den Kiosken dort konnte man Eis und Limo kaufen. Wir veranstalteten Jo-Jo-Wettbewerbe, und darin war ich auch gut.

Im Winter spielten wir Hockey. Dazu gruben wir Löcher auf Brachflächen, damit sie überflutet wurden und einfroren. In der Nähe war auch ein großer See, auf dem man Hockey spielen und Schlittschuh laufen konnte. Manchmal machten wir mit dem Auto Sonntagsausflüge in das Umland von Shaker Heights, in die Einöde, und da brachte mein Vater Art und mir bei, unseren Studebaker zu fahren. Und manchmal fuhren wir nach Akron, und da bekamen wir dann Sandwiches oder ein großes Stück gegrillte Rinderkeule. An diese Zeiten erinnere ich mich sehr gern, es waren unbeschwerte Zeiten.

Aber dann, etwa in dem Alter, als ich in die Pubertät kam, schottete etwas in meinem Inneren sich ab. Ich weiß nicht, woran es lag, aber ich kam mir immer mehr vor wie ein Außenseiter. Ich hatte immer mehr das Gefühl, draußen zu sein und nach drinnen zu schauen, und dabei wusste ich gar ich nicht, was ich drinnen suchte. Ich wurde furchtbar schüchtern. Ich versuchte, Football zu spielen, und ich wusste zwar, dass ich schnell war, aber alle anderen schienen plötzlich fünfmal größer ich, und da konnte ich nicht mehr mithalten.

Ich war so klein, dass ich sogar bei unserem Schulleiter eine Sondererlaubnis beantragen musste, um in der Mannschaft der neunten Klasse mitspielen zu können. Mit vierzehn wog ich noch nicht mal hundert Pfund. Ich kam mir vor wie ein totaler Sonderling. Ich wusste auch nicht, was ich mit Mädchen anfangen sollte, weil ich so klein war. Für die war ich doch ein Witz, eine Lachnummer. Ich war ein Leichtgewicht – und diese Beschreibung traf auf jeden Bereich meines Lebens zu.

Allmählich fiel mir immer deutlicher auf, dass manche Menschen einfach originell waren. Sie wussten instinktiv, was sie taten, und alle anderen merkten das sofort. Jeder konnte einen geborenen Footballer von den Leuten unterscheiden, die sich anstrengen mussten, um das zu sein, was sie zu sein versuchten. Jeder konnte einen großartigen Liebhaber – großartig deshalb, weil er das richtige Gespür hatte – von denen unterscheiden, die Liebe *einstudierten*. Manche Leute waren einfach die, die sie waren, und alle anderen waren Suchende.

Ich war von Natur aus gar nichts. Ich war kein Liebhaber. Ich war kein Sportler. Ich war kein Schüler. Ich war kein Anführer. Ich beurteilte alles danach, was ich nicht war, nicht danach, was ich war. Ich hatte das Gefühl, mir fehlte etwas, das ich nicht wettmachen konnte, etwas, worüber ich kaum etwas wusste und das ich nicht begreifen konnte. Ich verstand es einfach nicht. Ich verstand nicht, was es zu bedeuteten hatte.

Wenn ich dann heute lese, dass manche Leute, die mich in dem Alter kannten, mich für einen arroganten Romantiker hielten, für einen Einzelgänger, der viel zu überzeugt von sich war, als dass er sich mit ihnen abgegeben hätte, bin ich immer wieder total verblüfft. Ich war doch bloß so furchtbar schüchtern, dass ich gar nicht erst den Versuch machte, mich mit den Leuten anzufreunden, mit denen ich befreundet sein wollte. Ich hatte Angst, sie würden merken, was für ein Hochstapler ich war, und mir dann auf die Schulter klopfen und sagen: »Lieber ein anderes Mal.«

Vor allem interessierte ich mich für Mädchen, eigentlich dachte ich an nichts anderes. Aber ich hatte einfach keinen Erfolg bei ihnen.

In der Zeit, als ich jung war, hatte Sexualität einen anderen Stellenwert als heute. Wenn man damals aus Versehen einen Hosenknopf offen hatte und jemand sagte »Dein Schlitz ist offen«, du meine Güte, dann schämte man sich dafür noch einen ganzen Monat lang in Grund und Boden. In den 1930er-Jahren über Sex zu reden, scheint, als würde man über die Steinzeit sprechen, als die Menschen noch eingehüllt in Fell und mit Keulen bewaffnet herumliefen. Wenn es so eine Zeitschrift gegeben hätte wie den *Playboy*, hätte ich mir einen Arm abgehackt, um einen Blick hineinzuwerfen. Wenn ich ein Bild von den nackten Brüsten einer Frau sehen wollte, musste ich mich in der Bücherei zu dem Stapel *National Geographic* schleichen und die Seiten durchblättern, die schon ganz abgegriffen waren. Entweder das oder mit dem Fahrrad bei Anbruch der Dämmerung runter zur Hathaway Brown fahren, dem Mädcheninternat in Shaker Heights, um vielleicht einen Blick auf eins der nichtsahnenden Mädchen zu erhaschen, die nackt am Fenster entlang zur Dusche gingen. Oder mich an das neue Haus in der Eaton Road heranschleichen, in dem die Dame, die dort eingezogen war, versehentlich einen Einwegspiegel als Badezimmerfenster hatte einbauen lassen. Von Weitem tat sie damit unwissentlich – zumindest so lange, bis ihr und ihrem Mann das Problem auffiel – einigen vorpubertären Jungen aus der Nachbarschaft einen Gefallen.

Nicht jugendfreie Filme gab es nicht. Anrüchige Postkarten auch nicht. Und auch keine anrüchigen Mädchen, was es schwer machte, den Ratschlag meiner Mutter zu befolgen und jegliche sexuelle Zügellosigkeit nur mit Damen der Unterschicht auszuleben anstatt

PAUL UND FREUNDINNEN ANFANG DER 1930ER-JAHRE IN SHAKER HEIGHTS

mit den gut erzogenen Mädchen aus Shaker Heights. Die hochtrabenden Ansichten meiner Mutter kamen vielleicht daher, dass sie das Gefühl hatte, sie war selbst früher jemand gewesen, den man in den Dreck ziehen und herabwürdigen konnte, und Kinder zu bekommen, war ein Zwang gewesen, den die Ehe mit sich bringt – sodass sie durch ihren eigenen wundersamen Aufstieg in die Oberschicht nun darauf beharrte, dass Art und ich nicht in den Dreck gezogen wurden.

Das Einzige, was Arthur und mir übrig blieb, war das alte Varieté an der neunten Straße in Cleveland. Ich weiß nicht, wie wir da überhaupt reingekommen sind; ich sah ja aus, als wäre ich erst neun Jahre alt. Vielleicht habe ich mich bei jemand anderem unter dem Mantel versteckt. Jedenfalls war das eine spannende Angelegenheit. Auch wenn Arthur anschließend sofort nach Hause rannte, um sich zu desinfizieren.

Bei meinen frühen Erfahrungen mit dem anderen Geschlecht zog ich eigentlich immer den Kürzeren. Als ich etwa sechs oder sieben war, ging ich mit Dorothy Frances und ihren Freundinnen in die Büsche und sagte: »Wenn ihr mir eures zeigt, zeige ich euch meins.« Und dann zeigte ich ihnen meins – aber sie kicherten nur, hielten sich die Unterhosen fest und wollten mir ihres nicht zeigen.

Später, in der Junior Highschool, machte ich zum ersten Mal bei einer Heuwagenfahrt mit und ging davon aus, dass ich bei der Gelegenheit bestimmt einen sexuellen Vorstoß würde wagen können. Dabei war mir allerdings nicht klar, dass ich schlimmen Heuschnupfen hatte, denn kaum lag ich mit Mary Jane Phipps im Heu und sie erfreute sich meiner Avancen, fing ich an zu niesen. Das war eine echte Beeinträchtigung. Leidenschaftliche Küsse waren unmöglich, weil ich durch die Nase überhaupt keine Luft bekam.

Kurze Zeit später entließ Mutter unser langjähriges Dienstmädchen Ruth. Soweit ich wusste, weil sie schwanger von ihrem Freund war. Sie wurde umgehend ersetzt durch ein siebzehnjähriges Mädchen, das bei der Wahl zur Schönheitskönigin an einer der Highschools in Cleveland Zweite geworden war. Meine Mutter gab ihr das Zimmer direkt neben denen von Art und mir. Lieber Himmel, was hätte für einen Vierzehnjährigen besser sein können, als Wand an Wand mit einer attraktiven Siebzehnjährigen zu schlafen, mit der man sich alles Mögliche vorstellte? Bestimmt wäre ich ein williger und lernbegieriger Schüler gewesen! Welche Freuden man da hätte entdecken können, und die Plänkeleien zwischen zwei und vier Uhr nachmittags, wenn sie ein paar Stunden frei hatte. Aber all dieser Erfahrungen wurde ich beraubt. Denn meine Mutter, dieser Drachen, war allgegenwärtig und lauerte überall, und so dauerte es nicht lange, bis sie mich im Zimmer des Mädchens erwischte, wo wir beide uns bloß provokative Blicke zuwarfen. Am nächsten Tag musste das neue Dienstmädchen seine Sachen packen und wurde vor die Tür gesetzt.

Meine Pechsträhne riss auch nicht ab, als ich auf der Ohio University war, bevor ich dann eingezogen wurde. Ich sprach für eine Theateraufführung der Studenten vor und bekam tatsächlich die Rolle (vermutlich, weil es wegen des Kriegs nur noch wenige junge Männer auf dem Campus gab, die bis dahin noch nicht eingezogen worden waren). Es dauerte nicht lange, bis ich mich in eine Studentin verknallte, die auch bei dem Theaterstück mitspielte, eine klassische französische Schönheit, die fast einen ganzen Kopf größer war als ich. Ich tanzte immer so gern mit ihr, weil ich dabei meinen Kopf zwischen ihre Brüste legen konnte. Ich glaube, sie wusste nicht recht, was sie von mir halten sollte, aber irgendwie bekam ich es hin, mich mit ihr zu verabreden. Ich hatte schon eine vage Vorstellung davon, dass ich, auch wenn es nicht zum Äußerten kommen würde, ihr zumindest einen Kuss auf den Hals hauchen würde. Als ich sie am Ende des Abends zu ihrem Zimmer zurückbrachte, fragte ich, ob ich noch mit reinkommen könnte, und da tätschelte sie mir den Kopf und sagte anerkennend: »Mit dir gehe ich gern aus, weil du so harmlos bist!«

Irgendwann Ende der Fünfziger las ich in einer bekannten Zeitschrift mal eine Umfrage, bei der eine große Anzahl Frauen dazu befragt wurde, um welchen Prominenten sich ihre sexuellen Fantasien drehten. Wen sie sich vorstellten, wenn sie es sich selbst besorgten. Tja, der »Gewinner« war tatsächlich ich. Was ich ziemlich witzig finde, wenn man bedenkt, dass wenn ich in meinem Kampfjet im Zweiten Weltkrieg abgeschossen und in Flammen aufgegangen wäre, genau das wohl das Heißeste gewesen wäre, was ich bis dahin erlebt hatte. Bis dahin hatte ich nämlich erst zweimal mit einer Frau geschlafen. Meine Mutter wäre wohl gleichermaßen erfreut wie entsetzt über diese Tatsache gewesen. Die junge Frau, die mir die Unschuld nahm (die ich nur allzu gern abgab), war nämlich eine Dame, die ich in einem verruchten Stadtviertel aufgegabelt hatte. Und nur fürs Protokoll, meine zweite Begegnung dieser Art war mit einer Dame sehr niedrigen Ranges in Jacksonville, Florida, wo ich einen Teil meiner Ausbildung bei der Navy absolvierte. Überflüssig, darauf hinzuweisen, dass ein solcher Durchbruch wie diese beiden erst möglich wurde, als ich von zu Hause weg und auf dem sicheren Weg in den Südpazifik war, um gegen die Japaner zu kämpfen.

Auch meine Religionszugehörigkeit trug viel dazu bei, dass ich mir vorkam wie ein Außenseiter. Als ich jung war, dachte ich, als Halbjude – der sich, so wie ich, einfach als Jude betrachtete – könnte ich gar nicht in die oberen Riegen aufsteigen, was mir aber wiederum sehr wichtig war.

Man hatte mir als Kind auch nicht beigebracht, in irgendeiner Hinsicht stolz zu sein, dass ich jüdische Vorfahren hatte. Ich wusste nur, dass einem, wenn man Jude war, manche Wege versperrt blieben, die man aber gern beschritten hätte. Darunter litt ich ebenso sehr wie mein Bruder. Und ich glaube, eine Zeit lang wollte ich das irgendwie wettmachen.

Eine Möglichkeit, solche Verletzungen zu kompensieren, war Humor. Ich wurde ja nicht nur deshalb zur Zielscheibe, weil ich Jude war, sondern auch, weil ich so klein war. (Wenn man immer wieder herumgeschubst wird, eignet man sich Techniken an, um nicht jedes Mal dumm dazustehen.) Ich machte dann zum Spaß die jüdische Art zu sprechen nach, gab eine Imitation von Schlepperman zum Besten, einer allseits bekannten Figur aus einer Radiosendung mit dem Entertainer und Komiker Jack Benny, die von dem Schauspieler Sam Hearn mit übertrieben jüdischem Akzent gesprochen wurde.

Als ich ungefähr fünfzehn war, merkte ich allmählich, dass man

PAUL, TERESA UND ARTHUR JR. ENDE DER 1930ER-JAHRE IM URLAUB AM PIKES PEAK.

von manchem ausgeschlossen wurde. An der Highschool hatte ich mich bei einer Bruderschaft beworben – solche Bruderschaften waren damals sehr beliebt –, doch dann sagte Arthur zu mir: »Ich würde mir an deiner Stelle keine allzu großen Hoffnungen machen. Du stehst bestimmt auf der Schwarzen Liste, weil du zur Hälfte Jude bist.« Und ich dachte mir, »Nein, das kann doch unmöglich sein.« Aber als mein Freund Roger von seinem ersten Treffen zurückkam, überbrachte er mir die Nachricht: »Himmel«, sagte er, »tut mir echt leid, aber irgendwo in unserer Satzung steht, dass wir keine Juden aufnehmen dürfen.«

Ich schäme mich der Tatsache, dass ich immerhin so sehr unter solchen Vorurteilen litt, dass ich nach meiner Zeit bei der Navy in meiner Bewerbung für das Kenyon College zunächst nicht ehrlich wahr oder zumindest nicht ganz ehrlich. Auf dem Bewerbungsformular musste man die Religionszugehörigkeit angeben. Anstatt einfach einzutragen »Keine« oder »halb katholisch, halb jüdisch«, trug ich die Religionszugehörigkeit ein, die meine Mutter angenommen hatte, also Christian Science. Aber abgesehen davon habe ich nie zu verheimlichen versucht, dass manche meiner Vorfahren Juden waren. Das musste mir nie jemand aus der Nase ziehen, denn ich habe nie einen Hehl daraus gemacht.

Wahrscheinlich ist es auch kein Zufall, dass es bei der einzigen blutigen Schlägerei, in die ich während meines Militärdienstes im Zweiten Weltkrieg geriet, um Antisemitismus ging. Auf dem Weg zum Einsatz im Pazifik war ich auf Hawaii stationiert. Dort gab es einen Biergarten für die Soldaten, aus dem man aber kein Bier mitnehmen durfte. Ich ließ mir etwas einfallen, um ein paar Flaschen rauszuschmuggeln, und zwar zog ich eine Jacke an, unter der ich vier oder fünf Flaschen in meinen Gürtel schieben konnte. Das Raffinierte daran war, dass man weiter hinten über eine Mauer klettern und von dort aus mit der Schmuggelware direkt zu den Baracken laufen konnte. Als ich dort ankam, sagte einer der Navy-Soldaten zu mir, ich würde ihm ein Bier schulden.

»Wofür?«, fragte ich.

»Du Judenbengel, du schuldest mir einfach ein Bier.«

Ich verpasste ihm direkt einen Fausthieb, und es kam zu einer großen Prügelei. Eigentlich war ich nicht besonders schlagkräftig, aber an der Uni in Ohio hatte ich beim Ringen mitgemacht. Ich hatte ein außerordentliches Gespür für die richtige Balance und konnte jeden Gegner zu Boden schleudern, aus dem Stand die Oberhand gewinnen und mich auf ihn werfen. Als ich mich auf diesen Typen warf, hatte er seinen Arm unter der Hüfte und kugelte sich den Ellbogen aus. Als er wieder aufstand, konnte er nur noch die andere Hand bewegen. Damit war der Streit beendet und niemand belästigte mich nochmal.

Jahre später, als meine Schauspielkarriere in Gang kam, hätte ich die Gelegenheit gehabt, meinen Namen zu ändern, so wie Tony Curtis (geboren als Bernard Schwartz) oder Kirk Douglas (ehemals bekannt als Issur Danielowich). Am Broadway und in Hollywood schlug man mir vor, mich in Buck Soundso umzubenennen und eine typisch angelsächsisch-protestantische Identität anzunehmen. Damit hätte ich meine jüdischen Wurzeln hinter mir lassen können, sie einfach kappen können, nachdem sie mir so viel Ärger bereitet hatten. Aber für mich war es eine Art Kampfansage, meinen richtigen Namen zu behalten, ihn mir wie eine Plakette anzuheften.

1953 zog der berühmt-berüchtigte Produzent Sam Spiegel, der sich das Pseudonym S. P. Eagle zugelegt hatte, mich kurzzeitig für die Rolle des Terry Malloy in *Die Faust im Nacken* in Betracht, und da bat er mich, meinen Namen Paul Newman aufzugeben. »In wen soll ich mich denn umbenennen?«, fragte ich ihn. »S. P. Ewman?«

Im Gegensatz zu einigen seiner Verwandten praktizierte mein Vater seinen Glauben nie. Trotzdem behielt er zwei Sitzplätze in der Synagoge unserer Gegend, für die er jedes Jahr Beitrag zahlte. An irgendeinem Wochenende sagte meine Mutter: »Ich würde gerne mal in diese Synagoge gehen und mir ansehen, wie es da so ist.« Also gingen die beiden dorthin: der Mann und seine Frau, mit der er samstagabends sonst immer so lange ausging, dass sie sonntagmorgens gar nicht rechtzeitig aufwachen konnte, um in den Christian-Science-Gottesdienst zu gehen. Das Problem war nur, dass die beiden Sitzplätze in der Synagoge besetzt waren. Mein Vater ging direkt zum Verwaltungsbüro, wo man ihm erklärte, dass man seine Sitzplätze tatsächlich zweimal verkauft hatte. Da er ja nie zum Gottesdienst erscheine, was würde das denn ausmachen? Nach einigem Hin und Her behielt mein Vater die Sitze schließlich für den Rest seines Lebens, um sicherzustellen, dass er und meine Mutter, die heidnische Christin, irgendwann auf dem zur Synagoge gehörigen jüdischen Friedhof nebeneinander begraben werden konnten. Und das wurden sie auch.

Abgesehen von den Plätzen auf dieser Synagogenbank ließ mein Vater nach außen nicht erkennen, dass er dem Judentum angehörte. Wir feierten Weihnachten, sangen Weihnachtslieder, und hübsch eingepackte Geschenke stapelten sich unter einem imposanten Weihnachtsbaum (dessen Dekoration zu meinem Leidwesen immer meine Mutter aussuchte, denn am besten gefiel ihr einer mit so viel von all dem üblichen Kitsch, dass er fast nur noch aus Metall bestand). Mein Vater (der zwar die tägliche Ausgabe der jüdischen Zeitung von Cleveland abonniert hatte) stellte außer einer Menora zu Hause auch keine jüdischen Symbole auf. Aber er war alles andere als weltfremd in Bezug auf die Bigotterie, mit der Juden sich konfrontiert sahen.

Eigentlich machten wir kaum Familienurlaube, aber einmal fuhren wir mit dem Auto zum Sommerurlaub nach Maine. Das war zwar mitten in der Wirtschaftskrise, aber mein Vater bestand auf einem Urlaub mit Stil und buchte ein Blockhaus am Black Point Inn auf der Halbinsel Prouts Neck. Das Haus war groß, lag direkt am Meer und war umgeben von Blaubeersträuchern. Es war unverkennbar spießig, protzig und eindeutig nicht jüdisch – was auch meinem Vater nicht entging, sodass er beschloss, uns unter einem falschen, absolut nicht jüdisch klingenden Namen einzutragen. Ehrlich gesagt glaube ich, dass man uns dieses Haus überließ, lag einzig und allein daran, dass wir in einem noblen Studebaker angefahren kamen.

BUSH KEELER WAR SEIT DER KINDHEIT EIN GUTER FREUND VON PAUL.

Vorurteile gegen Juden waren in Shaker Heights weit verbreitet. Ich weiß noch, dass es meiner Mutter nicht ganz recht war, dass ich mich so oft mit Paul traf, weil er zur Hälfte Jude war. Sie hatte etwas dagegen, dass wir befreundet waren. Dabei mochte sie Paul eigentlich, aber so wie sie sozialisiert war, war sie hin- und hergerissen.

Ihr wäre es lieber gewesen, wenn ich mich mit diesen dämlichen Leuten von der Privatschule angefreundet hätte. Paul wirkte überhaupt nicht jüdisch, aber er musste trotzdem darunter leiden. Er hatte es nicht leicht. Über Juden wurden viele rassistische Witze gemacht, die dann an der Highschool erzählt wurden.

Paul war ein lustiger Typ, und er fand bei allem immer etwas Witziges. Er ließ sich von den Vorurteilen nicht unterkriegen. Kennen Sie die Figur des Schlepperman aus der Radiosendung von Jack Benny, die damals lief? Paul war sein bester Imitator, und damit brachte er uns immer zum Brüllen vor Lachen. Ich glaube, das machte er, um den anderen zu zeigen, wie sehr sie ihn verletzt hatten. Irgendjemand hackte immer auf ihm herum, aber er lachte immer darüber.

JIM MARTIN WAR EINER VON PAULS ENGSTEN FREUNDEN IN SHAKER HEIGHTS UND AUF DEM COLLEGE.

Als Paul noch jung war, schien er mir immer ziemlich unbeschwert. Ich fand ihn immer so fröhlich, ohne dass er etwas hätte verbergen müssen. Und Pauls Mutter Tress war ein wunderbarer Mensch. Nach der Schule hat sie uns fast immer einen großen Erdbeerkuchen gebacken.

Aber manchmal habe ich mir auch Gedanken gemacht, weil es bei Paul zu Hause irgendwie trostlos wirkte. Im Haus war immer alles makellos. Bevor wir reinkamen, mussten wir unsere Schuhe ausziehen. Die Einrichtung im Wohnzimmer war mit Bettlaken abgedeckt – die Lampen, die Sofas, alles. Es wirkte überhaupt nicht so, als ob da jemand wohnte.

III

Ich habe nur einen einzigen wiederkehrenden Albtraum, und der besteht ausschließlich aus Geräuschen. Er ist nie verschwunden.

Er scheint sehr impressionistisch, am Anfang ganz harmlos, als würden bloß ein paar leichte Wolken aufziehen. Aber dann werden die Wolken von einem Geräusch begleitet, das sich nicht genau einordnen lässt. Vielleicht raschelndes Laub oder vielleicht Wasser, und das Geräusch kommt immer näher und näher.

Es hört sich an, als würde etwas aufgewühlt, aber nichts Bestimmtes, bis es eigentlich gar nicht mehr näher kommen und nicht mehr lauter werden kann. Aber es kommt noch näher und wird noch lauter, immer näher und lauter und näher und lauter. Es klingt nach Wind und Meer und nach irgendeinem Geräusch, aber nach keinem bestimmten.

Diesen Albtraum habe ich schon, solange ich denken kann. Es geht nie um etwas Konkretes, aber es ist irgendwie bedrohlich.

Als ich den Albtraum zum ersten Mal hatte, war ich noch nie geflogen und wusste nicht, wie es ist, während eines Gewitters in einem Flugzeug zu sein. Die Bedrohung in meinem Traum ist so ähnlich.

Sie erschreckt mich immer.

Am 7. Dezember 1941 ging mein Vater aus dem Haus, um einen Sonntagsspaziergang zu machen, aber kurz darauf kam er durch den Seiteneingang wieder herein. Er war kalkweiß und erzählte uns, dass die Japaner gerade Pearl Harbor bombardiert hatten.

Was mich betraf, hätte er genauso gut erzählen können, dass Mickey Mouse und Minnie Mouse gerade vier Hunde zur Welt gebracht hatten. Ich hatte nicht die leiseste Ahnung, wo Pearl Harbor überhaupt war. Ich wusste nicht, was Krieg war und was so ein Krieg bedeutete. Ich wusste nicht einmal, was Krebs war. Das waren die Jahre, in denen meine Unbedarftheit nach außen hin in Oberflächlichkeit umgeschlagen war. Mein ganzes Leben spielte sich nur noch in meinem Kopf ab. Ich war damit beschäftigt, mir eine Fantasiewelt zu erschaffen, in der ich der Weiße Ritter war, der alle Feinde vernichtete, eine Welt, in der ich über zwei Meter groß war und all meine Taten bedeutungsvoll waren.

Ich erzähle immer – und ich weiß, dass es auch so berichtet wurde –, ich sei bei der Navy aus der Pilotenausbildung aussortiert worden, weil sich herausstellte, dass ich farbenblind war. Aber in Wirklichkeit war es etwas komplizierter, und im Nachhinein betrachtet lag es nicht nur an meiner Farbenblindheit, sondern hatte verschiedene Gründe. Ich konnte die mathematischen Anforderungen, die an einen Piloten gestellt werden, nicht erfüllen. Exakte Wissenschaften verstehe ich einfach nicht. Sie dringen nicht zu mir durch. Damit meine ich nicht, dass ich nicht bereit wäre, solche Dinge zu lernen, aber je mehr ich mir anzueignen versuche, *wie* man eine Sache versteht, anstatt die Sache an sich zu verstehen, desto problematischer wird es. Physik, Trigonometrie und Chemie – all das war mir zu komplex. Deshalb verlor ich den Mut und gab auf.

Als der Krieg begann, war ich noch nicht einmal mit der Highschool fertig. Und nach meinem Abschluss im Juni 1942 war ich noch siebzehn und hatte wie üblich absolut keine genaue Vorstellung davon, was ich machen wollte. Ich wusste nur, dass wenn man keine weitere Ausbildung machte, man sofort eingezogen wurde, sobald man volljährig war und zum Deckschrubben auf irgendeinem Schlachtschiff eingesetzt wurde. Das war ein entscheidender Grund dafür, dass ich mich an der Ohio University einschrieb. Denn aufs College zu gehen, bot mir die Möglichkeit, letzten Endes selbst zu entscheiden, was ich machen wollte, zumindest in Hinsicht auf das Militär. Als ich das Studium an der Ohio Uni in Athens begann, meldete ich mich also direkt freiwillig – denn ich wusste, dass ich die offizielle Einberufung nicht vor meinem achtzehnten Geburtstag am 26. Januar bekommen würde (wahrscheinlich sogar später). Ich absolvierte den schriftlichen Eignungstest und bewarb mich für die Ausbildung zum Piloten.

Zu meiner Überraschung wurde ich kurz nach meinem Geburtstag von der Schule freigestellt und nach Detroit zur Musterung geschickt. Und ich war fassungslos, als ich sie nicht bestand, weil der Musterungsarzt feststellte, dass ich farbenblind war. (Eigentlich hätte ich damit zumindest rechnen müssen, denn ein paar Monate zuvor hatte mein Bruder Arthur mir geschrieben, dass die Ausbil-

TRESS UND PAUL AN DER OHIO UNIVERSITY IN ATHENS, OHIO, 1943

dung zum Piloten für ihn nicht infrage kam, weil – warum wohl? – der Arzt festgestellt hatte, dass er farbenblind war.)

Also blieben mir nur die beiden Möglichkeiten, entweder meine freiwillige Bewerbung als Offiziersanwärter aufrechtzuerhalten oder an die Ohio Uni zurückzugehen und darauf zu warten, bis ich mit der Einberufung an der Reihe war. Aber wohin sollte es führen, an der Uni zu bleiben? Der Schauspielunterricht im ersten Semester hatte mir Spaß gemacht, aber ansonsten passierte an der Ohio Uni nicht viel mehr, als Bier zu trinken und sich mit Mädchen zu verabreden. Das Einzige, womit ich mich dort hervortat, war, dass ich gut darin war, ein Glas auf ex zu leeren. Und da die weitere Bearbeitung meiner Bewerbung bei der Navy und die offizielle Ablehnung als Anwärter auf das Pilotenprogramm Ewigkeiten dauerte, schickte man mich trotzdem in die Ausbildung als Deckoffizier, die auf dem Campus der Yale University stattfand. Ich hatte das Glück, einem Gebäude zugelost zu werden, das ursprünglich ein Anbau an das beste Studentenwohnheim gewesen war. Ich hatte ein großes Wohnzimmer, von dem ein separates Schlafzimmer abging, und sogar einen offenen Kamin. Wäre ich hier in New Haven auf dem Campus von Yale ein guter Student gewesen, hätte man meine Farbenblindheit vermutlich vollkommen übergangen. Aber bald darauf wurde ich vom Campus abkommandiert und nach Newport auf Rhode Island geschickt, um wieder bei null anzufangen und in einem Trainingscamp für Männer, die sich freiwillig verpflichtet hatten, die Grundausbildung zu absolvieren.

Ich wohnte in einer Baracke mit Hunderten künftiger Navy-Soldaten, die ebenso wie ich nicht einmal eine Koje zum Schlafen hatten, sondern bloß eine Hängematte. Vier Monate lang habe ich nicht eine Nacht richtig geschlafen. Zwischen halb fünf oder fünf Uhr morgens kam der Weckruf – und da war es kalt. Der erste Befehl lautete Freiübungen, und dann mussten wir ein paar Meilen laufen. Ich war nicht besonders gut in Form, und ich rauchte, von daher war das eine harte Zeit.

In Newport musste ich noch einmal zur Musterung. Einen der Sanitäter, der die Untersuchung durchführte, kannte ich aus meiner kurzen Zeit in Yale. Er war dort aus der medizinischen Fakultät geflogen und als pharmazeutischer Obergefreiter in dem Ausbildungscamp gelandet. Und als er den Farbentest mit mir machte, war ich wie durch ein Wunder nicht mehr farbenblind.

Das bedeutete, jetzt konnte ich mich beim Fliegercorps der Marine bewerben, zumindest als Freiwilliger. Pilot konnte ich wohl nicht mehr werden, stattdessen bewarb ich mich für die Ausbildung als Funker bei der Luftwaffe und wurde angenommen. Erst mal wurde ich dem Ausbildungszentrum für Funker in Jacksonville zugewiesen, und nachdem ich den Lehrgang dort absolviert hatte, meldete ich mich als Freiwilliger, um in Torpedobombern mitzufliegen. Die TPM Avenger Bomber wurden zu Tausenden von General Motors gefertigt. Diese Flugzeuge waren langsam und schwerfällig, hatten nur einen Propeller, und es konnte nur eine dreiköpfige Crew mitfliegen: ein Pilot, ein Maschinengewehrschütze, der in einer »Blase« oberhalb des Cockpits saß, und ein Funker/Schütze in einer Kuppel im Rumpf des Flugzeugs. Die Fluggeschwindigkeit betrug nur hundertfünfzig Meilen pro Stunde. Die vorrangige Mission der TPMs bestand darin, feindliche U-Boote aufzuspüren und sie aus der Luft zu torpedieren. Wenn wir ein U-Boot sahen, arretierten wir die drehbare Zielvorrichtung, ließen uns bis auf eine Höhe zwischen sechs und fünfzehn Fuß über der Wasseroberfläche sinken und hielten diese Position, bis wir die Torpedos abfeuerten. Dadurch wurden die TPMs für feindliche Flugzeuge zu »brütenden Enten«, die perfekte Zielscheiben für den Feind abgaben.

Meine nächste Station war Miami, für die Ausbildung am Maschinengewehr (mein Ausbilder war Robert Stack), aber ehrlich gesagt, hatte ich als Maschinengewehrschütze nicht besonders viel Talent. Anschließend sollte es weitergehen nach Südkalifornien zum Luftwaffenstützpunkt in Oxnard und schließlich mit einer Fliegerstaffel aus sechs TPMs nach Pearl Harbor.

Während der Ausbildung in Florida hatte ich mich mit zwei Navy-Soldaten angefreundet. Milt Dance, den wir Danny nannten und der von der Küste in Maryland kam, und Tommy Brady, ein zäher kleiner Bursche aus Boston. Was uns zunächst zusammenbrachte, war, dass wir alle drei etwa gleich groß waren. Außerdem feierten wir gern und stellten fest, dass wir alle drei gern und oft lachten. Als wir gefragt wurden, welchen Posten wir am liebsten hätten, meldete sich Danny, ebenso wie ich, freiwillig für den Dienst in einem Torpedobomber, wohingegen Brady irgendwie bei einer Kampffliegerstaffel landete.

Ein paar Tage später, bei Bradys erstem Übungsflug vor der Küste von Florida, kam er ums Leben, als ein Flügel seines Flugzeugs den Flügel eines anderen Kampfflugzeugs streifte und die beiden Flugzeuge oben in der Luft zusammenkrachten. Ich weiß noch, dass ich fassungslos war, als ich es erfuhr, aber irgendwie ließ ich es nicht an mich heran. Ich wüsste auch nicht, dass ich danach jemals nervös gewesen wäre, wenn ich in ein Flugzeug stieg. Damals war man wohl von einem wunderbar merkwürdigen Gefühl der Unsterblichkeit beseelt. Und ich darüber hinaus von meiner zunehmend typischen emotionalen Taubheit.

Der Gedanke, dass wir möglicherweise nicht lebendig zurückkehren würden, kam mir nie in den Sinn.

MILTON DANCE GEHÖRTE ZU PAULS TORPEDOBOMBER-CREW IM ZWEITEN WELTKRIEG.

Bei der Eignungsprüfung zum Maschinengewehrschützen flog ein Flugzeug neben uns her, das eine Windhose hinter sich herzog, und die musste man mit dem Flugabwehrgeschütz treffen. Wir alle bekamen einen Gurt mit Patronen, die in verschiedene Farben getaucht worden waren, damit an den Einschüssen in der Windhose leichter auseinanderzuhalten war, wessen Kugeln getroffen hatten.

Paul traf nicht die Bohne, also traf er diese Windhose von der Geschützkuppel aus natürlich auch nicht, um sich als Schütze für die Crew unseres Flugzeugs zu qualifizieren. Aber jemand anders aus einer anderen Crew hatte getroffen und mit seinen Patronen fünfzig Löcher mit roten Rändern in der Windhose hinterlassen. Als wir gelandet waren, sagten wir den Navy-Ausbildern: »Paul hat die Löcher mit den roten Rändern da reingeschossen, das war er!«

Wir haben gelogen, damit Paul die Eignungsprüfung bestand – aber ich glaube nicht, dass der Kerl die Windhose auch nur ein einziges Mal getroffen hat.

Während unsere Staffel auf den Einsatzbefehl auf irgendeinem kampfbereiten Flugzeugträger wartete, blieben wir in Hawaii. Jeden Morgen meldete ich mich in der Flugbaracke, einem kleinen improvisierten Holzschuppen, der an die Hangars angebaut war, zum Dienst. Manchmal mussten wir zu Übungsflügen starten, aber normalerweise taten wir den ganzen Tag lang gar nichts, saßen herum, spielten Karten und tranken ein bisschen Bier (natürlich erst nach fünf Uhr nachmittags). Ich nutzte die freie Zeit oft, um Unmengen zu lesen, vor allem Texte von Philosophen wie Spinoza oder Nietzsche. Ich wollte mich weiterbilden, und vermutlich wollte ich die anderen damit auch beeindrucken. Ich bekam auch eine Menge Briefe von meiner Familie, mehr als jeder andere in unserer Fliegerstaffel, glaube ich. Arthur schrieb mir regelmäßig von seinem Stützpunkt in England, und mein Vater schickte mir in der Zeit, als ich bei der Navy war, fast jeden Tag einen Brief. Die Briefe meines Vaters waren sehr emotionslos, meistens ging es nur darum, mich über das Geschehen bei Newman-Stern auf dem Laufenden zu halten.

PAUL 1944 IN SEINER NAVY-UNIFORM

Und meine Antwortbriefe waren alles andere als aufrichtig. Ich belog meinen Bruder, ich belog meine Mutter, ich belog meinen Vater. Ein großes Selbsttäuschungsmanöver. Ich kann mich nicht daran erinnern, dass auch nur irgendetwas in meinen Briefen der

Wahrheit entsprochen hätte, abgesehen von solchen Sätzen wie »Gestern hatte ich Nachtwache« vielleicht. Ansonsten war darin kein einziger qualifizierter Eindruck zu finden. Das ist, glaube ich, der größte Vorwurf, den ich mir machen muss.

Aber ehrlich gesagt, fand ich die Briefe diverser Damen, die ich zurückgelassen hatte, ohnehin interessanter. Diejenige, die mir am lebhaftesten in Erinnerung geblieben ist, war Joan Gloeckler. Sie sah außerordentlich gut aus, hatte eine sensationelle Figur. Auf der Highschool in Shaker Heights waren wir in derselben Klasse gewesen. Eigentlich war es nichts Festes, aber ab dem Zeitpunkt, als ich in den Krieg zog, wurde es dann doch eine engere Beziehung. Von einer heißen Liebesbeziehung zu sprechen, wäre wohl übertrieben, vielleicht war es auch nur Wunschdenken, jedenfalls war es beruhigend, zu Hause jemanden zu haben, den man als seine Freundin bezeichnen konnte. Sie schrieb mir lange, als ich bei der Navy war. Aber etwa ein Jahr vor Kriegsende schickte sie mir eine ganz andere Art von Brief, in dem sie mir mitteilte, dass sie einen anderen Typen hatte. Mit mir war es also aus. Das brach mir fast das Herz, wobei ich gar nicht verstehe warum, denn eine feste Beziehung war es ja nie gewesen.

Manchmal holten ein paar von uns sich einen Passierschein, und dann fuhren wir an einen Strand nördlich von Barbers Point, ungefähr sechzig Meilen entfernt von Honolulu. Dieser Strand mit seinem besonders weichen Sand und warmen Wasser war etwas Besonderes. Man konnte Stunden damit verbringen, in die fünf oder sechs Fuß hohen Wellen zu laufen, die sich an einer schräg abfallenden Stelle kurz vor der Küste brachen, und sich Hals über Kopf mitreißen zu lassen, ohne sich zu bewegen oder dagegen zu wehren. Immer und immer wieder ließen wir uns an den Strand spülen, wie ein paar Frösche. Unsere gesamte Staffel fuhr oft dorthin, und dann veranstalteten die Hawaiianer für uns ein Luau, ein hawaiianisches Festmahl, bei dem sie im Freien ein ganzes Schwein grillten.

Danny und ich trainierten auch oft bei Übungsflügen Gegenangriffe auf U-Boote und Angriffe im Tiefflug auf Ziele, die von Zielflugzeugen gezogen wurden, oder den Abwurf von Unterwasserbomben. An solchen Tagen gingen wir anschließend wieder zu den Baracken zurück und gesellten uns zu den anderen Crews. Das war dann die pure Langeweile.

Das Aufregendste – und auch Schrecklichste –, was ich erlebte, passierte, als Danny und ich uns einverstanden erklärten, an einem kleinen »Experiment« teilzunehmen.

Bei der Navy machte man sich Gedanken über die Gefahr, dass diejenigen unserer Flugzeuge, die Luftangriffe auf das japanische Festland flogen, von feindlichen Küsteneinheiten abgeschossen werden und in die Bucht von Tokio stürzen könnten. Deshalb sollte eine Methode getestet werden, mit der Überlebende in seitlich geschlossenen Rettungsinseln halb unter Wasser von alliierten U-Booten gerettet werden konnten. Dahinter steckte der Gedanke, dass unsere U-Boote diese Rettungsinseln irgendwie zu fassen bekämen und sie unbemerkt von den Japanern in tieferes Wasser ziehen würden; dort sollten die Luftwaffensoldaten dann an Bord des U-Bootes genommen werden – in Sicherheit außerhalb der Reichweite der von den Japanern installierten Waffen an der Küste.

Danny und ich dachten, es wäre eine nette Abwechslung und keine große Sache. Und los ging es in ein Testgebiet, in dem wir unsere Rettungsinseln aber nicht zu Wasser lassen konnten, weil dort zu viele Haie herumschwammen. Also wurden wir in ein anderes Gebiet gebracht und auf zwei Ein-Mann-Rettungsinseln zu Wasser gelassen, die mit einem Tau verbunden waren – dann trieben wir auf diesen aneinander festgebundenen Inseln auf dem Pazifik und warteten auf unsere Unterwasserfahrt, um wieder nach Hause zu kommen.

Wir hatten ein paar Kondome mitgenommen, in die wir unsere Schlüssel, unsere Zigaretten und ein paar Kekse steckten, damit nichts davon nass wurde. Wie man uns aufgetragen hatte, ließen wir um uns herum grün angestrichene Markierungen zu Wasser, damit unsere Flugzeuge uns besser orten konnten. Zunächst sollten nämlich Sturzkampfflugzeuge losgeschickt werden, uns entdecken und dann unsere Position per Funk an unsere U-Boote in der Nähe durchgeben. Das Ganze war ein echter Spaß. Zunächst einmal jedenfalls.

Wir warteten erst mal. Und warteten und warteten weiter. Der Wellengang wurde stärker, die Luft wurde kühler, und wir hatten nur Sweatshirts und Shorts an. Wir waren ganz allein auf dem Ozean, und noch immer war kein Flugzeug in Sicht.

Plötzlich kam ein großes Amphibien-Transportschiff in Sicht, das mit unserem Experiment gar nichts zu tun hatte, aber von Bord aus hatte man unsere Markierungen bemerkt. Man signalisierte uns, dass man Kurs auf uns nehmen würde, und wir signalisierten zurück »Haltet euch fern, haltet euch fern«. Das wurde aber ignoriert, und kurz darauf wurde ein kleineres Boot zu Wasser gelassen und ging längsseits unserer Rettungsinseln. Der Offizier, der das Kommando hatte, sagte »Kommt an Bord«, aber als wir antworteten »Das geht nicht – wir machen hier ein Experiment«, verstand er, worum es ging. Ich möchte wetten, der Bugschütze an Bord war so sauer auf uns, dass er seine Waffe schon entsichert hatte und überlegte, ob er auf uns feuern sollte. Jedenfalls drehten sie bei, und wir sahen weiter hinauf zum Himmel und warteten auf die Sturzkampfflugzeuge, die zu unserer Rettung kommen sollten.

Am späten Nachmittag kamen sie dann endlich in Sicht. Und eine halbe Stunde danach kam ein Navy-U-Boot. Es war ein komisches Gefühl, ein U-Boot über der Wasseroberfläche genau auf sich zukommen zu sehen. Das U-Boot hatte sein Periskop etwa acht Fuß ausgefahren und auf uns gerichtet, aber bei dem Versuch, unser Tau zu fassen zu bekommen, um uns aus der Gefahrenzone herauszuziehen, verfehlte es uns komplett. Denn es konnte uns nur von einem bestimmten Winkel aus sehen. Das U-Boot fuhr 150 Fuß weiter an uns vorbei, bevor jemand merkte, dass sie uns gar nicht im Schlepptau hatten. Wir wurden fast wahnsinnig, bis das U-Boot schließlich wieder auf uns zukam, uns diesmal zu fassen bekam und anfing zu ziehen. Keiner hatte damit gerechnet, dass wir durch die Vertäuung oben an den Rettungsinseln von dem U-Boot nicht nur vorwärtsgezogen, sondern auch fast vollständig unter Wasser geraten würden. Etwa zwei Meilen weit wurden wir gezogen und klammerten uns fest. Dann tauchte das U-Boot endlich wieder auf. Ich wusste überhaupt nicht mehr, wie mir geschah. Es ist schwer zu beschreiben, wie es sich auf einer kleinen Rettungsinsel anfühlt, wenn dieses riesige Ding plötzlich seine Ballasttanks ausbläst und vor einem aus dem Meer auftaucht. Das Getöse war ohrenbetäubend; es war das einzige Mal, dass ich richtig Angst hatte. Aber noch schlimmer war, dass das U-Boot mit seiner Antenne durch den Boden von Dannys Rettungsinsel stach und ihn dabei fast durch den Hintern aufgespießt hätte.

Wir wurden also gerettet, aber einen Nachtrag gibt es noch. Als der Kommandant des U-Boots uns an Bord in Empfang nahm, sah er, dass wir vor Kälte schon ganz blau angelaufen waren.

»Himmel nochmal, ihr Jungs seid ja total durchgefroren«, sagte er.

Und wir waren sehr angetan, als der Kommandant kurz nach unten verschwand und mit einer guten alten Flasche Canadian Rye wieder raufkam. Er schenkte jedem von uns dreien ein paar Finger breit ein, wir stürzten den Whisky herunter, und er schenkte uns nochmal ein.

»Also«, sagte der Kommandant dann, »jetzt muss ich euch erst mal ein paar Fragen zu dieser Rettungsübung stellen. Dafür brauche ich bitte eure Namen, euren Rang und eure Erkennungsnummern.«

»Mein Name ist Paul Newman, Sir. Aber ich bin kein Offizier. Ich habe keinen Rang. Ich bin Obergefreiter der Luftwaffe.«

»Du hast bloß einen Mannschaftsdienstgrad?«

»Ja«, antwortete ich. Und daraufhin nahm er uns die Gläser wieder ab und schüttete den Whisky zurück in die Flasche.

Alkohol spielte in der Zeit, als ich im Krieg war, ohnehin eine interessante Rolle. Danny und ich flogen zusammen mit einem Piloten namens Pat Filippi, der den Rang eines Leutnants zur See hatte. Ebenso wie die anderen Offiziere bekam Pat jeden Monat eine Ration alkoholischer Getränke. Aber da Pat keinen Alkohol trank, gab er seine Flaschen meistens Danny und mir.

Wenn wir sie nicht selbst tranken, verkauften wir sie an andere Offiziere, zu einem Preis zwischen fünfzig und hundert Dollar die Flasche, je nachdem wie hoch sie in der jeweiligen Woche im Kurs standen. Eigentlich hatte ich von vornherein genug Geld zur Verfügung, denn als Obergefreiter bekam ich achtundsiebzig Dollar im Monat plus 50 Prozent Zuschlag für den Dienst bei der Luftwaffe. Das Problem war nur, dass ich ein furchtbarer Spieler war. Beim Pokern, Würfeln und Blackjack verlor ich meinen ganzen Sold schon eine Stunde, nachdem ich ihn bekommen hatte. Also musste ich ihn mir irgendwie zurückverdienen, und das tat ich, indem ich mit den Piloten um Geld Bridge spielte und die Getränke verkaufte, die ich von Pat bekam. Und was machte ich dann mit dem Geld? Bier kaufen, natürlich. Wenn ich es nicht irgendwo stibitzte.

Nachdem wir schließlich von Hawaii abberufen worden waren, wurde meine TPM Crew (und unser Flugzeug) an einen Stützpunkt deutlich näher an der Kampfzone verlegt. Nicht weit von Guam ging unser Flugzeugträger vor Anker. Am ersten Abend, als wir auf der Insel an Land gingen, waren wir alle ziemlich sauer, weil es keine Bierrationen gab. Aber es dauerte nicht lange, bis wir das Versteck gefunden hatten, in dem Bier und Schnaps lagerten.

Der gesamte Vorrat wurde in einem großen Versorgungszelt gelagert, das von ein paar Marinesoldaten bewacht wurde. Wir schickten ein paar Leute zu den Wachposten und ließen sie nach dem Weg zur Krankenstation fragen, um die Wachen abzulenken, während wir anderen uns unter die Zeltplane schlichen, unter der die Bierkästen aufgestapelt waren. Wir hatten nicht vor, Alkohol im Wert von ein paar Tausend Dollar zu stehlen; wir wollten nur ein paar Flaschen für den Eigenbedarf mitnehmen und uns dann wieder in unsere Kojen schleichen. Doch stattdessen blieben wir alle unter der Plane sitzen, waren froh, dass wir mal wieder an Land waren, und scherzten miteinander herum, bis wir ein Klopfen hörten und die Lichter ausgingen.

»Nichts wie weg hier«, sagte einer meiner Kameraden, aber ein anderer schlug vor: »Vielleicht sollten wir lieber abwarten, bis die Lage sich beruhigt hat.« Das taten wir dann auch. Aber nur so lange, bis wir Schüsse hörten. Wie sich herausstellte, hatte einer der Marine-Wachposten zwei andere Soldaten erwischt, als sie sich unter die Zeltplane schleichen wollten, und auf beide geschossen. Ob sie dabei starben oder es überlebten, weiß ich nicht, aber es hieß, sie seien ziemlich schwer verletzt. Überflüssig zu erwähnen, dass unsere Crew sich so schnell wie möglich davonmachte und wir uns einig waren, nicht nochmal eine solche Nummer abzuziehen.

Von Guam aus waren wir mit einem CVE gefahren, der von allen nur »Jeep-Träger« genannt wurde. Diese Flugzeugträger waren umgebaute Truppen-Transportschiffe oder Frachter und bis zum Kriegsende wurden sie unser schwimmendes Zuhause. CVEs waren so eine Art Flugzeugträger in Miniaturformat, und sie hatten auch ein Flugdeck, wobei die Start- und Landebahn wesentlich kürzer war und von daher auch wesentlich beängstigender. Dadurch wurde die Landung für manche recht nervenaufreibend, besonders bei hohem Seegang, wenn sich der Bug des CVE mit den Wellen immer wieder hob und senkte.

Eines Nachmittags machten wir routinemäßig einen Patrouillenflug mit einem Piloten, der für Pat eingesprungen war und den ich noch nicht kannte. Als wir zurückkamen und landen wollten und schon kurz vor dem Touchdown waren, winkte der Fluglotse auf dem Deck uns wieder weg, sodass wir nochmal an Höhe gewinnen und eine Schleife fliegen mussten. Das machte mich ein bisschen nervös, weil es normalerweise nur nötig war, wenn das Flugzeug beim Landeanflug nicht auf einer Linie mit der Landebahn war. Wir gingen wieder in den Sinkflug, und wir wurden wieder weggewunken;winkt; das beunruhigte mich noch mehr, zumal ich in der Funkerkuppel mit dem Rücken zum Cockpit saß und nicht richtig sehen konnte, was da vor sich ging.

Wir drehten also noch eine Schleife, und mir wurde ziemlich unbehaglich, als uns die Landung ein weiteres Mal verweigert wurde. Dieses Mal war unser Pilot allerdings rechts neben der Brücke hergeflogen, als er wieder abgewinkt wurde, was wir noch nie erlebt hatten, weil das wirklich gefährlich war – wenn man nach der Schleife den Abstand nicht richtig einschätzte, hätte man den Flugzeugträger nämlich gerammt. Beim nächsten Landeanflug ließ man uns endlich aufsetzen, und sobald wir zum Stehen gekommen waren, sprang unser Pilot aus dem Flugzeug und schrie den Fluglotsen, der uns immer wieder weggewinkt hatte, verärgert an. Später erfuhren wir dann, dass unser Pilot beim Landeanflug gar nichts falsch gemacht hatte, sondern dass der Fotograf einer bekannten Wochenzeitschrift an Bord unseres CVEs war, um Bilder von Flugzeugen bei der Landung auf einem Flugzeugträger zu machen. Er wollte das perfekte Foto haben, und die Navy stand ihm dabei hilfreich zur Seite, indem sie ihm ein bisschen Extra-Bildmaterial für seine Illustrierte lieferte.

Und wir hatten echtes Glück. Ein paar Monate vorher, als wir noch in Hawaii stationiert waren, wurden sechs Flugzeuge unserer damaligen TPM-Staffel auf die *USS Bunker Hill* abkommandiert, einen der kampfstärksten Flugzeugträger der Siebten Flotte. Aber an dem Morgen wurde unser Pilot krank, sodass wir am Boden bleiben mussten; wir rückten nie nach, sondern blieben mit unserem Flugzeug in Reserve und warteten darauf, dass wir auf einen der anderen großen Flugzeugträger abkommandiert wurden – was allerdings bei einem Flieger ohne Zuordnung ziemlich unwahrscheinlich war, denn es wurden immer ganze Geschwader zusammengestellt. Gegen Kriegsende wurde die *Bunker Hill* vor Okinawa von zwei Kamikazefliegern angegriffen, von denen jeder eine 550-Pfund-Bombe an Bord hatte. Einer der Selbstmordkommando-Flieger flog in den Tower und den Bereitschaftsraum der Piloten, wodurch riesige Feuer ausbrachen und fast vierhundert Navy-Soldaten ums Leben kamen – darunter zehn der fünfzehn Crew-Mitglieder aus der Staffel, zu der wir ursprünglich gehört hatten.

Von Guam aus wurden wir nach Saipan verschifft, wo wir kurz nach einem der grausamsten Gefechte dieses Kriegs an Land gin-

PAUL IN SEINER NEUEN NAVY-UNIFORM POSIERT 1944 MIT SEINER MUTTER

gen. Unser Kommandant sagte uns, wir sollten auf der Hut sein vor versprengten Kämpfern aus der japanischen Armee, die unser Camp verwüsten könnten, aber ich glaube nicht, dass es zu dem Zeitpunkt, als wir dort ankamen, noch besonders gefährlich war. Einmal marschierten wir sogar mit acht oder zehn Mann in die Berge, um nach Souvenirs zu suchen – herumliegende Helme, Uniformen oder Patronengurte, und da war keine Spur von japanischen Überlebenden. Das Schlimmste, was mir passierte, war nur, dass ich auf dem Weg durch dichtes Gestrüpp von einem Schwarm Wespen attackiert wurde; ich hatte, glaube ich, vierundzwanzig Stiche.

Die meiste Zeit verbrachten wir eigentlich auf unserem Jeep-Träger-Schiff. Alle redeten über unsere bevorstehende Invasion in Japan, über unsere Aufstellung beim finalen Angriff. Und über die hohe Wahrscheinlichkeit, dass es bei der Invasion viele Verluste geben würde.

Unser Schiff lag etwa fünfundsiebzig Meilen vor den japanischen Hauptinseln, als wir die Nachricht von der A-Bombe bekamen, und dann von der Kapitulation. Es herrschte unbändige Freude, weil das Ganze nun vorbei war. Ein paar Tage nach Nagasaki wurde unser CVE zurück nach Pearl Harbor beordert. Mein erster Gedanke war: »Da sind wir also wieder – jetzt stecken wir hier erst mal für ein weiteres Jahr fest, bevor wir aus der Armee entlassen werden.« Aber als wir uns Hawaii näherten, kam ein neuer Befehl, der eigentlich nur besagte: »Fahrt weiter.« Also fuhren wir ohne Zwischenstopp direkt nach San Francisco. Dort legten wir an und bekamen zwei Wochen Landurlaub, mit dem Befehl, uns anschließend in Seattle zu melden.

Doch bevor es so weit war, musste natürlich erst mal gefeiert werden. Ein paar der Piloten, die ich an Bord kennengelernt hatte, mieteten ein großes Zimmer im renommierten Mark Hopkins Hotel und ein paar Dutzend von uns Navy-Soldaten feierten fast drei Tage lang mit. Es war keine Orgie, aber es ging ziemlich heiß her. Die Piloten gingen immer runter an die Hotelbar des Mark

Hopkins, gabelten ein paar Mädchen auf und brachten sie mit nach oben zu der Party. Ich weiß noch, dass viele der Jungs von den Flieger-Crews nur noch in ihren Boxershorts rumliefen; deshalb dachten die Mädchen offenbar, wir alle wären Offiziere. Wenn man morgens aufwachte, trank man direkt wieder Bier. Der Krieg war ja erst seit knapp drei Wochen vorbei; da führten wir uns alle auf wie die Verrückten.

Die fünf Wochen, die ich dann in Seattle verbrachte, verliefen ähnlich »produktiv«. Ich war einem Flugzeughangar zugeteilt worden, wo ich den Mechanikern zuarbeiten sollte. Dabei hatte ich überhaupt keine Ahnung davon. Außerdem sollte ich dabei helfen, alte Generatoren aus Hellcat-Jagdflugzeugen rauszuholen.

Da ich meinen Sold nach wie vor verspielte, brauchte ich Geld, weil ich sonst pleite gewesen wäre. Deshalb überredete ich die Jungs, die schon entlassen wurden, mir ihre Dienstausweise und ihre Alkohol-Coupons zu geben, womit man dann berechtigt war, günstig Schnaps zu kaufen. Ein Navy-Soldat, den ich dort kennenlernte, Joe Beeler aus Kansas, hatte 1300 Dollar von seinem Vater bekommen, um sich ein gebrauchtes Auto zu kaufen, und er nahm einen viertürigen Pontiac. Aus Holzabfällen und Metallresten baute ich eine Bar, die wir über die Rückbank hängten; ich kleidete den Wagen mit Teppich aus und sägte Löcher in die Spanplatten, in die man Flaschen, Gläser und sogar einen Eiskübel hineinstellen konnte. 1946 gab es in der Gegend noch keine Limousinen, die so ausgestattet waren wie diese.

Wir hatten hauptsächlich drei Verwendungsmöglichkeiten für den Pontiac. An den Wochenenden fuhren wir mit ein paar Mädchen, die wir kennengelernt hatten und die an der Universität von Washington studierten, zum Skifahren auf den Mount Rainier. Das war eine teure Angelegenheit; deshalb betrieben wir während der Woche einen Fahrdienst und brachten Leute von der Stadt unten nach oben in die Berge, und wir chauffierten Piloten und andere Offiziere zu einem Festpreis. Beeler und ich verdienten uns auch

Geld durch das Wachsen von Skiern, bevor wir dann selbst Skifahren gingen – und rechtzeitig wieder auf dem Parkplatz waren, um unsere Kunden wieder hinunter in die Stadt zu bringen. Der beste Teil der Arbeit kam, wenn wir zu den Tanzlokalen in Downtown Seattle fuhren, die gegen Mitternacht zumachten. Da standen dann all die Typen, die Mädchen aufgegabelt hatten, aber nicht wussten, wohin sie mit ihnen gehen sollten, um noch etwas zu trinken. Dann fuhren Beeler und ich vor und boten unsere kleinen und großen Schnapsflaschen ohne Etiketten an. Wir nahmen 15 oder 20 Dollar pro Flasche, und damit konnten wir dann in der nächsten Woche unsere Ski-Ausflüge mit den Studentinnen finanzieren und es blieb immer noch genug übrig, um ihnen auch ein Essen zu spendieren.

Im April 1946 wurde ich ehrenhaft entlassen, kehrte zurück nach Shaker Heights und schrieb mich noch vor dem 1. Juni am Kenyon College ein. Das bemerkenswerteste Resultat aus den Jahren, die ich im Militärdienst verbrachte, war, dass ich tatsächlich einen Schuss in die Höhe machte. Als ich zum Militär kam, hatte ich nur knapp die Mindestgröße von eins achtundsechzig. Als ich das Militär verließ, war ich mindestens zehn Zentimeter größer.

Insgesamt hatte der Krieg nicht mehr Auswirkungen auf mich, als wäre ich mit einer Theatertruppe auf Tournee in Schenectady und Poughkeepsie im Hinterland des Staates New York gewesen, um *Der Widerspenstigen Zähmung* aufzuführen. Es gab nichts, was mich sonderlich beeindruckt hätte. Nicht das Gefühl, dass es ein Überlebenskampf war. Auch nicht das Gefühl von Gefahr, und kaum das Gefühl, erwachsen geworden oder in irgendeiner Hinsicht gereift zu sein. Es war, als wäre ich durch einen Regenschauer gegangen, mehr nicht.

Irgendwann Mitte der 1950er-Jahre fuhren Joanne und ich einfach los zu einem gemeinsamen Wochenende und landeten in Cape Cod. Ich bog ab in das kleine Hafenviertel, und da sah ich einen Mann, der aus einem Schuppen am anderen Ende des Piers kam. Durch das offene Wagenfenster rief ich ihm zu: »Hey, wo kann ich hier ein Boot zum Angeln mieten?« Er gab keine Antwort, aber er kam auf uns zu, und ich fragte ihn nochmal: »Wissen Sie, wo ich hier ein Boot zum Angeln mieten kann?«

Als ich ihn aus der Nähe sah, fiel mir auf, dass ihm eine Träne über die Wange lief. Er kam zu mir, umarmte mich und fing an zu weinen. Ich wusste gar nicht, was das sollte, und Joanne auch nicht.

»Martin. Randy Martin«, sagte er. Ich hatte keine Ahnung, wer Randy Martin war, aber er schien eine Menge über mich zu wissen.

»Erinnerst du dich an Kathy Anne?«, fragte er. »Ich habe sie geheiratet, wir haben zwei Kinder …« Und da klingelte es bei mir allmählich. »Kommt mit zu uns, dann essen wir zusammen.«

Joanne und ich stiegen aus unserem Volkswagen, und er sagte zu ihr: »Ich kenne ihn, ich war mit ihm zusammen bei der Navy. Er war in unserer Staffel.« Als er den Strand bei Barbers Point erwähnte, erinnerte ich mich endlich – er war Maschinengewehrschütze gewesen. Wir aßen zusammen mit seiner Familie bei ihm zu Hause und erfuhren eine Menge über Hummer.

Am nächsten Tag fuhr ich dann auf seinem Boot mit aufs Meer, und das war richtig aufregend. Es war wie in einem Casino in Vegas, als wir die Hummerfangkörbe aus dem Wasser zogen und gespannt nachsahen, ob etwas darin war. Ich sprang jedes Mal begeistert herum, wenn wir einen dicken Fang gemacht hatten, einen Fünfzehnpfünder, aber Randy drehte die Hummer immer um und sah nach, ob sie Eier am Bauch hatten, und wenn ja, warf er sie sofort wieder zurück ins Wasser.

Es dauerte nicht lange, bis überall auf dem Deck Hummer herumkrabbelten und wir hinter ihnen herjagten, um ihnen diese Holzpfropfen zwischen die Scheren zu klemmen. Als wir bei Ebbe nach Chatham zurückkamen und die Hafeneinfahrt nur noch ein dünnes Rinnsal war, wartete Randy einfach auf eine Welle und ließ das Boot an den Anleger spülen, als wären wir auf einem Surfbrett. Was für ein großartiger Skipper! In den Jahren danach besuchte ich ihn regelmäßig mit meinen Kindern, und es war toll zu erleben, wie sie aufgeregt versuchten, die klappernden Hummer an Deck einzufangen und ihnen mit einem Gummiband die Scheren zusammenzubinden.

Aber Randy trank furchtbar viel und wurde zu einem schlimmen Alkoholiker. Seine Familie verließ ihn, er verlor sein Boot, und eines Tages stand er bei uns in Connecticut vor der Tür. Ich brachte ihn nach Westport in die Entzugsklinik, wo er sofort eingewiesen wurde und einen Entzug machte. Als er entlassen wurde, holte ihn eine Freundin von den Anonymen Alkoholikern ab und brachte ihn nach Cape Cod. Ich verschaffte ihm ein Darlehen, damit er sich ein neues Boot kaufen konnte.

Aber Randy griff wieder zur Flasche. Er fuhr seinen Wagen zu Schrott, brach sich die Schulter und brachte sein Boot zum Kentern.

Seitdem habe ich nichts mehr von ihm gehört.

PAT FILIPPI

Newman schob sich seine Navy-Kappe immer in den Nacken, und von mir bekam er dafür jedes Mal den Hintern aufgerissen. »Setz das Ding richtig auf!« Er zog sich die Kappe richtig auf den Kopf, aber im nächsten Moment hing sie ihm wieder im Nacken.

Auf tausend Meter Entfernung konnte ich schon sehen, dass Newman auf mich zukam, ich erkannte ihn an seinem Gang. Er hatte einen bestimmten Gang; der Junge hatte Selbstbewusstsein, schon damals als Neunzehnjähriger. Teufel nochmal, ich war nur drei Jahre älter, aber damit hat er mich beeindruckt.

Paul sagte kein Wort zu viel. Wenn er etwas erzählen wollte, sagte er es in einem Satz. Wenn ich ihn heutzutage in einem Interview höre, dann denke ich immer: »Lieber Himmel, der Junge hat sich kein bisschen verändert.«

IV

Als ich aus dem Krieg kam, nachdem ich also nicht über dem Pazifik abgeschossen worden war, machte ich den unglaublich dummen Fehler, mich an einer nicht gemischten Uni wie dem Kenyon College einzuschreiben. Ich dachte, ich bräuchte eher eine gute Ausbildung als Frauen. Ich war nämlich ein ziemlicher Schwerenöter. Ich dachte, wenn auf dem Campus auch Frauen herumliefen wie an der Ohio University, würde es mich vom Studium ablenken, und deshalb wäre eine gemischte Uni von Nachteil. An einer reinen Jungen-Uni könnte ich mich beim Studium richtig ins Zeug legen. Das Problem daran war nur, dass man an einer Uni ohne Frauen geradezu besessen wird von Frauen. Denn ganzen Tag lang dachte man eigentlich nur daran, wie man an eins der Kleinstadtmädchen aus Gambier, Ohio, herankommen konnte. Anstatt Mädchen auf dem Campus um sich herum zu haben und sich einfach zu ihnen zu gesellen und vielleicht mit einem anzubändeln, bereitete es einem nun Sorgen, dass gar keine Mädchen in Reichweite waren.

Außerdem hatte ich mich nicht ausführlich über das College informiert und erfuhr zu spät, dass das Kenyon College den Ruf einer Party-Uni hatte.

An meinem ersten Tag, als meine Eltern mich an einem Sonntagnachmittag im Juni gegen drei Uhr dort absetzten, wunderte ich mich noch über ein Bierfass. Um sechs Uhr war ich sturzbetrunken. Ich brauchte also nicht lange, um mich am Kenyon mit den falschen Leuten anzufreunden. So viel zum Thema Disziplin. Als ich das Kenyon verließ, hatte ich keine nützliche Ausbildung, aber ich hielt den College-Rekord im Bierexen. Unter meinem Foto im

Jahrbuch stand: »Macht an langen langweiligen Abend gern mal einen drauf.«

Leider studierte ich nichts so richtig. Ich fing damit an, dass ich als Hauptfach Wirtschaftswissenschaften wählte. Vielleicht, weil ich dachte, dass ich irgendwann für meinen Vater bei Newman-Stern arbeiten würde (diese Möglichkeit erwähnte ich sogar in meiner Bewerbung für Kenyon). Ich mochte den Laden ja – und wie gesagt, war ich ein guter Verkäufer –, aber die Vorstellung, mein ganzes Arbeitsleben dort zu verbringen, schien mir dann doch zu langweilig. Und während ich Kurse in Wirtschaft besuchte, sogar in Buchhaltung, wechselte ich im Hauptfach zu Politikwissenschaften. Aber da sich mein Körperbau in der Zeit bei der Navy total verändert hatte, machte es mir, ehrlich gesagt, am meisten Spaß, in der Collegemannschaft Football zu spielen.

Als ich dann disziplinarische Schwierigkeiten bekam, musste ich meine Pläne ohnehin ändern. Das Ganze kam folgendermaßen, und auch das hatte einzig und allein damit zu tun, dass ich an einer nicht gemischten Uni war:

Etwa zehn Meilen östlich von Kenyon liegt Mount Vernon, Ohio, wo viele von uns rumhingen. Dort gab es ein Lokal, den Bluebird Club, in dem ab und zu Live-Bands auftraten und Tanzmusik spielten oder Unterhaltungsmusik aus der Konserve lief. An den Wochenenden ging man dorthin, um mit einem der Mädchen aus der Stadt anzubändeln. Und an dem Abend, um den es nun geht, beschlossen wir, mit ein paar Leuten aus unserem Footballteam dort hinzufahren.

Zwischen den Jungs aus der Stadt und uns herrschte natürlich eine große Abneigung, die auf Gegenseitigkeit beruhte. Die Städter waren ungefähr in unserem Alter, aber sie gingen nicht aufs College. Viele von ihnen verdienten ihren Lebensunterhalt mit den Händen. Wir als College Kids waren für sie Außenseiter, deshalb war diese Abneigung eigentlich ganz normal. Es war auch nicht ungewöhnlich, dass es zu Schlägereien kam. Was die Situation aller-

PAUL (IM WEISSEN T-SHIRT) ENDE DER 1940ER-JAHRE MIT MITGLIEDERN DER STUDENTENVERBINDUNG AM KENYON COLLEGE

dings verschärfte, war, dass wir Jungs vom Kenyon immer versuchten, ihnen die Frauen auszuspannen. Die Städter brauchten nur zur Toilette zu gehen, schon tanzten wir bei ihrer Rückkehr mit ihren Verabredungen.

Normalerweise waren diese Schlägereien mehr Rangeleien als sonst etwas. Vielleicht mal eine blutige Nase oder ein blaues Auge. Aber niemand trat nach, wenn jemand schon am Boden lag, und niemand hatte irgendetwas Gefährliches in den Taschen. Wenn man ein paar Tage nach solchen Auseinandersetzungen durch die Stadt ging und einem der Städter über den Weg lief, mit dem man sich geprügelt hatte, winkte man einander sogar zu und rief: »Nächste Woche mache ich dich fertig!« Und dann antwortete der Gegner: »Ich warte schon auf dich!«, und damit war das Thema erst mal erledigt.

An einem Abend eskalierte die Situation jedoch ein wenig. Es kam zu einer hitzigen Schlägerei, aber auch die kühlte schnell wieder ab. Doch der Barkeeper des Clubs rief die Cops, und kurz darauf kamen zwei Beamte in Zivil zur Tür herein. Ehe sie sich ausweisen konnten, hatte Bert Forman, unser Quarterback, einen der beiden schon niedergeschlagen. Dann stellte Bert sich mitten auf die Tanzfläche und rief: »Na los, kriegt mich doch!« Einer der Cops zog seine Marke hervor, und darauf sagte Bert: »Hier bin ich doch, wo wollt ihr mich denn sonst haben?«

Da drehte sich der andere Zivilbeamte zu dem Barkeeper um und fragte: »Wer hat denn angefangen?« Und der Barkeeper zeigte auf drei oder vier von uns, die auch prompt abgeführt und in ein paar Polizeiwagen verfrachtet wurden. In dem Moment, in dem die Polizeiautos losfuhren, warf einer der Jungs mir seine Autoschlüssel zu und sagte: »Bring meinen Wagen in die Stadt.«

Eine Dreiviertelstunde später stellte ich seinen Wagen also vor der Polizeiwache ab, ging zu einem Sergeant und sagte: »Einer der Jungs, die ihr hier im Knast habt, hat mich gebeten, seine Autoschlüssel hier abzugeben.« Und da sagt der Sergeant: »Zeig mir mal deine Knöchel.« Meine Knöchel an den Fingern waren natürlich von der Schlägerei ziemlich lädiert. Und ehe ich wusste, wie mir geschah, sagte der Sergeant: »Na also, dann fährst du auch gleich ein«, und sie steckten auch mich in den Knast zu den anderen Jungs.

Als ich einen Blick durch die Gitterstäbe nach draußen warf, war der ganze Hof neben der Polizeiwache voll mit Kenyon Kids, die alle zu unserer Unterstützung gekommen waren. Einer hatte ein Fass Bier mitgebracht, und alle saßen auf dem Boden und sangen alte College-Lieder, bis die Cops sie um drei Uhr morgens verscheuchten. Eigentlich war das Ganze ein Riesenspaß.

Am nächsten Tag stand alles in der Zeitung, auch im *Plain Dealer* von Cleveland – und das Footballteam des Kenyon College saß in der Patsche. Mein Name stand auch unter den Verhafteten, und mein Vater las den Artikel – für ihn war es die Bestätigung, dass ich alles vermasselte, womit er ja recht hatte. Drei oder vier der Jungs flogen sofort vom Kenyon College, und weitere drei oder vier, zu denen auch ich gehörte, bekamen eine Abmahnung. Obendrein flog ich aus dem Footballteam.

Da ich deshalb von heute auf morgen ziemlich viel Freizeit hatte, ging ich zur Theatergruppe und sprach für ein Stück vor. Ich wollte es einfach mal mit dem Theaterspielen probieren.

Es schien mir das Richtige zu sein. Ich hatte an der Ohio University schon etwas Schauspielunterricht gehabt, und das hatte mir Spaß gemacht. Theaterstücke waren für mich weniger problematisch als die anderen Kurse; schon immer war es schrecklich für mich gewesen, aus Büchern zu lernen. Zum Teil lag das daran, dass ich nie gelernt hatte, wie man lernt. Ich glaube immer noch, dass ich eine Lernschwäche habe, und noch heute lese ich nicht richtig. Nach wie vor fällt es mir auch schwer, Drehbücher im Kopf zu behalten.

Ich hatte ja auch schon früh auf der Bühne gestanden. In der Grundschule hatten wir eine Vorstellung über Robin Hood gegeben, und ich hatte den Hofnarren gespielt. Da habe ich ein Lied gesungen, das mein Onkel Joe (der nicht nur der Geschäftspartner meines Vaters, sondern auch ein veröffentlichter Autor von Komischer Lyrik war und sogar den Text zu dem Song »Black Cross« geschrieben hatte, der sowohl von Lord Buckley als auch von Bob Dylan aufgenommen wurde) für mich über Robin Hood mit Pfeil und Bogen geschrieben hatte:

»*Auf Robin Hoods Knie sitzt ein Floh,*
der kriegt von ihm was auf den Po,
in good old England, holldri-o …«

An der Stelle fing ich dann an zu jodeln. (Ich konnte sehr gut jodeln, bevor ich in den Stimmbruch kam und meine Hoden endlich sichtbar waren. Ich jodelte, bis ich achtunddreißig war, und wartete und hoffte. Na ja, so lange nun auch wieder nicht, aber körperlich war ich ja tatsächlich ein Spätzünder – mir wuchsen erst spät Schamhaare, ich wurde erst spät größer, und meine Hoden traten erst spät hervor. Ein guter Freund von mir, der sich mit psychoanalytischen Theorien auskennt, lieferte einmal die Erklärung, dass ich die Verspätung bei meinen Hoden unterbewusst selbst verursacht hätte, um noch länger von meiner Mutter verhätschelt zu werden. »Junge«, antwortete ich darauf, »das wäre aber eine unglaubliche Willensanstrengung gewesen!«)

Manche Leute dachten »Ist der aber niedlich«, und nach ein paar weiteren Bühnenauftritten beschloss meine Mutter, mich im Theater unterzubringen, ungeachtet dessen, was ich eigentlich wollte. Meine Mutter hasste Football, denn sie wollte nicht, dass ich einen Sport betrieb, der von Haus aus gefährlich war. Sie schwirrte immer um mich herum und wollte mir wie im Theater die Wimpern tuschen oder die Lippen nachziehen, bis ich ihr zum Footballtraining entwischte.

JOANNE WOODWARD

Ich weiß noch, dass Paul immer zu mir sagte: »Großer Gott, sie hat mich behandelt wie ein Mädchen. Sie wollte, dass ich ein Mädchen bin!« Er war ihre Puppe.

Meine Mutter wollte, dass ich Gesangsunterricht nahm, in die Tanzschule ging, irgendetwas Künstlerisches machte, wie Schauspieler zu werden. Sie ging mit mir zum Cleveland Play House, dessen Intendant der legendäre K. Elmo Lowe war, ein guter Freund meines Onkels Joe. Das Play House war ein in der ganzen Gegend anerkanntes Theater und hatte auch einen hochgelobten Spielplan für Jugendliche, der sich »Curtain Pullers« nannte, für den ich dann zugelassen wurde. Eines der Stücke, die wir in einer Version für Kinder auf die Bühne brachten, war *St. Georg und der Drache,* und da spielte ich im Alter von neun Jahren den St. Georg. Ich erlegte den Drachen natürlich nicht, sondern streute ihm Salz auf den Schwanz, stellte mich mit einem Fuß auf seine Brust und gestikulierte wild mit meinem Schwert. Der arme Drache wand und krümmte sich ganz fürchterlich. Bei der Aufführung wurde sogar das erste professionelle Bühnenfoto von mir gemacht. Wir führten das Stück einige Male auf, offenbar mit Erfolg, denn die meisten Mütter und Väter kamen, um es sich anzusehen.

Am Kenyon erarbeiteten wir einen vollständigen Spielplan mit acht bis zehn Aufführungen pro Jahr, die im Hill Theater stattfanden. Jim Michael, mein Schauspiellehrer, Intendant und schließlich auch guter Freund, gab mir eine Menge Vorschusslorbeeren und eine Rolle in jedem Stück. Erlebte ich da den Moment der Erkenntnis, die jemand in einem weckt oder einem einpflanzt? Ging mir plötzlich ein Licht auf? So war es ganz sicher nicht. Ich fand nichts von all dem, was ich da auf der Bühne tat, spektakulär oder besonders aufregend. Möglich, dass es handwerklich gut oder okay war, aber ich war als Schauspieler noch absolut unerfahren. Ich war ein Junge mit attraktivem Äußeren, Unmengen an Energie und einer starken Bühnenpräsenz. Aber ob ich instinktiv wusste, wie man Shakespeare spielt oder lebensnahe Rollen? Meine Bühnenarbeit am Kenyon reichte für eine durchschnittliche College-Aufführung; sie bestand aus allem, was man an der Uni so darüber lernt, und aus vielen Stunden Sprech- und Ausdrucksunterricht.

Bei mir selbst löste das nichts Besonderes aus. Darüber schütteln alle immer den Kopf und sagen: »Hast du denn nicht gemerkt, dass die Leute damals schon fanden, du bist wirklich jemand?« Worauf ich nur antworten kann: »Nein.«

Wenn jemand, der immer wieder die Erfahrung gemacht hat, dass er in fast allem mittelmäßig ist, dann doch etwas findet, was zumindest das Beste ist, was er überhaupt kann – dann ist das nichts Großartiges, nicht einmal eine Bereicherung, sondern einfach das, was er am besten kann. Er weiß, er wäre kein guter Mechaniker, er wäre kein guter Footballtrainer, er wäre nicht gut darin, Geschichte oder Algebra zu unterrichten. Er könnte natürlich immer noch Bowlingkugeln verkaufen – aber er will keine Bowlingkugeln verkaufen. Also ist das Nächstbeste, was er tun *kann*, irgendwie beim Theater zu bleiben. Aber das hat nichts mit einem Triumph zu tun, also nochmal: Es ist einfach nur das Beste, was er tun kann.

Wenn ich an die Arbeit zurückdenke, die ich vor Ewigkeiten zu Beginn meiner Karriere abgeliefert habe, kann ich mir das gar nicht ansehen. Das heißt ja nicht, dass ich ein schlechter Mensch bin, es heißt nicht, dass ich überzogene Ansprüche gehabt hätte. Und selbst, wenn es für alle anderen nicht in Ordnung ist, ist es für mich in Ordnung. Ich ärgere mich nur immer furchtbar, wenn alle Leute die Ansprüche und Beurteilungen und Erinnerungen daran, wie sie selbst an sich gearbeitet haben, was sie alles getan haben, verallgemeinern und davon ausgehen, dass es bei mir genauso war.

Das Schauspielen an sich hat mir nie Spaß gemacht, es hat mir nie Spaß gemacht da rauszugehen und es zu machen. Die Arbeiten im Vorfeld haben mir Spaß gemacht – die Einzelheiten, die Überlegungen, alles zusammenzufügen. Ab und zu probte ich eine Szene so, dass sie auf ungewöhnliche Art und Weise zu einem Ganzen wurde, und dann war ich selbst erstaunt. Aber das zeigte ja nur einen winzigen Prozentsatz der Zeit, die ich tatsächlich dafür aufgewandt hatte.

Wahrscheinlich ist das auch einer der Gründe, warum ich so viel trank. Der Überschwang, die Gefahr, das Hochgefühl beim Schauspielen erhöhte sich um den Faktor achtzig. Wäre das allein durch

Schauspielen möglich gewesen, hätte ich nicht da rausgehen und mich unter Beschuss nehmen lassen müssen.

Aber der Reihe nach.

Das erste große Bühnenstück, bei dem ich mitspielte, war *The Front Page*, wo ich Hildy Johnson, den schnellsprechenden, besserwisserischen Redakteur einer Boulevardzeitung spielte. An unsere Inszenierung selbst kann ich mich nicht mehr so genau erinnern, aber das Stück kam beim Publikum eindeutig gut an, und Jim Michael gelangte zu der Überzeugung, ich hätte ein Gespür für komische Rollen. Ich spielte alles, von Captain Shotover in George Bernard Shaws *Heartbreak House* (wofür ich in letzter Minute als Ersatz für einen anderen Schauspieler besetzt wurde, sodass ich nur zehn Tage hatte, um den Text zu lernen – was nichts ist, woran ich mich gern zurückerinnere) und die tuntige Rolle des Lord Fancourt Babberley in der viktorianischen Farce *Charleys Tante* über Čapeks modernen Science-Fiction Klassiker *R. U. R.* (*Rossum's Universal Robots*) bis hin zu Petruchio in Shakespeares *Der Widerspenstigen Zähmung*.

Ich weiß noch, dass manche Leute in der Theatergruppe erschrocken darüber schienen, was ich alles mit Katherina, der *Widerspenstigen*, machte, besonders als ich sie packte, auf den Boden zwang und mich auf sie setzte. So etwas spontan bei den Proben auszuprobieren, hielten sie für ziemlich gewagt. Aber ich fand es nie sonderlich fortschrittlich. »Was! Meine Zunge wär' dein Schweif?«, sagt Petruchio zu Katherina und meint damit ihr Hinterteil. Das Geplänkel der beiden in dieser Szene ist ziemlich anzüglich. Dafür braucht man sich den Dialog nur mal durchzulesen.

Das erinnert mich an die Reaktionen auf *R. U. R.* Viel Lob, aber wenn ich mir ins Gedächtnis rufe, wie ich das Ganze in Angriff nahm, ging es dabei vor allem um den oratorischen Ausdruck in meiner Darstellung. Das entsprach damals überhaupt nicht der Herangehensweise der Schauspieler in New York. (Als ich dann selbst nach New York kam und zum ersten Mal für ein Bühnenstück mit der Schauspielerin und Produzentin Anne Jackson vorsprach, warf sie mir anschließend nur einen Blick zu und sagte: »Gib dir nicht so viel Mühe. Spiel nicht.«)

Meine Rolle in Jean Anouilhs *Antigone* ist mir vor allem deshalb gut im Gedächtnis geblieben, weil ich dabei die schlimmsten Lachanfälle bekam, die ich je hatte. Ich spielte den Ersten Wachsoldaten, also eine für das Verständnis wichtige Rolle; er soll die todgeweihte Prinzessin Antigone im Auge behalten und muss König Kreon dann

PAUL IN EINEM THEATERSTÜCK AM KENYON COLLEGE

die Nachricht überbringen, dass »der Sergeant die Schaufel fand«, was der entscheidende Beweis dafür ist, dass Antigone verbotenerweise versucht hat, den Leichnam ihres Bruders zu begraben. Aus irgendeinem Grund fand ich es lächerlich, dass jemand denkt, das ganze Leben ändert sich, weil irgendjemand eine Schaufel gefunden hat, und deshalb musste ich bei der Zeile »Der Sergeant fand die Schaufel« immer lachen. Jedes Mal, wenn ich bei den Proben mit der Zeile anfing, bekam ich sofort einen Lachanfall. Das Ensemble war zunehmend verärgert, aber keinem fiel irgendetwas Hilfreiches dagegen ein. Wir machten eine Pause, aber erst um drei Uhr morgens bekam ich es hin, die Bühne zu betreten und mit ernstem Gesicht zu verkünden: »Der Sergeant fand die Schaufel.«

Das erinnert mich an eine ähnliche Situation Jahre später, als wir *Butch Cassidy and the Sundance Kid* drehten. Ich schrieb eine Zeile für mich selbst: Als Sundance und ich in Bolivien aus dem Zug steigen und da nichts ist außer ein paar Hütten und Schweineställen, macht Butch ein gleichgültiges Gesicht und versucht Sundance, dem der Mut sinkt, aufzuheitern. Ich werfe Robert Redford einen Blick zu und sage: »Kaum zu glauben, dass vor fünfzig Jahren noch nichts von all dem hier war.« Ich fand die Zeile großartig, urkomisch, und lachte mich kaputt. Der antike Zug, mit dem wir gekommen waren, musste für den Nachdreh zurückgeschoben werden, aber als die Kameras wieder liefen, musste ich sofort wieder lachen. Immer wieder wurde der Zug zurückgeschoben, und George Roy Hill, der Regisseur, versuchte alles – Totalaufnahmen, Halbtotale, alles Mögliche, aber irgendwann gab er es auf und brach ab. Die Zeile hat es nie in den Film geschafft; und ich warte immer noch auf eine Gelegenheit, sie irgendwo unterzubringen.

Jedenfalls betrachtete ich am Kenyon College meine Auftritte trotz all der Aufmerksamkeit, die ich dafür bekam, nie als große Erfolge, sondern einfach als etwas, das ich eben tat und das nicht wichtiger war als eine gute Note in Politikwissenschaften, die jemand sich durch viel Lernen erarbeitet hatte. Ich tat ja das Gleiche wie andere Leute in ihren Kursen oder in der Tennismannschaft oder im Footballteam. Für mich hatte das nichts mit Glamour oder Prominentenstatus zu tun.

Ich weiß nicht mehr, wie erfolgreich unsere Stücke damals waren, ich weiß nur noch, wie viel Arbeit in ihnen steckte. Ich erinnere mich noch, wie oft ich im Theater war, auf der Bühne, bei den Proben, beim Bau der Kulissen. Daran erinnere ich mich besser als an alles andere aus meiner College-Zeit. Aber da fällt mir gerade ein, dass mein größter messbarer Erfolg am College der als Unternehmer und nicht als Schauspieler war: mein Wäsche-Service.

Newmans Wäscherei startete mit absolut nichts, aber das Geschäft basierte auf einer guten Idee und einer revolutionären Herangehensweise. Obwohl viele Leute mir Untergang und Unheil vorhersagten, war die Geschäftsidee so gut wie narrensicher und wurde zum größten Erfolg meiner Studienzeit.

Dazu muss man sich die Hauptstraße in Gambier vorstellen, mit den Ladenlokalen aus dem neunzehnten Jahrhundert, jedes etwa dreieinhalb Meter breit und zwölf Meter tief, wie Wohnungen mit lauter Durchgangszimmern. Mir fiel auf, dass ein Laden leer stand, und da kam mir die Idee, dass dies der ideale Ort für einen Wäschesammeldienst wäre – vorausgesetzt, ich könnte die Studenten vom Kenyon College dazu bringen, ihn zu nutzen. Und dann kam mir die zündende Idee, dass das Einzige, womit man Studenten anlocken kann, Freibier war: Bringt eure Wäsche vorbei, dann bekommt ihr ein Bier.

Ich nahm Kontakt mit der alteingesessenen Wäscherei Licking Laundry Company in Newark, Ohio, auf und fragte, ob man sich vorstellen könne, mit mir zusammenzuarbeiten. Man sagte mir, wenn ich 200 Dollar Umsatz pro Woche mit der Wäsche machen würde, wären sie bereit, das Waschen und Zusammenfalten zu übernehmen. Das könne ich ihnen praktisch garantieren, sagte ich, und daraufhin boten sie mir 25 Prozent Gewinnbeteiligung –

und sie wollten sogar das Abholen und Ausliefern übernehmen. Ich war einverstanden, sagte aber noch, dass ich einen Vorschuss bräuchte, damit ich den Laden anstreichen, Wäschekörbe kaufen und einen Tresen bauen konnte – und diesen Vorschuss gaben sie mir dann auch. Ich verteilte Hunderte von Flyern, auf denen stand: »Freibier, wenn ihr eure Wäsche vorbeibringt!« Schon am ersten Wochenende machten wir mit der Wäsche 300 Dollar Umsatz. Und im Lauf des schönen Samstagnachmittags verließen viele meiner Kunden den Laden total betrunken. Ich schaltete sogar eine Anzeige in *The Kenyon Collegian*, mit der Zeile: »Yep, the only student entaprize on main-street!« (»Anm. d. Redaktion, in etwa: »Ja, das einzige studentische Unternehmen auf der Hauptstraße!«) Auf den Annahmescheinen stand: »Wenn du in deiner Kleidung nicht mehr gut ankommst, solltest du bei mir vorbeikommen.« Als ich meinen Abschluss hatte und Gambier verließ, hatte ich die gesamte Konkurrenz der Wäschereien für Studenten ausgeschaltet, und ich konnte das Geschäft sogar noch verkaufen. Das war meine eigentliche Erfolgsgeschichte am College.

C. RAY SMITH WAR AM KENYON COLLEGE EINER VON PAULS KOMMILITONEN, DER AUCH THEATER SPIELTE.

An einem Abend wurde es spät, bis wir mit dem Bau des Bühnenbilds von *Charleys Tante* fertig waren (das ich entworfen hatte). Paul blieb oft lange und half bei der Arbeit an den Kulissen. Irgendwann wurde uns der Farbgeruch zu viel, und er sagte: »Lass uns ein bisschen rumfahren!«

Also fuhren wir in einem offenen Jeep herum und hatten einen wunderbaren Blick auf die Täler, die Hornsträucher und auf den Mond.

»Sieh dir mal den Mond an!«, sagte er.

»Der ist großartig«, sagte ich. »Ich wüsste gern, warum der Mond uns eigentlich so sehr beeinflusst. Er macht uns romantisch, neugierig …«

Und während ich mich mit all diesen bedeutenden kosmischen Fragen beschäftigte, sagte Paul nur: »Ach, warum soll man sich darüber Gedanken machen? Warum erfreut man sich nicht einfach daran?«

Nach den Proben oder Aufführungen, oder wenn ich den Abend mit dem Bau der Kulissen verbracht hatte, ging ich immer in ein Lokal, das Dorothy's hieß. Es war im Erdgeschoss eines Bauernhauses am Stadtrand, und es war das einzige Lokal in Gambier mit einer Schanklizenz für Bier. Deshalb gingen abends immer alle dorthin. Dorothy Rattray war eine mollige, herzliche blonde Dame, die das Lokal zusammen mit ihrem Partner betrieb, einem Typen, der sich Jean Valjean nannte. Dorothy liebte ihre Kenyon Jungs, und das beruhte auf Gegenseitigkeit.

Direkt hinter dem Eingang stand die Theke, mit acht bis zehn Hockern, und weiter hinten war ein Raum mit ein paar alten Küchentischen und Nischen aus Holz. Dorothy schenkte nichts Hochprozentiges aus, aber man konnte ein paar nicht allzu anspruchsvolle Sandwiches bekommen. Wenn man sich betrinken wollte, brauchte man nirgendwo anders hinzugehen, obwohl Dorothy um elf Uhr zumachte. Man bekam dort keinen Ärger, man konnte sich fühlen wie zu Hause.

Und ich machte das Dorothy's, glaube ich, tatsächlich zu meinem zweiten Zuhause. Da ich zu der Zeit noch nicht in einer Studentenverbindung war, wohnte ich wie die anderen »Unabhängigen« in einem Studentenwohnheim, das »T-Baracken« genannt wurde. Die Zimmer waren winzig, in jedem standen zwei einzelne Betten, zwei kleine Schreibtische und zwei Kommoden mit Schubladen für die Kleidung. Man hatte kaum Platz, um sich umzudrehen. Mit den meisten meiner Kommilitonen verstand ich mich gut und hatte viel Spaß mit ihnen – Jonathan Winters, auch gerade erst zurück aus dem Krieg im Pazifik, war im ersten Jahr mein Mitbewohner; man konnte seinen diabolischen Humor schon erahnen, aber ansonsten lebte er total hinter dem Mond. Was mich allerdings davon abhielt, *ungeheuer* viel Spaß mit meinen Kommilitonen zu haben, war die Tatsache, dass ich einfach nie zu einem guten Studenten wurde. Ich konnte mich an all dem Guten, was ich hatte, nicht so richtig erfreuen. Aber wir alle ließen es eher locker angehen und tranken zu viel Bier. Meistens schrieb ich die Hausarbeiten erst mal gar nicht oder ich reichte sie mit Verspätung ein.

Da war es sicher auch nicht hilfreich, dass ich ab und zu über das Ziel hinausschoss. Mein allererster Mitbewohner, noch vor Jonathan, war ein Junge namens Charlie. Er war sehr strebsam und fand, ich machte zu viel Party; ich hatte nicht das Gefühl, dass das der Beginn einer langen Freundschaft war. Einmal kam ich spätabends, nachdem das Dorothy's zugemacht hatte, mit einem großen Glas billigem Muskateller nach Hause, das mir irgendjemand gegeben hatte. Charlie lag schon mit offenem Mund schnarchend im Bett, und da flößte ich ihm Schluck für Schluck das halbe Glas Muskateller ein, bis er husten musste und aufwachte. Am nächsten Tag packte er seine Sachen und zog um. (Charlie zahlte es mir später heim: Er ließ das ganze Wasser aus dem Kühler meines Ford und füllte den Kühler mit Muskateller auf.)

Ich arbeitete viel am Theater, aber das hieß bloß, dass ich, wenn ich bei etwas mitmachte, genauso mitmachte wie alle anderen. Und ich machte bei vielem mit. Ich glaube, der erste Höschenklau, den es je gab, wurde am Kenyon College von meinem Kurs inszeniert. Ein Student namens Nicholson kam aus einer sehr wohlhabenden Familie – ich glaube, er kam aus einer der großen Autoreifendynastien von Ohio –, und er hatte eine Pilotenlizenz. An einem Samstag charterte er ein Flugzeug und startete vom Mount Vernon aus, während ein paar von uns anderen die fünfundzwanzig Meilen von Gambier bis zur Denison University in Granville mit Autos fuhren.

Wir hatten alles genau ausgeklügelt, und es funktionierte wie ein Zaubertrick. Nicholson flog ein paar Schleifen über dem Wohnheim der Studentinnen und lieferte eine akrobatische Flugschau. Er warf auch ein paar Flyer ab, mit einer Aufforderung an die Mädchen, sie sollten »den Weicheiern von der Denison den Laufpass geben«. Natürlich rannten alle Studentinnen nach draußen auf den Rasen, um sich anzusehen, was da über ihnen am Himmel los war. Den Moment passten wir ab, liefen in die Zimmer der Mädchen und plünderten ihre Wäscheschubladen. Als sie wieder reinkamen, stellten sie fest, dass Büstenhalter, Slips und so weiter weg waren. Wir nahmen die Trophäen mit und befestigten sie an den Antennen unserer Autos, und dann fuhren wir damit laut hupend um den Campus herum; für uns war das ein Riesenspaß. Es galt als äußerst wagemutig. Und dann auch noch mit einer Flugschau! Tja, für 1948 war das typisch.

Lange nachdem ich mein Studium abgeschlossen hatte, wurde Dorothy zu alt für das Lokal und verkaufte es. Ich besuchte sie vorher nochmal, redete mit ihr über alte Zeiten, und am Ende kaufte ich ihr einen der Tische ab, in den alle Studenten im Lauf der Jahre ihre Initialen eingeritzt hatten. Dafür bezahlte ich eine Menge Geld. Aber in Connecticut hatte ich keinen Platz für den Tisch, also gab ich ihn entweder dem Theater in Williamstown oder einem meiner Kindercamps. Ich wünschte, ich könnte mich noch erinnern, wohin genau ich ihn gab, denn jetzt würde ich ihn sofort wieder mit nach Hause nehmen. Aus Sentimentalität vermutlich.

BOB CONNOLLY WAR EIN FREUND UND KOMMILITONE VON PAUL AM KENYON COLLEGE.

Paul war wild, lasziv, gefährlich. Er war vermutlich der bekannteste Typ auf dem Campus. Er trank mehr. Er vögelte mehr. Er war tough und kühl – darauf standen die Mädchen. Er gefiel ihnen, weil er ein Teufel war.

Manchmal rannte Paul splitternackt herum, bis zur Besinnungslosigkeit betrunken. Alle tranken, aber er trank mehr als alle anderen. Im Dorothy's pinkelte er einmal in einen leeren Bierkrug und stellte ihn wieder zurück auf den Tresen. Paul verwechselte auch schon mal mein Zimmer mit seinem, und dann kam er rein, legte sich auf das Bett über meinem und schlief wie bewusstlos ein.

Aber er war zielstrebig. Paul wusste, was er machen wollte, und das gelang ihm auch.

Am letzten Wochenende im Februar 1949 war ich auf einer Party im Deke-Flügel des Studentenwohnheims. Wie bei den anderen Studentenverbindungen hatten die Jungs auch hier im vierten Stockwerk einen Bereich, den wir »Bull's-eye Room« nannten, in dem man auch nach der Party noch lange zusammensitzen und trinken konnte. An dem Samstagabend war es spät geworden, und ein paar von uns beschlossen, schlafen zu gehen oder einfach dort einzuschlafen. Das funktionierte am Kenyon immer wunderbar, man konnte das ganze Wochenende woanders schlafen. Niemand achtete auf die Übernachtungsgäste.

Ich roch keinen Rauch, aber plötzlich rannte ein Brandschutzbeauftragter herum, klopfte an die Türen, weckte alle und rief: »Feuer!

Alle raus aus dem Gebäude!« Wir sahen nirgendwo Flammen, aber wir standen auf und gingen die Treppen hinunter. Ich hatte nur meine Boxershorts und ein T-Shirt an, also lief ich nochmal rauf, schnappte mir meine Navy-Fliegerjacke und lief wieder runter. Zusammen mit einem Kumpel schleppte ich noch ein Fässchen Bier mit, das wir auf der Party gerade erst angezapft hatten, bevor wir dann eingeschlafen waren. Wir trugen das Fass aus dem Gebäude heraus, verteilten ein paar Gläser, und dann tranken einige von uns draußen Bier und sahen sich das Feuer an.

An der Stelle, an der wir standen, bekamen wir zunächst gar nicht mit, dass es Verletzte gegeben hatte; wir standen vor dem riesigen Gebäude, und das Feuer brannte vor allem auf der Rückseite, in dem Teil, der Middle Kenyon genannt wurde. Wir sahen, wie dieser Gebäudetrakt in Flammen aufging, aber wir dachten, alle wären noch rechtzeitig rausgekommen. Wir wussten nicht, dass noch Leute dort drinnen gewesen waren und wie schnell das Feuer von einer Etage zur anderen übergegriffen hatte.

In der Dunkelheit dicht aneinandergedrängt, versuchten wir, die Ruhe zu bewahren. Keiner ging um das Gebäude herum zur Rückseite, weil die Krankenwagen um die Zeit vermutlich schon weg waren. Es gab keine Informationen darüber, was genau passiert war. Dann machte nach und nach die Nachricht die Runde, dass einige Studenten verletzt waren.

Erst im Morgengrauen hörten wir, dass mindestens sechs Studenten umgekommen waren und einige weitere im Krankenhaus lagen. Am nächsten Tag hatte sich die Zahl der Todesopfer auf neun Studenten erhöht.

Ich kannte einige der Jungs, die ums Leben gekommen waren. Die Trauer auf dem Campus war übermächtig. Keiner konnte begreifen, was geschehen war. Nach ein paar Tagen wurde der Unterricht wieder aufgenommen, und viele der Jungs hatten überhaupt keine Bücher mehr, auch keine Mäntel zum Anziehen; das war alles verbrannt.

Das Feuer war auf den Titelseiten aller großen Zeitungen im ganzen Land. Für die Toten wurde eine Messe gehalten. Doch das Ensemble und die Ausbildungsabteilung des Hill-Theaters beschlossen, dass wir die Proben für *Charleys Tante* fortsetzen und das Stück wie ursprünglich geplant in der nächsten Woche aufführen würden. Ich weiß nicht mehr, wie es zu dieser Entscheidung kam. Wir wollten das Stück nicht aufführen, und wir wollten das Stück nicht *nicht* aufführen. Wir wollten, dass das Leben weiterging, aber wir wollten die Aufführung nicht offiziell machen. Alle, die kommen wollten, waren eingeladen. Ich habe gelesen, dass an dem Abend zum ersten Mal seit der Nacht, in der es gebrannt hatte, wieder Lachen am Kenyon College zu hören war.

Ich weiß nicht mehr, wer als Erster auf die Idee kam, aber als ich auf mein letztes Studienjahr zusteuerte, wollte ich unbedingt eine satirische Revue auf die Bühne bringen, bevor ich meinen Abschluss machte. Ich stellte mir das Ganze so vor, dass ein Junge aus einer gut betuchten Familie nach Kenyon kommt und überall herumgeführt wird, weil er hier studieren will. Wir stellen ihm den Dekan vor. Wir stellen ihm den Ernährungsbeauftragten vor. Er lernt das gesamte Campuspersonal kennen. Er besichtigt sogar die T-Barracken und schaut beim Footballteam vorbei. Ein Kommilitone namens C. Ray Smith entwickelte die Choreografie für den Tanz zu Musik von Gilbert & Sullivan und organisierte das Orchester. Ich schrieb die Texte, die Handlung und kümmerte mich um die Inszenierung. Unsere größte Leistung war vielleicht, ein paar sehr muskulöse, furchtbar schüchterne Footballspieler mit dem Körperbau von Gorillas zu überreden, sich in Tutus zu zwängen und auf der Bühne zu tanzen, als wären sie bei einer Ballettaufführung von *Der Nussknacker*.

Die Show war ein richtiger Kracher; sie war laut, urkomisch und wurde zu einem ganz heißen Tipp. Da offenbar noch niemand von den alljährlichen Parodien in Harvard und Yale gehört hatte, war es etwas ganz Neues. An manche der Songs erinnere ich mich heute noch, denn sie waren verdammt gut:

Fünfzehn Jahr' lang lebten wir hier,
Wie jeder neue Pionier,
Mit Spaß und einem Fässchen Bier
Beim fröhlich feuchten Treiben.

Und nun steh'n wir alle hier,
'nen Floh ins Ohr zu setzen dir,
Auf dass Musik und Tanz dich schür',
Dich doch nicht einzuschreiben.

Doch halt, nicht ganz so schnell im Trab,
Sonst sägen wir den Ast uns ab,
Und schaufeln auch noch dir ein Grab.
Uns geht's doch weiter prächtig hier.

Vergiss den Floh doch einfach flink,
Wir nehmen gleich den nächsten Drink,
Drum bleib und trink mit uns ein Bier.

Als mir zum ersten Mal die Idee kam, eine solche Revue auf die Bühne zu bringen, wollte ich sofort mit C. Ray zusammenarbeiten. Ich lud ihn sogar nach Shaker Heights zu mir nach Hause ein – obwohl ich sonst so gut wie nie Kommilitonen mitbrachte –, damit wir uns ein ganzes Wochenende Zeit nehmen konnten, um das Stück zu schreiben. Aber wir blieben dann nur eine Nacht.

Ich merkte, dass C. Ray sich von meinem Vater sehr schlecht behandelt fühlte. Er war ja bei uns zu Gast. Aber beim Abendessen schikanierte mein Vater ihn. Er fragte ihn, warum er nicht im Footballteam wäre, und sagte sogar, C. Ray sollte mal zum Psychiater gehen. C. Ray machte das Verhalten meines Vaters ziemlich zu schaffen, und mir war das Ganze furchtbar peinlich. Ich glaube, was eigentlich dahintersteckte, war, dass mein alter Herr ein paar Drinks zu viel hatte, denn wenn er nüchtern gewesen wäre, hätte er so etwas nicht getan. Vielleicht dachte er, C. Ray wäre schwul, aber so wie ich meinen Vater kannte, hätte ihn das eigentlich nicht gestört – durch seine Verbindungen zum Cleveland Play House kannte er ja genug Schauspieler, von denen der ein oder andere homosexuell war. Und ich erinnere mich auch an andere Gelegenheiten, bei denen ich Leute mit nach Hause brachte, mit denen mein Vater dann kein Wort redete. Ein Kumpel von mir sagte einmal, bei uns zu Hause kam es ihm immer so vor, als müsse ich mit meinem Vater erst einen Termin vereinbaren, um mit ihm reden zu können.

Nach diesem Abendessen war C. Ray vollkommen verunsichert und konsterniert von dieser Demütigung. Als wir uns an die Arbeit machten, fiel ihm überhaupt nichts ein. Mir war klar, dass es das Beste wäre, möglichst bald zum Kenyon zurückzufahren. C. Ray schlug mir vor, dass ich im Sinne der Revue lieber mit einem anderen Kommilitonen zusammenarbeiten sollte, mit Doug Drowney vielleicht. Zu Beginn der Weihnachtsferien 1948 blieben Doug und ich vom 17. Dezember bis Weihnachten noch in den T-Barracken, ganz allein in dem leeren Gebäude, auf dem leeren Campus, um das Skript für die Revue fertigzuschreiben. Was wir dank reichlicher Unterstützung von Budweiser auch schafften.

Ich beschloss, meinem Vater das Skript zu zeigen. Nachdem er es gelesen hatte, sagte er: »Na ja, es sind ein paar witzige Szenen dabei, und ein paar Verse sind auch witzig. Aber es entspricht nicht dem, was ich aufführen würde. Es ist nicht die Art von Revue, mit der man so etwas wie nationale und internationale Marotten auf die Schippe nimmt. Das Skript bezieht sich nur auf einen bestimmten Ort.« Was er mir damit, glaube ich, sagen wollte, war: Da das Skript von mir war, konnte es gar nicht besonders gut sein. Aber eigentlich hatte ich auch nichts anderes erwartet. Wobei ich heute rückblickend sagen muss: »Ja, da kann ich ihm ohne Groll oder Verbitterung nur beipflichten. Denn vermutlich hatte er recht.« Die Jungs vom Kenyon College fanden die Revue sehr witzig, aber da war ja auch noch nie ein Musical aufgeführt worden.

Nach unserer ersten Vorstellung kam das ganze Ensemble noch mal auf die Bühne, um den Applaus entgegenzunehmen. Bevor wir wieder verschwanden, um ein zweites Mal herauszukommen, machten alle einen Schritt zurück und schoben mich nach vorn. Das war mir so peinlich, dass ich von der Bühne rannte und die anderen sich ohne mich ein weiteres Mal verbeugen mussten. Es war mir gar nicht recht, im Vordergrund zu stehen. Für mich war es ja so, dass ich am Theater zwar hart an einem Stück oder woran auch immer arbeitete, aber sobald das erledigt war, ging ich und trank ein paar Bier, eine ganze Menge sogar. Es war wohl typisch für mich, immer bis zum Äußersten zu gehen. Ich weiß nicht, ob das einfach meine Art ist, jedenfalls machte ich es immer so.

Als ich die Kenyon College Revue auf die Bühne brachte, wusste ich selbst nicht recht, was ich davon halten sollte, aber wenn man sich für etwas engagiert, muss man es auch durchziehen und zu Ende bringen. Wenn ich mir etwas vornahm, dann wurde es vollständig erledigt. Ich wüsste nicht, wie ich sonst an etwas herangehen sollte.

EINE KURZE BIOGRAFISCHE LAUDATIO

von *Paul Newman*

Veröffentlicht im *Kenyon Collegian*, 4. Mai 1949, Seite 1

Beim Durchblättern des *Life* Magazins vor einigen Wochen war es für mich keine Überraschung, als unverkennbarer Intellektueller aufgeführt zu werden. Diese Erkenntnis war mir allerdings 1946 auch schon ohne den Hinweis von *Life* gekommen, denn sie war maßgeblich dafür, dass ich mich am Kenyon einschrieb. Nach drei Jahren voller Radau bei der Navy wollte ich den Verlockungen abschwören, die gemischte Colleges, Studentenverbindungen und Bierkrüge so mit sich bringen, um mich ganz dem Studium der *Encyclopaedia Britannica* zu widmen und mich als mustergültiger Student zu erweisen. (Was hätte dafür besser sein können als die Selbstisolation am Kenyon?) Mit dieser Absicht packte ich für die nächsten vier Jahre meine Reisetasche, stellte sie in den Kofferraum und mietete mich First Class in Gambier ein. »Leider«, wie auch Hamlet schon sagte (Vierter Akt, Erster Aufzug). So manches wirkte meinem hochgesteckten intellektuellen Anspruch entgegen. Mein erster Berührungspunkt war nicht etwa die *Poetik* von Aristoteles oder etwas vergleichbar Vernünftiges, sondern ein Mitbewohner, den man seitens des Dekanats klugerweise als Cocktail-Shaker verkleidet hatte. Nachdem ich mich als Glas vom alten Schlag vorgestellt hatte, strömten wir erst mal gemeinsam durch manch Interessantes, was ich aber mittlerweile alles vergessen habe. Und so ging es weiter, ein Schlückchen hier, ein Schlückchen da …

Plötzlich fand ich mich im dritten Studienjahr wieder, sehr zur Verwunderung meines Vaters, der in den ersten beiden Jahren von mir nur etwas mitbekam, als ein Reporter des *Plain Dealer* in Cleveland bei ihm vor der Tür stand und berichtete, dass ich mit fünf weiteren Gambieranern im Gefängnis saß, nachdem einer von ihnen einem örtlichen Polizisten fünf Zähne ausgeschlagen hatte. Zu Hause fragte man sich allmählich, in welche Gesellschaft ich hier geraten war. Und die Leute hier fragten sich allmählich, in welche Gesellschaft sie geraten waren.

Da ich mich (und was sonst noch) in der Ruhmeshalle nicht mehr sehen lassen konnte, fand ich Zuflucht unter den Röcken von Dona Lucia d'Alvadorez (dargestellt von Newman in *Charleys Tante*), wo noch eine ganze Reihe anderer Verrückter waren. (Dort verabschiedete ich mich auch von meinem Vorsatz, ein mustergültiger Student zu werden, indem ich mich an meine selbst zurechtgelegte Philosophie hielt, mich von nichts ablenken zu lassen, was nicht auf dem Stundenplan stand.) Ich gab mir den schlichten Spitznamen »Barrymore«. Und ebenso schlichtweg erkannten die Intendanten meine Talente und schickten mich an die Arbeit – ans Streichen der Kulissen. Ohne Widerspruch zu ernten, darf ich wohl behaupten, dass das Streichen der Kulissen eine Drecksarbeit ist. So bot sich der nächste Schritt geradezu an. Ich verschrieb mich dem Wäschereigeschäft. Jeden Montagabend ging ich durch die Wohnheime und sammelte Hemden mit schmutzigen Kragen ein. Jeden Freitagabend ging ich durch die Wohnheime und brachte die Hemden wieder zurück, ohne Kragen. Manchmal kam ich auch ohne Hemden. Das Geschäft florierte und florierte, und die Wäscherei war und blieb so wie ein Einwohner von Gambier sie einst beschrieb: »Yep, the only student entaprize on main-street …«

Schließlich, in meinem letzten Studienjahr, hatte ich mir die passende Mentalität zugelegt. Die Professoren rauften sich die Haare. Warum? »Barrymore« hatte es auf die Verdienstrangliste geschafft, genau zwischen Moorman und Nugent.

Auf die Verdienstrangliste? Mein Traum hat sich erfüllt.

V

Am Montag, dem 13. Juni 1949, bekam ich meinen College-Abschluss, und um vier Uhr am selben Nachmittag saß ich schon im Zug Richtung Chicago und war auf dem Weg nach Williams Bay, Wisconsin. Vom dortigen Sommertheater, den Belfry Players, hatte ich ein Stipendium für die kommende Spielzeit bekommen. Ein Stipendium im Belfry bedeutete natürlich, dass man ohne Bezahlung auftrat und beim Bühnenbau half – aber es war eine Gelegenheit, sich die ersten Sporen zu verdienen. Außerdem bekam man freie Unterkunft und Verpflegung.

Da sich mein Vater mit den Gepflogenheiten bei der Entlohnung in Sommertheatern nicht auskannte, beharrte er darauf, dass ich mir meine Arbeit bezahlen lassen oder das Angebot des Belfry ablehnen sollte. Er konnte nicht nachvollziehen, dass viele junge Theaterleute nur darauf warteten nachzurücken, wenn jemand anders zu hohe Ansprüche stellte – oder überhaupt Ansprüche stellte. Ich hatte als Schauspieler gerade einmal so viel Erfahrung wie die anderen jungen Leute des Ensembles, und die hatten selbst kaum welche. Das Belfry engagierte (gegen Bezahlung) außerdem ein paar frisch gebackene Absolventen von Schauspielschulen und konnte für die Inszenierung der Stücke einige Leute gewinnen, die auch noch keine großen Namen hatten. Generell hatten Theater wie das Belfry nicht allzu viel zu bieten, außer der Gelegenheit in kurzer Zeit in vielen verschiedenen Stücken aufzutreten.

Die Belfry Players hatten ein schönes altes Holzhaus nicht weit vom Lake Geneva gepachtet. Das Haus gehörte zum Yerkes Observatorium, einer Forschungseinrichtung aus dem neunzehnten Jahrhundert (und Touristenattraktion), die von der University of Chicago betrieben wurde und das ehemals größte Teleskop der Welt beherbergte. Auf der Rückseite waren sechs hüttenartige Touristenunterkünfte, und dort wurden die Stipendiaten einquartiert, unter anderem ich und eine hübsche Schauspielstudentin namens Jackie Witte aus Wisconsin, die ich dort kennenlernte.

Abends gingen wir in eines der Lokale in der Umgebung und unterhielten uns, und wenn die Lokale schlossen, setzten wir uns im Mondlicht auf die Treppe vor der Tür unserer Unterkunft und sprachen weiter über unsere Pläne für die Zukunft. Jackie war noch auf dem College und wollte auch Schauspielerin werden. Wir redeten natürlich über das Stück, in dem wir beide auftraten, *John Loves Mary*, und ich erzählte ihr von meinen Ambitionen, die vermutlich ziemlich unrealistisch und abgehoben waren – und ich weiß noch, dass sie mir in etwa das Gleiche von sich erzählte. Wir waren zwei Hinterwäldler aus der Provinz, die alles, was sie sagten, viel zu wichtig nahmen, weil sie es zum ersten Mal jemandem erzählten. Aber wir wussten so gut wie nichts über so jemanden wie Freud oder über die amerikanische Verfassung oder über sonst irgendetwas, was auch nur annähernd dem entsprach, worüber erwachsene Menschen sich normalerweise unterhalten. Ich kannte auch keinen der großen Schauspieler. Wenn man mich nach Laurence Olivier gefragt hätte, hätte ich nichts über ihn sagen können. (Van Johnson wäre mir vielleicht noch ein Begriff gewesen.) Ich hätte nicht ein einziges Broadway-Stück nennen können. Aber wir hatten Großes vor. Was genau, weiß ich nicht mehr. Ich weiß nur noch, dass es groß war.

Es war ein großes Glücksgefühl, mit einer Kollegin vom Theater liiert zu sein, die man nicht nur tagsüber bei der Arbeit sah, sondern mit der man auch die Nacht verbrachte, weil sie nicht so schnell wie möglich zurück nach Hause musste. Zu diesem Glück trug außerdem bei, dass sie nach einem langen Tag, an dem man zusammen Kulissen gebaut oder ein Stück geprobt hatte, das Privileg mit einem teilte, abends noch auf ein Bier auszugehen.

Ich war noch nie mit einer Frau zusammen gewesen, mit der ich reden konnte; ich hatte nie die Gelegenheit dazu gehabt. Da war natürlich meine Mutter, und als ich siebzehn war, kam der Krieg. Dann zurück aus dem Pazifik, auf einem Jungen-College, mit Dorothy in der Bar in Gambier. Da waren die Ehefrauen und Töchter der Dozenten unserer Fakultät, die in unseren Stücken mitspielten. Aber ansonsten war da niemand, bis Jackie auf der Bildfläche erschien.

Sie war die Erste und Beste, die ich je näher kennengelernt hatte.

Jackies Eltern wohnten in Beloit, aber sie hatten auch ein Sommerhäuschen in der Nähe des Lake Geneva; ein wunderbarer Rückzugsort. Jackie stellte mich ziemlich bald ihren Eltern vor, aber ich wusste nicht so recht, was ich von ihnen halten sollte. Ihre Mutter war eine hektische Frau, die einem nie in die Augen sah und immer hin und her huschte wie ein Wiesel. Sie war sehr höflich,

JACKIE WITTE 1949

aber irgendwie auch sehr unverbindlich, schwirrte überall herum, organisierte Bridgerunden. Jackies Vater war ein netter, respektabler Mann, hager und nicht gerade redselig, aber manchmal brach sich sein trockener Humor Bahn. Ich dachte immer, dass er bestimmt todunglücklich war. Ab und zu fuhr ich zusammen mit ihm in seinem Ruderboot raus zum Angeln. Solche Tage waren immer sehr idyllisch.

Jackie zu heiraten – was ich ein paar Monate, nachdem wir uns kennengelernt hatten, tat – war, glaube ich, so ähnlich wie die *Kenyon College Revue* auf die Bühne zu bringen. Ich weiß nicht genau, was ich dachte, als ich diese Revue schrieb, aber wenn man sich erst mal auf etwas eingelassen hat, dann macht man weiter und zieht es durch. Bei Jackie fühlte ich mich zum ersten Mal mit jemandem verbunden, und ich dachte, wenn man sich mit einer Frau verbunden fühlt, dann kommt als Nächstes, dass man heiratet und viele Kinder bekommt.

Ich wünschte, so jemand wie ein Priester, ein Sozialarbeiter oder ein Psychiater hätte uns beiseitegenommen und gesagt: »Überlegt euch das erst mal, stellt euch vor, wie es ist, und schreibt jeder euer eigenes Skript.« Dann hätte ich Jackie wahrscheinlich angeschaut und gesagt: »Also, ich weiß nicht so recht. Was meinst du?« Und Jackie hätte wahrscheinlich gesagt: »Ich weiß auch nicht so recht.« Für uns beide war es die erste Beziehung, in der man den Luxus von Zeit hatte, die erste Beziehung in einer Atmosphäre der Freiheit. Aber wir befolgten nur eine Reihe von Schritten, die wir halbwegs gelernt hatten und für Regeln hielten. Es war, als gäbe es ein Drehbuch, an das wir uns hielten, oder ein Notenblatt, von dem wir bestimmte Lieder ablasen. Alles schien vorgeschrieben und verordnet, so als könne man gar nicht anders, als sich vorschriftsgemäß zu verhalten. Man sollte seinen Abschluss am College machen, man sollte sich einen Beruf suchen, man sollte heiraten, man sollte Kinder bekommen, und man sollte diese Kinder beschützen und für sie sorgen. Darüber hinaus reichte mein Vorstellungsvermögen kaum.

Weder Jackie noch ich hatten eigene Vorstellungen, nicht einmal ansatzweise. Über Verhütung machten wir uns keine Gedanken, sprachen auch gar nicht darüber. Wir hatten auch keine bestimmte Einstellung zum Thema Kindererziehung, wir hatten uns nicht einmal damit auseinandergesetzt, ob wir überhaupt Kinder wollten. Manches passierte einfach, weil es eben passierte.

Wenn ich heute von einem reiferen Standpunkt aus darauf zurückblicke, frage ich mich, wie ich so verantwortungslos sein konnte, das erste Mädchen, mit dem ich eine Beziehung hatte, in der man auch reden konnte, zu heiraten und sofort zu schwängern. Aber damals schien es angebracht. Es herrschte die fatalistische Sicht, dass alles gewissermaßen vorgezeichnet war, vorbestimmt. Man brachte zu Ende, was man angefangen hatte.

Mir war überhaupt nicht bewusst, dass ich selbst auch Gestaltungsspielraum hatte.

Nachdem wir uns damals im Sommer verlobt hatten, blieb ich manchmal über Nacht im Haus von Jackies Eltern. Jackies Zimmer war in der unteren Etage, und das ihrer Eltern lag darüber. Ich war immer wie gelähmt vor Angst, dass sie runterkommen und uns erwischen könnten.

Also warteten wir mit allem Weiteren bis zur Hochzeitsnacht.

An die Hochzeit selbst, in einer Episkopalen Kirche, kann ich mich überhaupt nicht mehr erinnern. Ich weiß nur noch, dass wir nach der Feier wegfuhren. Wir liehen uns den alten Nash ihres Vaters, und dann fuhren wir fünf oder sechs Stunden lang durch einen Schneesturm. Als wir im Hotel ankamen, waren wir total erledigt. Hätten wir auch nur einen Funken Verstand gehabt, hätten wir einfach gesagt: »Am besten ruhen wir uns erst mal aus.«

Aber ich glaube, in der Nacht wurde unser Sohn Scott gezeugt.

Am nächsten Morgen stiegen wir direkt wieder in den Wagen und fuhren in einem großen Radius herum. Irgendwann steuerten wir Woodstook, Illinois, an, wo wir beide für die Winterspielzeit an einem Theater eingeplant waren. Da kamen wir dann schon vorzeitig an.

Man hatte Jackie und mir zugesagt, dass wir beide ein Engagement in Woodstock bekommen würden, aber als wir dort ankamen, sagte der zwielichtige Typ, der das Theater leitete, für Jackie sei im Ensemble kein Platz mehr. Er stellte ihr trotzdem ein paar Rollen in Aussicht, aber stattdessen setzte er sie für zehn Dollar pro Woche an die Abendkasse. Ich verdiente als Schauspieler fünfundvierzig Dollar und bekam eine Rolle in einer Bühnenadaption von *Ethan Frome* und die Rolle des Christian in *Cyrano de Bergerac*. Der Cyrano unseres Ensembles sprach mit Südstaatenakzent, und unsere Roxanne wäre uns eines Abends beinahe abhandengekommen, als ihr Balkon abzustürzen drohte.

Diese beiden Stücke probten wir nur sechs Tage lang, und das Ganze war ziemlich chaotisch. Das Theater hatte zwar eine erfolgreiche Saison hinter sich und wurde von der Gemeinde unterstützt, die für die Aufführungen die Bühne in einem schönen alten Opernhaus zur Verfügung stellte, aber trotzdem ging das Theater pleite und konnte die Rechnungen nicht mehr bezahlen. Unser zwielichtiger Theaterdirektor machte sich mit dem verbliebenen Geld aus dem Staub, und das war das Aus für die Woodstock Players. Zu dem Zeitpunkt hatten Jackie und ich für ein paar Dollar eine große Vierzimmerwohnung in der oberen Etage einer herrschaftlichen Villa in der Stadt gemietet. Für den günstigen Preis bekamen wir auch nicht mehr, als man erwarten konnte, deshalb hatten wir kein fließendes Wasser.

Ich schrieb meinem Vater, dass es wohl noch einen Monat dauern würde, bis ich wieder eine geregelte Arbeit hatte, und dass ich bis dahin die Arbeitslosenversicherung in Anspruch nehmen wollte. Der Brief, den ich daraufhin von ihm bekam, war absolut vernichtend. Tödlich. Die Wohlfahrt sei etwas für Leute, die nicht in der Lage wären, sich ihren Lebensunterhalt selbst zu verdienen, schrieb er. Es würde den guten Namen der Familie Newman ruinieren, wenn er eingestehen müsste, dass einer seiner Söhne sich davon gemacht hätte und Arbeitslosengeld kassieren würde.

Also nahm ich einen Job auf einer Farm in der Nähe an, die von einem Typen namens Tilley bewirtschaftet wurde. Ich musste den Schafspferch in der Scheune sauber machen. Die Schafe pinkelten und kackten, und darüber wurde frisches Heu ausgelegt. Dann pinkelten und kackten sie weiter und darüber wurde wieder Heu ausgelegt. Nachdem diese Schichten ungefähr zwei Meter hoch waren und fast bis unter das Dach des Schafspferchs reichten, musste man den Pferch komplett ausmisten. Das war mein Job. Durch meine Allergien bekam ich jeden Tag um zwei oder drei Uhr nachmittags kaum noch Luft. Trotzdem machte ich diese Arbeit sechs oder sieben Wochen lang.

Die Krankheit meines Vaters war letzten Endes der Grund, warum ich nach Hause zurückkehrte. Im Januar 1950 hatte er sich einem diagnostischen Eingriff unterzogen, und ich glaube, mehr wurde nicht mehr bei ihm gemacht. Die Chirurgen sagten, seine Krankheit sei schon zu weit fortgeschritten und sein restliches Leben lang würde er immer wieder ins Krankenhaus kommen und wieder entlassen werden.

Zunächst besuchte ich ihn einige Male, während er sich von der Operation erholte. Sporadisch ging er auch immer noch in sein Sportartikelgeschäft. Da ich ohnehin keine Arbeit hatte und sich der Gesundheitszustand meines Vaters immer weiter verschlechterte, ging ich mit Jackie zurück nach Cleveland.

Jackie, mein Bruder Arthur und ich zogen in das Haus meiner Eltern ein. Jackie war schwanger, und mein Vater siechte dahin. Es war die schwierigste Zeit, die ich je erlebt hatte. Meine Mutter hasste Jackie, die sich ihrerseits alle Mühe gab, nett und höflich zu bleiben, was ihr aber auch nichts nützte. Ich glaube, es waren hauptsächlich zwei Gründe, die meine Mutter gegen sie aufbrachten: Erstens, weil Jackie meine Frau war; meine Mutter war ja von jeher besessen von Eifersucht, wodurch sie sich immer wieder vollkommen isolierte. Und zweitens, weil Jackies Vater Fleischer war und meine Mutter fand, ich hätte eine bessere Partie machen können. Sie behandelte Jackie die ganze Zeit lang von oben herab.

Jackie nahm das stoisch hin. Zu jammern oder in Tränen auszubrechen war nicht ihre Art. Wenn meine Mutter ihr gegenüber zu einem echten Scheusal wurde, dann war das nun einmal so. Jackie kam selbst aus einer freudlosen Familie, deshalb war die Situation in unserer Familie für sie nichts Neues. Eine Horrorvorstellung, den ganzen Tag allein mit Tress Newman zu sein? Der reinste Albtraum. Meine Mutter mit ihrer samtenen, kontrolliert modulierten Stimme fuhr Jackie über den Mund wie eine Dampfwalze. Um sich dem zu entziehen, blieb Jackie nichts anderes übrig, als sich genau danach zu richten, was meine Mutter tat und ihr möglichst alles recht zu machen. Meine Mutter machte mit Jackie, was sie auch mit mir immer gemacht hatte. Ich weiß nicht mal mehr, ob ich überhaupt jemals mit Jackie darüber gesprochen habe. Ich ging morgens aus dem Haus und hatte einen Zwölf-Stunden-Arbeitstag bei Newman-Stern. Deshalb wusste ich nur aus ihren Erzählungen, was sich im Haus abspielte.

Unser Haus war groß, und es hätte ein wunderbar geschützter Ort sein können. Es ist ein Jammer, dass die Zeit, die Jackie dort verbrachte, so furchtbar für sie war. Ich glaube, mir war lange überhaupt nicht klar, wie schlimm diese Zeit wirklich für sie war.

Jeden Abend nach dem Essen sahen wir zu, dass wir so schnell wie möglich wegkamen, und gingen aus, und wir kamen immer erst so spät wie möglich wieder zurück.

Obwohl mein Vater immer schwächer wurde, legte er nach wie vor großen Wert auf sein Äußeres – was vermutlich gar nicht so überraschend war. Immerhin war er einer der letzten Gentlemen, die noch Gamaschen trugen. Schließlich war er zu schwach, um sich noch selbst zu rasieren, aber unrasiert zu bleiben, wäre für ihn unerträglich gewesen. Arthur rasierte ihn fast jeden Tag, aber eines Nachmittags, als Arthur zwar auch zu Hause war, fragte mein Vater mich, ob ich ihn rasieren könnte. Ich weiß noch, dass ich ihm einerseits helfen wollte, andererseits aber davor zurückschreckte. Er war so gebrechlich, und ich hatte Angst, dass ich ihn schneiden könnte. Berührungen hatte es bei uns ja kaum gegeben. Kurz darauf, als Arthur und ich zusammen an seinem Bett im Krankenhaus saßen, hörte ich meinen Vater plötzlich sagen: »Paul ist von euch beiden besser im Rasieren.« Arthurs enttäuschtes Gesicht habe ich noch heute vor Augen.

Kurz bevor mein Vater starb, machte er Arthur und mir klar, dass er uns in seinem Testament nicht bedenken würde. Wir hatten ohnehin nichts anderes erwartet, also waren wir auch nicht enttäuscht. »Für meine Begriffe war es meine Pflicht, euch beide einzukleiden, zu ernähren, für euer Wohlergehen zu sorgen und euch eine anständige Ausbildung zu ermöglichen«, hatte er immer gesagt. »Aber sobald ihr erwachsen seid, seid ihr für euch selbst verantwortlich.«

Als meinem Vater bewusst wurde, dass er bald sterben würde, wollte er all sein Geld in einem Treuhandfond für meine Mutter anlegen, zu ihrem eigenen Schutz – er wählte diese Möglichkeit, weil er fürchtete, dass sie andernfalls alles am Aktienmarkt verlieren würde. Er kannte ja ihre spontanen Anwandlungen. Woran er aber nicht gedacht hatte, war ihr Misstrauen, denn sie war sogar so misstrauisch, dass sie dachte, er wollte sie hintergehen und ihr das Erbe verweigern.

Tress war überzeugt davon, dass mein Vater heimlich eine Freundin hatte und darauf hinarbeitete, meiner Mutter das Haus sowie die Anteile an Newman-Stern vorzuenthalten und der »Geliebten« zu überschreiben. Als er schon todkrank im Krankenhaus lag, brauchte er für die Vermögensanlage nur noch ihre Unterschrift, aber sie weigerte sich, irgendetwas zu unterschreiben. Als er schon im Sterben lag, schrie Tress ihn immer noch an, machte ihm Vorwürfe und verunglimpfte ihn. Nicht einmal auf seinem verdammten Totenbett konnte sie ihn in Ruhe lassen!

Als mein Vater dann im Frühjahr starb, war Tress vor allem deshalb vollkommen außer sich, weil sie Angst hatte, man würde ihr etwas wegnehmen, und weniger, weil sie ihren Mann verloren hatte. Ein Mensch war gestorben, aber sie verschwendete keinen Gedanken daran, dass das Lebenslicht eines Menschen erloschen war und dieser Mensch nie wieder die Sonne untergehen sehen würde oder ein Buch lesen oder andere Menschen zum Lachen bringen würde. Meine Mutter machte sich lediglich Gedanken darüber, dass man sie bestehlen wollte.

Zu dem Zeitpunkt, als mein Vater im Mai 1950 starb, hatte meine Mutter mit ihrer eigenen Familie seit drei Jahren so gut wie kein Wort mehr gesprochen. Doch sie lud alle zur Beerdigung ein. Warum tat sie das, außer um den Newmans vorzuführen, dass sie auch Menschen um sich herum hatte? Wollte sie ihre Unabhängigkeit dadurch demonstrieren, dass sie ihre Verwandten zu uns nach Hause einlud und direkt die Treppe hinaufscheuchte, obwohl beide Familien bei uns waren, um ihr Beileid zu bekunden. Wollte sie ihre Unabhängigkeit auch dadurch demonstrieren, dass sie nicht ein einziges Mal runterkam, um den Newmans zumindest eine Tasse Tee anzubieten? Sollte es eine Bestrafung sein? War es so wie mit dem Kind, das sie mit ihrer Umarmung erstickte, oder wie mit ihrem Hund, den sie mit Schokolade vergiftete? Emotionen, die aufkamen, ohne dass sie sich Gedanken über die Konsequenzen gemacht hätte?

Als er noch lebte, war mein Vater für meine Mutter ein Angriffsziel gewesen, und er war ein Angriffsziel, als er im Sterben lag. Waren der Streit mit seinem Bruder, meinem Onkel Joe, über ihre Anteile an Newman-Stern und das Misstrauen wegen der geplanten Vermögensanlagen ebenso ein Zeichen für die undurchdringliche Wand zwischen den beiden Familien wie die spontane Einbeziehung ihrer Verwandtschaft (sowie den Ausschluss von seiner) während der Trauerzeit?

Manchmal frage ich mich, ob das nicht ein Sinnbild für die Ehe meiner Eltern war. Ich habe zu verstehen versucht, was die beiden einander eigentlich bedeuteten. Meine Mutter sagte immer zu mir: »Dein Vater und ich hatten oft Streit, aber im Bett passten wir großartig zusammen.« Vielleicht war es das, was die beiden zusammenhielt, diese Leidenschaft. Vielleicht war sie die Schülerin und mein Vater der willige Lehrmeister?

Ich glaube, ihr war nie klar, was für ein Schlachtfeld sie hinterließ.

Nachdem mein Vater gestorben war, hielt meine Mutter Totenklage. Warum, weiß ich nicht. Eine Woche vor seinem Tod hatte sie ihn noch fertiggemacht bis zum Geht-nicht-mehr und ihm vorgeworfen, er hätte eine andere Frau. Zu Hause wurde es immer unerträglicher. Arthur sprach nicht mehr mit ihr. Die Situation zwischen ihr und Onkel Joe wegen ihrer Geschäftsanteile hatte sich zugespitzt; es war einfach nicht möglich, ihr begreiflich zu machen, dass Joe ein honoriger Mann war. Aber als das Testament schließlich eröffnet wurde, war Tress, um es vorsichtig auszudrücken, dann doch überrascht. Mein Vater hinterließ ihr seine gesamten Anteile an Newman-Stern, das Haus, alles. Arthur und ich hatten ihr immer wieder gesagte: »Aber Mutter, Dad hat uns doch immer schon gesagt, dass alles an dich geht und wir nichts bekommen.« Dass wir damit recht hatten, konnte sie meinem Bruder und mir nie verziehen.

Mein Vater war ein absolut integrer, zutiefst unglücklicher Mann, der die Freude, die er überhaupt im Leben hatte, aus seinen eigenen moralischen Wertvorstellungen bezog; eine solche Freude hätte er zu Hause auch gar nicht haben können. Ich stelle ihn mir als lustigen, kleinen Clown vor, der sich davon gemacht hat, nun irgendwo einen Freudentanz aufführt und sich fast genauso verhält wie ich.

Vor allem bedaure ich an dem frühen Tod meines Vaters (er war erst sechsundfünfzig), dass wir es nie geschafft hatten, eine echte Verbindung zueinander aufzubauen. Erst viel später kam ich zu einer Erkenntnis, die ihn bestimmt gewundert, ihm sicher aber auch gutgetan hätte. Eigentlich gab es nämlich eine Menge, woran wir uns gemeinsam hätten freuen können – vor allem an Erfolgserlebnissen. Er wäre vielleicht auf eine ganz andere Art stolz auf unsere Gemeinsamkeiten gewesen und hätte mich nicht einfach nur als jemanden betrachtet, der in seine Fußstapfen treten sollte, als eine Figur in seinem Spiel, sein Besitztum. Dann hätte er mich vielleicht akzeptiert und anerkannt. Für meine Mutter hingegen war ich bloß eine Waffe in ihrem von Katholizismus geprägten Kampf gegen die Familie meines Vaters zur Demonstration der Oberhoheit ihrer eigenen Familie, ihrer Eleganz, ihrer Gene. Meine Freude über meinen Erfolg war immer getrübt durch mein großes Bedauern darüber, dass meine Mutter sich nie richtig mit mir freuen konnte.

Die meisten Menschen, die sich ihrer selbst absolut bewusst sind, haben insofern etwas gemeinsam, dass sie sich an einen Menschen erinnern – einen Lehrer, den Vertreter einer Religion, ein Elternteil, einen Onkel oder Großvater –, von dem sie sagen können: »Das war mein Mentor. Mein Fels in der Brandung. Das war der Mensch, der mich in eine Richtung lenkte, der ich gefolgt bin, jemand, der mich inspirierte und den ich mir zum Beispiel nahm, um von ihm zu lernen und mich an ihm zu orientieren.«

So jemanden hatte ich nie.

Ich habe mich immer gefragt, warum es mir nie gelang, einen

Mentor zu finden. Schon in meiner Kindheit gab es niemanden, von dem ich als Erwachsener rückblickend sagen könnte: »Mensch, jetzt fällt mir auf, dass damals schon die Weichen gestellt wurden, und was ich damals schon alles gelernt habe.« Von meinem Vater habe ich zum Teil meine Moralvorstellungen; was ich von meiner Mutter habe, könnte ich gar nicht genau sagen. Ich wüsste auch nicht, dass meine Lehrer in irgendeiner Hinsicht zu meinem Selbstbild beigetragen hätten. Ebenso wenig wie Respektspersonen bei den Pfadfindern oder im Feriencamp. Auch niemand in der Kirche. Schlichtweg niemand.

Soweit ich mich erinnere, war da ganz einfach niemand, der mir emotional Rückhalt gegeben hätte.

ARTHUR NEWMAN

Wenn Paul meinen Vorschlag angenommen hätte und in das Geschäft eingestiegen wäre, hätte er auch damit Erfolg gehabt, weil er liebenswert war, einen tollen Eindruck machte und die Leute ihn immer sofort mochten. Außerdem war er clever, er war aufmerksam, und er hatte alles, was man braucht, ganz egal, was er tat.

Bei Newman-Stern Co. fühlte ich mich nicht so richtig wohl. Ich verdiente etwa 75 Dollar pro Woche, aber ich hatte nicht das Gefühl, dass diese Arbeit meinem Leben den richtigen Schub gab. Ich weiß nicht, ob man es mir überhaupt jemals angeboten hätte, jedenfalls hatte ich kein Interesse daran, das Geschäft eines Tages zu übernehmen. Im Mai darauf wurde Newman-Stern Co. verkauft, und danach arbeitete ich erst mal auf einem Golfplatz, den die neuen Eigentümer von Newman-Stern betrieben. Ich blieb dort bis Ende Juli, und in der Zeit nahm ich Geld aus der Kasse, in der die Übungsstunden abgerechnet wurden. Insgesamt waren es vielleicht 175 Dollar in einem Zeitraum von drei bis vier Monaten; darüber führte ich Buch (und als ich später einen Teilzeitjob in einer Graduate School hatte, zahlte ich das Geld zurück). Ich weiß nicht mehr, warum ich Geld aus der Kasse nahm – um Bier trinken gehen zu können oder so vielleicht?

Wahrscheinlich brauchte ich das zusätzliche Geld auch anderweitig. Als Scott im September 1950 geboren wurde, waren Jackie und ich schon umgezogen in ein neues Haus nach Bedford, einem anderen Vorort von Cleveland, nicht weit von Shaker Heights. Dass ich das Haus kaufen konnte – für 11 700 Dollar – war, glaube ich, nur möglich, weil mein Vater kurz vor seinem Tod noch eine Bürgschaft für das Darlehen unterzeichnet hatte.

Das neue Haus stand auf einem kleinen Eckgrundstück, und es hatte ein kleines Wohnzimmer, eine kleine Küche, eine kleine Garage und zwei kleine Schlafzimmer. Alles war noch nagelneu. Ohne Einrichtung oder Haushaltsgeräte. Vor dem Haus war noch kein Rasen, es gab auch keine Hecken, Sträucher oder Beete. All das musste ich noch anlegen. Ich fuhr zur Arbeit, kam nach Hause, dann gingen wir über die Straße und aßen mit den Nachbarn zu Abend. Manchmal fuhren wir auch nach Downtown und gingen ins Horrigan's, ein enges irisches Pub mit langer Theke, in dem ich abschalten konnte (und der sehr nette Besitzer uns damit erheiterte, dass er sich ans Klavier setzte und sang: »H-O-Doppel-R-I-G-A-N ergibt Horrigan!«) Nicht jeder Tag in Bedford war vergnüglich; aber auch nicht jeder Tag war katastrophal.

Eigentlich taten Jackie und ich nichts weiter, als unser erstes Kind zu erwarten. Und ich wüsste nicht, dass wir irgendeine genaue Vorstellung darüber hinaus gehabt hätten. Wir würden ein Kind bekommen, und das Kind würde wachsen und gedeihen wie die Tulpen neben dem frisch gesäten Rasen und alles andere, was wir angepflanzt hatten. Wir waren zwei sehr junge Menschen, die so taten, als wären sie schon erwachsen.

Wenn ich überhaupt über Zukunftspläne sprach, sagte ich immer, dass ich mich an der Yale School of Drama auf ein Masterstudium in Regiearbeit bewerben wollte, damit ich, falls ich keine Engagements als Schauspieler bekam, immer noch die Möglichkeit hatte, selbst zu unterrichten. (Damals hätte ich es niemals für möglich gehalten, dass ich in Filmen mitspielen würde.) Aber wenn ich 1951 schon den festen Vorsatz hatte, in Yale zu studieren, warum hatte ich 1950 noch dieses neue Haus gekauft, das ich noch mit Zinsen abzahlen musste? Entweder ich dachte nicht weit voraus oder ich hielt es für keine große Sache, Pläne zu schmieden, Pläne zu ändern und meine Familie einfach woanders hin zu verpflanzen. Abenteuerlich? Wankelmütig? Unverantwortlich?

Nach Yale in New Haven, Connecticut, zu gehen war eigentlich gar keine bewusste Entscheidung. Meine GI-Bill-Ausbildungsförderung lief aus, und da ging ich nach ein paar Bier wohl in mich, sprang mit geballter Faust auf und sagte: »Auf nach Yale!«

Ich glaube auch, Yale war für mich die Flucht vor einer Situation, die mich einfach nicht weiterbrachte. Ich weiß noch, dass ich nicht mit fliegenden Fahnen auf das Theater zusteuerte, denn eigentlich konnte ich mir nicht vorstellen, damit beruflich erfolgreich zu sein. Doch wurde ich in Cleveland nach und nach bekannt mit ein paar kleineren Radio- und Fernsehauftritten. Ich machte ein paar Werbesports für eine dortige Bank – schon komisch, dass ausgerechnet ich, der ich noch keinen Cent beiseitegelegt hatte, den Leuten erzählte, sie sollten Geld für ihre Kinder anlegen. Im Fernsehen präsentierte ich im Spätprogramm den Wetterbericht. Ich war aufgeregt bis zum Geht-nicht-mehr, als ich live in die Kamera sprechen musste. Fernsehen war damals noch etwas ganz Neues (obwohl meine Mutter einen der ersten Fernsehapparate hatte), und so etwas hatte ich vorher noch nie gemacht. Es fällt mir heute noch schwer, mit etwas zu sprechen, das nicht antwortet – das scheint mir irgendwie beängstigend. Ich weiß gar nicht, warum man mir diesen Job überhaupt gab. Ich wüsste auch nicht, dass ich jemals ausführlich mit Jackie darüber gesprochen hätte, nach New Haven zu ziehen. Ich schickte einfach meine Bewerbung ab. Und wurde für das Studium zugelassen. Ich stellte sie vor vollendete Tatsachen. Koffer packen und auf nach Yale!

Die Zeit zwischen dem Tod meines Vaters und unserem Aufbruch nach Connecticut ist mir als ein Mischmasch von Eindrücken im Gedächtnis geblieben, ohne dass ich mich an besondere Einzelheiten erinnern könnte. Abgesehen davon natürlich, dass ich Vater wurde, als Scott auf die Welt kam. Ich erinnere mich noch gut an die physische Verbindung mit Scott. Wie ich ihn auf dem Arm hielt, ihn auf meinen Knien wippte, ihn mit den Beinen strampeln ließ, ihn in seinem Kinderwagen die Straße entlangschob.

Aber unsere Verbindung war eher wie zwischen Brüdern als wie zwischen Vater und Sohn, weil ich mich irgendwie nicht als Vater betrachtete. Jetzt habe ich oft das Gefühl, dass ich diesbezüglich viel versäumt habe, etwas unvollendet gelassen oder gar nicht erst begonnen habe. Das Gefühl, alles falsch gemacht zu haben. Was eine starke Vater-und-Sohn-Bindung hätte werden sollen, war zum Scheitern verurteilt, eine Ehe zerbrach allmählich, und ich habe es nicht einmal gemerkt. Meine eigenen Gefühle waren mir viel zu wenig bewusst, als dass ich auf den Gedanken gekommen wäre, mich genauer damit zu befassen oder etwas zu unternehmen. Ich fand es selbst ganz furchtbar, dass ich so unzulänglich war.

Trotz all der harten Arbeit und der Freude, die ich dann in Yale daran hatte, tiefer in mein Fach einzutauchen, betrachte ich diese gesamte Phase meines Lebens als eine Art Vorhölle, als Ruhestätte. Ich empfinde diese Zeit als den Beginn eines Versagens auf der ganzen Linie: Versagen darin, es Jackie zu Hause leichter zu machen, Versagen als Ehemann, als Liebender, als Schauspieler, als Vater. Das lässt sich nicht leugnen. Und ich will es auch nicht beschönigen. Aber ich neige durchaus dazu, bei allem immer nur das Schlechte zu sehen.

JACKIE WITTE

Ich weiß gar nicht mehr genau, wann und wie es dazu kam, dass wir uns verlobten.

Der Sommer damals am Belfry war das erste Mal, dass ich unabhängig war. (Am Anfang der Spielzeit fuhr ich noch jeden Abend nach Hause zu meinen Eltern, aber schon bald zog ich mit einem anderen Mädchen in einen der umgebauten Hühnerställe, die von den Theaterleuten als Unterkünfte genutzt wurden.) Ich war noch auf dem College, und trotzdem wurde ich von all den Leuten, die schon viel mehr Erfahrung hatten als ich, ernst genommen.

Paul und ich verbrachten viel Zeit miteinander. Wahrscheinlich hatten wir beide das unterschwellige Bedürfnis, all dem zu entkommen, was uns ausbremste. Wir fanden wohl, dass wir füreinander die Rettung waren. Ich glaube, ich war ganz schön verknallt in ihn, und meiner wenigen Erfahrung nach, konnte das nur Liebe sein.

Ich bin mir gar nicht sicher, ob Paul unbedingt Schauspieler werden wollte. Ich weiß nicht, inwieweit er sich mit dem Theater verbunden fühlte, jedenfalls hatte er eine starke Bühnenpräsenz, eine magnetische Ausstrahlung. In dem Sommer damals spielte er den Gentleman Caller in *Die Glasmenagerie*, und da war er, glaube ich, ziemlich gut. Jedenfalls sah er sehr gut aus. Aber ich wäre wohl besser damit gefahren, wenn ich mir zumindest manchmal auch Gedanken darüber gemacht hätte, was Jackie eigentlich vorhatte, und nicht immer nur darüber, was Paul vorhatte – mit Jackie an seiner Seite, die stets alles mitmachte.

Was Paul allerdings ganz bestimmt nicht wollte, war, im Familiengeschäft zu arbeiten, bei Newman-Stern Co. Pauls

Vater hatte sich etwas anderes für ihn vorgestellt, als Schauspieler zu werden. Damit war er nicht einverstanden, und daraus machte er auch keinen Hehl. Ich glaube, das machte Paul um einiges mehr zu schaffen, als ihm damals bewusst war.

Als wir zu meinen Eltern fuhren, um ihnen zu sagen, dass wir uns verlobt hatten, war meine Mutter sehr angetan von Paul; meine Eltern hatten beide gegen unsere Pläne nichts einzuwenden. Paul hatte seiner Familie geschrieben, dass er sich verlobt hatte, und noch während wir bei meinen Eltern waren, bekam er einen Brief von seinem Vater. Paul las ihn uns allen laut vor, nach dem Motto: »Das ist ja wieder einmal sehr originell und clever von meinem Vater!« Aber ich dachte: »Mag ja sein, aber wie kann man seinem Sohn denn so einen Brief schreiben, nachdem man gerade von ihm erfahren hat, dass er heiraten wird?« Da war keinerlei Zuneigung, kein bisschen Interesse an seiner Zukunft, überhaupt nichts Väterliches – nur eine sehr clevere, wohl überlegte Demonstration geistreicher Formulierungen. Natürlich nahm ich diesen Brief damals viel zu ernst; was Paul wirklich davon hielt, weiß ich ehrlich gesagt gar nicht.

Gegen Ende des Sommers schrieben beide Elternpaare sich Briefe und telefonierten miteinander, und dann nahm Paul mich mit nach Cleveland, um mich seiner Familie vorzustellen. Abends gingen wir zum Essen in ihren Country Club, und da habe ich zum ersten Mal Hummer gegessen. Ich trug ein neues Kleid, mit lauter kleinen Plisseefalten aus Taft, und Tress schüttete – sicherlich aus Versehen – geschmolzene Krebsbutter darüber. Die Taftfalten wurden nie wieder so, wie sie waren.

Ich fand das Haus der Newmans eigentlich recht schön, und die Gegend, in der sie wohnten, war wohl ziemlich wohlhabend (jedenfalls sagte Tress, dass es eine wohlhabende Gegend sei). Ich lernte ein paar von Pauls Verwandten kennen, und ich mochte sie. So wie ich erzogen worden war, hätte mich erst jemand an die Hand nehmen und mir sagen müssen: »Pass mal auf, das ist eine jüdische Familie.« Ich kannte mich damit überhaupt nicht aus.

Schließlich zogen wir dann in das Haus der Newmans. Nachdem Pauls Vater gestorben war, war Tress vollkommen aufgelöst, eine arme, verzweifelte Frau, die gar nicht wusste, wie sie mit irgendjemandem oder irgendetwas zurechtkommen sollte. Außerdem hatte Tress eine so irritierende Stimme, wie ich sie noch bei keinem Menschen gehört habe. Das ist jetzt wahrscheinlich ungerecht, denn sie konnte ja nichts dafür, aber diese Stimme tat einem in den Ohren weh.

Tress hatte immer einen sehr gepflegten Eindruck gemacht, aber dann trug sie nur noch dasselbe Hauskleid, und ich dachte, sie zieht es gar nicht mehr aus. Sie ging nie irgendwohin. Paul und sein Bruder Arthur waren den ganzen Tag lang im Geschäft, und ich war in diesem großen Haus allein mit einer Frau, die ich eigentlich gar nicht kannte. Das war schon komisch. Ich kannte ja auch sonst niemanden in Cleveland; ich hatte da auch kein Auto. Ich saß mit Tress fest in diesem Haus, in dem wir den ganzen Tag lang herumgeisterten.

Da Paul und Arthur nun wieder zu Hause wohnten, hatte Tress ihre beiden Sohne zurück – und ich war nur irgendjemand. Ich glaube, ihr war gar nicht richtig klar, dass Paul und ich verheiratet waren, dass wir nun selbst ein Ehepaar waren. Ich fand es immer bezeichnend, dass sie uns ein Zimmer mit zwei Einzelbetten gab – einem frisch verheirateten Paar! –, denn das sagte ja eine Menge über ihre Einstellung.

Ich dachte, Mami ist einfach überall und wir werden ihr niemals entkommen.

Paul war total bestürzt vom Tod seines Vaters. Er fand es schrecklich, bei Newman-Stern zu arbeiten, sich in das Bild der Firma einzufügen. Wahrscheinlich tat er es nur, weil Tress ihm Druck gemacht hatte, und er dachte, das wäre er ihr schuldig. Nach einem langen Tag im Laden, dachte er bestimmt: »Dann auch noch in so ein Zuhause zurückkommen. Zu Tress mit einer langen Liste von Beschwerden und einer schwangeren Frau, die mit Sicherheit ihre eigene Liste hat.« Wie sehr Paul das zu schaffen machte, merkte man daran, dass er immer unzugänglicher wurde.

Irgendwann war dann ein Punkt erreicht, an dem er sagte: »Ich mache das alles nicht mehr mit. Es reicht mir schon lange. Ich schreibe mich in Yale ein.« Tress war nicht begeistert davon, dass wir nach New Haven ziehen wollten. Aber für uns war es eine ungeheure Erleichterung.

Scott wurde geboren, bevor wir aus Cleveland wegzogen. Ich machte einfach weiter wie vorher, erledigte alles, was zu tun war: Essen kochen, Wäsche waschen, hielt alles am Laufen. Ich wusste nicht, worauf man während der Schwangerschaft achten sollte. Welche Risiken es gab oder womit man vorsichtig sein sollte. Ich machte alles so wie immer, auch rauchen.

Paul war ganz der stolze Vater. Das soll nicht heißen, dass er ständig alles übernahm – Windeln wechseln und so weiter –, aber er half viel bei Scott. Er war keiner dieser Ehemänner, die sagten: »Das ist Frauensache.« Scott wurde als Kind von Eltern geboren, die absolut keine Ahnung davon hatten, wie es ist, Eltern zu sein. Mit der Zeit kam es mir so vor, als hätte ich ein besseres Gespür dafür als Paul, aber auch das Gespür musste ich ja erst mal entwickeln.

Scott war ein unglaublich sensibles Kind. Und ich glaube, unglaublich sensible Menschen haben es nicht leicht in dieser Welt.

VI

Die Zeit in Yale ist mir vor allem als sehr arbeitsreich in Erinnerung geblieben. Ich fing um neun Uhr morgens an, dann ging es weiter bis zum Abendessen und dann probten wir noch bis etwa elf Uhr abends. Es liefen immer zwei oder drei Stücke parallel und an den Samstagvormittagen dazu noch Einakter der Dramaturgie-Gruppe von Yale, die von den Studenten und Regisseuren auf die Bühne gebracht werden sollten.

Das war Theater rund um die Uhr; aber trotzdem hatte man nicht das Gefühl, dass man unter Druck stand. Harte Arbeit, aber es machte Spaß. In Yale waren so viele Gleichgesinnte, dass ein echter Gemeinschaftssinn und eine gewisse Leichtigkeit herrschten.

Ich wollte den Master in Regiearbeit machen, aber eigentlich war das nur ein Vorwand. In Wirklichkeit ging es mir darum, mein Studium ein wenig aufzuwerten. Ein Namensschild, auf dem »Regisseur« stand, machte sicherlich einen besseren Eindruck als eines, auf dem »Schauspieler« stand, dachte ich mir. Wie gesagt, hatte ich keine konkrete Vorstellung, also war die Regiearbeit sozusagen mein rettender Fallschirm.

Ein langjähriges Fakultätsmitglied namens Frank McMullan unterrichtete Schauspiel und Artikulation in Yale, und er war auch für den Studiengang Regiearbeit zuständig. Ich fand ihn ziemlich pedantisch; eigentlich war die gesamte Herangehensweise in Yale sehr akademisch – wir mussten sogar Fechten lernen. Irgendwann im Laufe des Semesters fuhr ich nach Manhattan, um mich bei ein paar Agenturen vorzustellen. Ich war wirklich unangenehm überrascht von dem Verhalten der Leute, der Hektik, der gereizten Stimmung und dem Stress dort. Junge Schauspieler wurden in die Büros rein- und wieder rausgeschoben, und dann wurden schon die nächsten durchgeschleust. Als ich wieder zurück auf dem Campus war, schrieb ich für den Regie-Kurs bei McMullan eine Szene, die auf dieser Erfahrung basierte. Ich nahm einen Mülleimer, schickte einen Kommilitonen damit auf die Bühne und ließ ihn darauf herumtrommeln, während jemand anders vor der Bühne in ständig wechselndem Rhythmus auf einer Schreibmaschine tippte und sieben oder acht weitere Schauspielstudenten im Takt des jeweiligen Rhythmus herumliefen. Die Leute in meinem Kurs fanden die Szene richtig gut. Aber als wir damit fertig waren, sah Frank McMullan mich an und sagte: »Vielleicht sollten wir das Ganze realistischer gestalten? Auf den Rhythmuswechsel können wir verzichten.« Die Schauspieler taten natürlich, was er sagte. Schon komisch, dass er genau das wegließ, was ich bei dieser Übung am wichtigsten fand. Aber so war Yale meiner Erfahrung nach.

Wenn ich an meine Schauspiellehrerin in Yale zurückdenke, Connie Welch, fällt mir alles Mögliche ein, von dem ich nicht wüsste, dass es später im Actors Studio in New York auch so gewesen wäre. Ihre Kurse wirkten einstudiert, technisch, durchgeplant und, wie andere Kurse auch, akademisch. Für mich waren sie nicht besonders inspirierend.

Der Kurs in Yale, der mich merkwürdigerweise am meisten voranbrachte, war Theatergeschichte, was ein deutscher Flüchtling namens Alois Nagler unterrichtete. Wir bekamen einen kompletten Überblick, angefangen bei den alten Griechen bis hin zu klassischen französischen Dramaturgen wie Racine. Trotz meines vollgepackten Zeitplans – wenn kein Unterricht und keine Proben an der Drama School waren, verkaufte ich Enzyklopädien, um mir etwas dazuzuverdienen – musste ich alle möglichen Stücke lesen. Dadurch bekam ich ein deutlich besseres Gespür dafür, was ein gutes Theaterstück ausmacht und woran man ein schlechtes Stück erkennt.

Und letzten Endes auch dafür, ein gutes Drehbuch von einem schlechten zu unterscheiden.

Für meine Familie hatte ich eine Wohnung in New Haven in der Chapel Street gefunden. Sie bestand aus drei Zimmern und lag in der dritten Etage eines Gebäudes, in dem im Erdgeschoss der Laden eines Kürschners war; die Etage dazwischen war sanierungsbedürftig. Die Wohnung hatte eine Küche, ein Schlafzimmer und einen geschlossenen Balkon; wir gaben Scott das Schlafzimmer, und Jackie und ich schliefen auf dem Balkon, den der Vermieter hatte verglasen lassen, damit er ihn als zusätzliches Zimmer deklarieren und mehr Miete nehmen konnte.

In dem Haus wohnte auch eine Dame namens Mrs. Dupuy. Bei unserer ersten Begegnung klopfte sie an die Tür und stellte sich vor; wobei sie sich mit einem 45er Colt am Kopf kratzte. Mrs. Dupuy erzählte uns, sie sei Witwe, aber sie käme zurecht, weil sie immer diese Waffe bei sich hätte, nur für den Fall, dass jemand in ihre Wohnung einbrechen wollte. Sie erzählte auch, woran sie sich am besten aus ihrer Ehe erinnerte, sei, dass sie immer so viel Körperwärme abgegeben habe, dass ihr verstorbener Mann fast verrückt wurde, weil es im Ehebett nie kühl genug war, damit er schlafen konnte.

Wir luden damals oft Leute ein. Dann kochten wir in unserer kleinen Küche oder wir veranstalteten Grillpartys in den Hinterhöfen bei einigen der anderen Studenten, die auch schon verheiratet waren und in der Nähe wohnten. Ich machte immer meine Spezialitäten, zum Beispiel Grillkäse-Sandwiches mit Knoblauchbutter, Bacon und Mozzarella. Die kamen immer großartig bei den anderen an, und wenn sie mitbekamen, dass ich wieder diese Sandwiches machen wollte, kamen sie scharenweise. (Letztens habe ich sie noch mal ausprobiert, aber sie schmeckten ziemlich schrecklich.) Wir alle waren knapp bei Kasse, deshalb kauften wir so ein, dass wir uns alles teilen konnten, um Geld zu sparen.

Bei gutem Wetter machten wir jeden Sonntag ein Picknick an einer wunderschönen Stelle neben dem Merritt Parkway. Scott war ein aufgewecktes Kind und bekam immer die meiste Aufmerksamkeit. Die anderen brachten auch ihre kleinen Kinder mit, und wir spielten mit allen zusammen an einem kleinen Bach dort.

Ich hatte gern viele Leute um mich herum. Es war eine schöne Zeit, damals in New Haven. Für unsere Familie wahrscheinlich die schönste, die schönste Zeit für Jackie und mich.

An die Inszenierung von *Beethoven* in Yale erinnere ich mich nicht mehr so gut, aber ich weiß noch, dass ich eine rote Jacke trug und alle anderen, die auf der Bühne waren, schwarze Kostüme anhatten. Jedenfalls leuchtete mein Kostüm so hell, als hätte man einen Spot darauf gerichtet. Woran ich mich noch gut erinnere, ist der Name der Dramaturgin, einer Studentin, die auch im Masterstudiengang war und Dorothy Bland hieß. Die Titelrolle bekam Sorrell Booke; er war erst einundzwanzig, bekam aber schon eine Glatze. Er machte in den Schauspielkursen grundsätzlich den intellektuellsten Eindruck von allen und hoffte auf seinen Durchbruch auf den amerikanischen Theaterbühnen, um dann zum führenden Shakespeare-Darsteller der damaligen Zeit zu werden. (Ganz so, wie er es sich vorgestellt hatte, verlief seine Karriere nicht, aber Sorrell trat oft am Broadway auf und feierte jahrelang Erfolge als Charakterdarsteller; am bekanntesten wurde er wohl als einer der Stars in dem Film *Ein Duke kommt selten allein*, in dem er den amüsanten korrupten Politiker Boss Hogg spielte.)

Ich spielte Karl Beethoven, den berechnenden Neffen des Komponisten, der das letzte musikalische Werk seines berühmten Onkels verkaufte, weil er sich etwas Neues zum Anziehen kaufen wollte – daher die leuchtend rote Jacke, die vermutlich demonstrieren sollte, was für ein Dreckskerl er war. Frank McMullan übernahm die Inszenierung und gab mir die Rolle, in der ich zum ersten Mal im Rampenlicht stand. Einem Studenten im ersten Studienjahr die Hauptrolle in einem Stück zu geben, das als die Hauptproduktion des Jahres galt, war ziemlich ungewöhnlich.

ANNE KNOLL NIXON WAR EINE FREUNDIN VON JACKIE WITTE AUS BELOIT UND ZUSAMMEN MIT PAUL AUF DER YALE DRAMA SCHOOL.

Alle Schauspieler an der Drama School wollten Karl Beethoven spielen; diese Rolle war pikant, sehr dominant und sexy. Es herrschte ein unglaublicher Wettbewerb um die Rolle. Paul bekam sie, weil er von allen Schauspielern bei Weitem der attraktivste und der mit der größten Anziehungskraft war.

Dabei lag Paul die Rolle des Karl gar nicht; so etwas wie Shaw oder Shakespeare zu spielen, ist eigentlich nichts für ihn, denn von der Sprache und der Ausstrahlung her ist er kein klassischer Schauspieler. Was Paul ausmachte, war seine persönliche Ausstrahlung. Er sah wunderbar stattlich aus. Also stürzte er sich da rein; er machte vielleicht nicht alles richtig, aber er nahm sich nicht zurück. Es war seine Chance, einen Eindruck bei den anderen Studenten zu hinterlassen, und auch bei den Theaterleuten, die aus New York gekommen waren, um sich die Hauptproduktion von Yale anzusehen.

Ob er Glück gehabt hatte, weil er die Hauptrolle in *Beethoven* bekam? Nein. Er bekam diese Rolle, weil er überzeugend war.

Damals – und auch heute noch – stiegen die Theateragenten an der Grand Central Station in den Zug und fuhren nach New Haven, um neue Talente an der Drama School zu entdecken. Einer von ihnen muss offenbar zumindest bei einer der vier Vorstellungen von *Beethoven* in Yale im Publikum gesessen haben, und zwar Jim Merrick von der Agentur Liebling-Wood. Er kam anschließend hinter die Bühne, gab mir seine Karte und sagte, ich solle mal bei ihm in Manhattan reinschauen.

Die Agentur Liebling-Wood war eines der Machtzentren am Broadway. Sie vertrat viele der damals führenden Dramaturgen – wie Tennessee Williams, William Inge, Yip Harburg – und einige der neuesten Bühnentalente, unter anderem Marlon Brando und Montgomery Clift.

Also machte ich an den Tagen, an denen ich für den Rest des Semesters keinen Unterricht mehr hatte, drei- oder viermal einen Ausflug in die City, um das Terrain zu sondieren. In der Theater-Fachzeitschrift *Actor's Cues* las ich nach, wann und wo offene Vorsprechen stattfanden, und fuhr zu vielen bei CBS oder NBC. Diese Sender brachten oft Theaterstücke im Fernsehen, die live in New York gefilmt und von dort ausgestrahlt wurden. Bei diesen offenen Castings bekam ich nie eine Rolle. Ich lernte zwar ein paar Casting-Leute kennen, die sagten: »Komm einfach noch mal wieder, und vielleicht haben wir dann eine Rolle für dich.« Aber das war es dann auch schon.

Jim Merrick wollte mich bei der Agentur Liebling-Wood unter Vertrag nehmen, aber seine Vorgesetzten wollten mich nicht verpflichten. Warum sie mir keinen Vertrag geben wollten, war unverständlich, denn sie schickten mich auch ohne Vertrag herum und stellten klar, dass ich Ärger mit ihnen kriegen würde, wenn ich über eine andere Agentur eine Rolle bekäme. Währenddessen war ohne Wissen von Liebling-Wood auch ein anderer Talentscout, Maynard Morris vom Großbetrieb MCA, bei mir gewesen – aber ebenfalls ohne vertragliche Verpflichtung oder feste Zusage.

Eines Nachmittags wollte Maynard mich zu einem Theaterintendanten schicken, zu dem ich vorher schon von Liebling-Wood geschickt worden war. Ich sagte Maynard, dass mir dabei nicht wohl wäre, vor allem, wenn ich tatsächlich eine Rolle bekäme und nicht klar wäre, an welche Agentur ich Provision würde bezahlen müssen. »Tja«, sagte er, »bevor du dir nicht überlegt hast, wohin du gehörst, können wir dir keine Vorsprechen mehr vermitteln.«

Da beschloss ich, Liebling-Wood zu verlassen.

In dem Sommer sagte ich Jackie, dass ich es ernsthaft in New York versuchen wollte. Sie blieb erst mal mit Scott in New Haven, und ich zog in ein winziges Apartment an der Ecke Spring Street und Sixth Avenue, in die Gegend, die heute zu SoHo gehört. Das Apartment war unvorstellbar klein, und ich wohnte dort mit zwei anderen Leuten – einer jungen Frau aus Yale namens Joan Szell und ihrem Freund, denen die offiziellen Mieter das Apartment über den Sommer zum Haus-Sitting überlassen hatten.

Die Entscheidung, nicht zurück nach Yale zu gehen, sondern mich ab September beurlauben zu lassen, war ohne anderweitige feste Zusagen ziemlich gewagt. Ich hatte bloß etwa acht Monate in Yale studiert und bei all den offenen Castings, bei denen ich im Sommer vorgesprochen hatte, hatte ich noch keine Sprechrolle bekommen, nichts dergleichen. Ich war allenfalls als Statist in der Wochenschau *The March of Time* dabei gewesen. Schauspielen zum Beruf zu machen, war ohnehin nur so eine Idee.

Was das Ganze schließlich leichter machte, war, dass Jackie eine Tante hatte, die auf Staten Island wohnte. Ab Ende des Sommers wohnten wir bei Jackies Tante, die sich auch noch freiwillig um Scott kümmerte. In der Zeit lernten wir jemanden kennen, der mir vorschlug, ich könnte doch auch als Model arbeiten.

Ich war total pleite. Ich hatte nur einen einzigen Anzug. Und als man mir einen Job für das Titelbild einer Polizei-Zeitschrift anbot, sagte ich zu. Ich posierte mit einer jungen Frau, die nur einen Büstenhalter trug, und ich sollte sie am Arm packen. Das war mir ungeheuer peinlich – aber ich bekam 150 Dollar dafür, was damals eine ganze Stange Geld war. Und sie zahlten bar. Als ich aus dem Fotostudio kam, dachte ich: »Mensch, jetzt kann ich mir einen neuen Anzug für 39,95 Dollar kaufen.«

Kaum stand ich unten auf der Straße, fuhr ein Typ in einem kleinen Lieferwagen vor und rief: »Hey, Kumpel, brauchst du einen Anzug?« Ich dachte: »Woher weiß er denn das?« Ich stieg in den Lieferwagen, wo er mir ein paar Stoffballen zeigte, die er für einige seiner Kunden aus der Park Avenue besorgt hatte. »Ich dachte eher an fertige Anzüge«, sagte ich. »Nein«, antwortete er, »ich habe nur diese Stoffballen, aber jeder davon ist achthundert Dollar wert. Wie viel hast du denn bei dir?« Und ich antwortete: »Nur hundertfünfzig.« Worauf er sagte: »Na gut, das wird schon reichen.« Zehn Minuten später sprang ich aus dem Wagen, mit zwei Ballen Stoff unter dem Arm, ohne dass ich überhaupt das Geld dafür hatte, mir Anzüge daraus schneidern zu lassen.

Um es gleich vorwegzunehmen: Etwa ein Jahr später ging ich zu der Schneiderei an der Ecke Eighth Avenue and Forty-Fifth Street, an der ich jeden Tag auf dem Weg zur Arbeit vorbeikam. Mittlerweile hatte ich etwas Geld, also brachte ich dem Schneider schon mal einen der Stoffballen und ließ mit großem Brimborium Maß nehmen. Ich wählte einen Schnitt, suchte den Stoff für das Futter aus, und eine Woche später war der Anzug fertig. Endlich hatte ich einen neuen Anzug, und er sah toll aus. Als ich ihn zum zweiten Mal trug, bekleckerte ich ihn mit irgendetwas und brachte ihn in die Reinigung. Deren Besitzer kannte ich, und als ich den Anzug ein paar Tage später abholen wollte, fragte er: »Woher hast du denn diesen Anzug?«

»Den habe ich mir machen lassen«, antwortete ich. »Ist das ein Problem?«

»Was das Futter betrifft, nicht«, sagte er. »Aber was den Rest betrifft …«

Und dann brachte er mir, was von meinem Anzug noch übrig

PAUL UND JOANNE 1964 MIT DEM BÜHNENAUTOR JAMES COSTIGAN BEIM LESEN EINES ENTWURFS FÜR DAS SKRIPT VON *BABY WANT A KISS*. FOTO VON PHILIPPE HALSMAN

war. Er war total eingelaufen. Unverändert war nur das nun viel zu große Futter in diesem geschrumpften, winzigen Anzug.

Aus dem zweiten Stoffballen ließ ich dann lieber nichts anfertigen. Lieber Gott, nicht zu glauben, wie ich so naiv sein konnte. Obwohl, eigentlich doch.

Ich verließ die Ränge der Bourgeoisie und wurde Mitglied im Actors Studio, der ungewöhnlichen Schauspielschule unter der Leitung von Lee Strasberg, der berühmt dafür war, dass er Method Acting predigte – die Kunst, die eigenen Erinnerungen und Gefühle zu nutzen, um eine Rolle auszufüllen. Wie ich es über das Vorsprechen hinaus schaffte, frage ich mich heute noch.

An meiner Darbietung kann es nicht gelegen haben. Bestimmt fragten sich die anderen Schauspieler: »Wie hat dieses Schlitzohr es denn hier rein geschafft?« Aber als ich meine Überzeugung und meine Energie mit meinen echten Emotionen kombinierte – Angst und Schrecken (wobei dann Wut herauskam) –, passierte tatsächlich etwas, das aufrichtig war, und sei es nur durch Zufall. Die Mitglieder des Actors Studio waren für mich die wirklichen Schauspieler, richtige Bohemians, und dann stand da dieser Junge aus Shaker Heights in seinem Seersucker-Anzug, und na ja – ich war *in* ihre Welt geraten, aber ich gehörte definitiv nicht dazu. Da waren Leute wie Geraldine Page und Kim Stanley und Ben Gazzara, Frank Corsaro, Julie Harris, James Dean, Eli Wallach und Annie Jackson. Brando war in der Zeit, als ich dazustieß, schon gewissermaßen emeritiert, aber manchmal kam er noch vorbei, vor allem, wenn Elia Kazan, der Regisseur, ihm eine Szene zeigen wollte, die er sich mal ansehen sollte.

STEWART STERN

Schon seit vielen Jahren ist Pauls Lieblings-Kurzgeschichte *Tonio Kröger* von Thomas Mann. Darin geht es um einen deutschen Jungen im neunzehnten Jahrhundert, der einen älteren Jungen mit blauen Augen bewundert, der aus dem Norden stammt wie sein Vater. Tonios Mutter stammt aus dem Süden und hat ihm ihre braunen Augen vererbt. Sein Leben lang beneidet er Menschen mit blauen Augen. Als er erwachsen ist, wird er Künstler, aber der blauäugige, angepasste Teil seines Wesens – seine erfolgreiche, gesellschaftlich akzeptierte Seite – liegt immer im Widerspruch mit dem braunäugigen Teil – seiner sensiblen, poetischen, kreativen Persönlichkeit.

Seit Paul denken kann, ist er auch hin- und hergerissen zwischen zwei solchen Seelen in seiner Brust. Er kann sich nicht zwischen seiner blauäugigen und seiner braunäugigen Seite entscheiden, denn immer wenn er sich auf eine Seite zubewegt, holt ihn die andere wieder zurück.

In der Highschool fühlte ich mich von den Leuten, mit denen ich befreundet sein wollte, nicht akzeptiert, von all denen, die gesellschaftlich anerkannt waren, den schönen Menschen im christlichen Country Club. Dabei wollte ich immer gesellig sein. Ich wollte nicht akademisch sein, und ich wollte auch kein Poet sein.

Letzen Endes dachte ich mir, Talent ist wohl doch etwas, das plötzlich in einem explodiert und herausbricht, und dann spürt man den Bohemien in sich, bindet sich einen Schal um den Hals und bricht mit allen Konventionen. Um zum Vorkämpfer zu werden, zu jemandem, der neue Wege geht, neue Herangehensweisen und neue Stilrichtungen entdeckt. Ich war nie so veranlagt. Ich hatte nie das Gefühl, dass ich Talent habe; ich war ein Gefolgsmann, der den Stoff von jemand anderem umsetzte, indem er ihn interpretierte, aber nicht kreierte.

Ich bin mir sicher, dass keiner von all den Leuten im Actors Studio mich als richtigen Schauspieler betrachtete. Ich war ein hübscher Junge, ein echt konventioneller Typ, der irgendwie in diese Melange hineingestolpert war. Ich war nicht mal mehr einer aus Yale. Außerdem hatte ich zu dem Zeitpunkt gerade angefangen, am Broadway zu arbeiten. Ich hatte nun eine Familie in Staten Island. Da konnte ich nicht so einfach Kontakte knüpfen und bei allem mitmachen, was die anderen Leute vom Actors Studio abends unternahmen. Früh genug in Manhattan zu sein, um am Unterricht und an den Übungen teilzunehmen, war so schon schwer genug. Alle anderen führten außerhalb des Stundenplans offenbar noch ein weiteres Leben, an dem ich nicht teilhatte.

Ich übte nur wenige Szenen, aber ich lernte von den anderen durch Aufsaugen und Beobachten, indem ich mir ganz genau ansah, was diese Leute machten und wie sie es machten. Sie verfolgten bestimmte Absichten, bezogen ihren Antrieb aus aktiven Verben und aus Bewegungsabläufen. Mehr müssen erfolgreiche Schauspieler eigentlich auch gar nicht machen; natürlich brauchte ich dreißig Jahre, um das für mich selbst herauszufinden.

Als ich in *Picnic* mein erstes Engagement bekam, hatte ich Frau und Kind (und ein weiteres Kind war unterwegs) und nur 250 Dollar auf der Bank. Ich weiß nicht, wie lange ich mich so ganz ohne finanzielles Polster oder wenn das Stück nicht gut gelaufen wäre, noch über Wasser hätte halten können. Ich hatte mich sogar für einen Job am Postamt in der Hillside Avenue in Queens beworben.

Natürlich hätte ich auch wieder Enzyklopädien verkaufen können. Ich machte mir keine Sorgen, dass ich Sozialhilfe würde beantragen müssen, weil wir sonst verhungert wären. Aber wenn sich eine Möglichkeit jenseits des Theaters aufgetan hätte, die Sicherheit bot, hätte ich mich vielleicht darauf eingelassen. Ich weiß es nicht.

Da kommt also dieser blauäugige Hinterwäldler über Yale nach New York, ergattert ein paar Fernsehauftritte und arbeitet sich hoch zu Rollen mit drei oder vier Zeilen. Er wird dem Regisseur Josh Logan vorgestellt, der ein neues Stück mit dem Titel *Picnic* von William Inge auf die Bühne bringen will. Ich bekomme die kleine Rolle des Zeitungsboten mit etwa zehn oder zwölf Zeilen im ersten Akt. Außerdem bin ich die Zweitbesetzung für Hal, den verführerischen Herumtreiber, und für die tragende Nebenrolle des Alan, seinen glücklosen Rivalen. Kurz darauf, noch vor der Premiere, werde ich befördert und damit zur Erstbesetzung für die Rolle des Alan, die genau dem entspricht, was der Hinterwäldler damals war: ein junger Typ aus Shaker Heights im beigen Leinenanzug, der im Kampf um die Gunst eines Mädchens gegen den Star antreten muss – Ralph Meeker in der Rolle des »Mr. Animal« Hal – und der keine Ahnung hat, wie man das physisch und mental umsetzt. Dann läuft dem jungen Typen aus Shaker Heights, der schon Frau und Kind hat, eine sensationelle Dreiundzwanzigjährige namens Joanne über den Weg, die ihrerseits die Zweitbesetzung für die weibliche Hauptrolle und noch ein paar weitere Rollen ist. In *Picnic* gibt es eine denkwürdig lange Tanzszene zur Einleitung der Romanze auf der Bühne, mit der alles beginnt. Der junge Typ ist nicht gerade ein eleganter Tänzer, also bringt ihm Joanne,

PAUL UND JOANNE 1964 IN DER BROADWAY-PRODUKTION *BABY WANT A KISS*.

mit ihrer wie Perlmutt schimmernden Haut und ihren feinfühligen Bewegungen, hinter der Bühne das Tanzen bei. Ab dem Moment schleppte ich mich nicht nur mit einer scheiternden Ehe herum, sondern auch mit dem Ding in meiner Hose, wenn wir hinter der Bühne tanzten. Tag für Tag.

Und dennoch, als Ralph Meeker sich zwei Wochen Urlaub nehmen wollte, nachdem das Stück erfolgreich angelaufen war, und ich Josh Logan fragte, ob ich in der Zeit seine Rolle übernehmen könnte, tätschelte mir Logan väterlich den Kopf und sagte: »Die würde ich dir ja gern geben, Junge, aber du hast einfach keinen Sexappeal.«

JOSH LOGAN, GEWINNER DES PULITZERPREISES UND REGISSEUR VON WILLIAM INGES *PICNIC* AM BROADWAY 1953

Paul wurde mir von William Liebling vorgestellt, dem Ehemann von Audrey Wood, die damals als Agentin für das Stück fungierte. Ich verabredete mich mit Paul nur, um Liebling einen Gefallen zu tun. Mein erster Eindruck von Paul Newman war, dass er für einen Schauspieler viel zu sehr Gentleman war und dass es zu viel Mühe machen würde, seine höfliche Art aufzubrechen, um ins Innere des Mannes vorzudringen. Aber bei der Besetzung für die Rollen des Stücks war Paul durch sein gutes Aussehen genau der Richtige für die Rolle des Bomber, der nur eine Zeile hat und sich nach dem Picknick an Madge heranmacht.

Wir machten Paul in dem Stück auch zur Zweitbesetzung für den reichen jungen Mann, Alan, und schon bald spielte er ihn besser als der Schauspieler, für den er die Zweitbesetzung sein sollte. Also fragte ich Bill Inge, ob er die Rolle des Alan für einen jüngeren Mann umschreiben könne, und wir ließen Paul nachträglich dafür vorsprechen. Er schlüpfte sofort in die Rolle des reichen Jungen und machte das Stück damit noch prägnanter. Eigentlich war es Paul, der das Stück zu einem Erfolg machte.

Irgendwann machte ich Paul auch zur Zweitbesetzung für die Hauptrolle des Hal. Mir fiel auf, dass Paul eine gute Figur hatte, und wenn er trainierte und tanzen lernte, würde er die Rolle spielen können. Wir probten einmal mit Paul als Hal, und ich sagte ihm, es ginge in Ordnung, wenn er beim Tanzen noch ein bisschen mit dem Hintern wackeln könnte.

Irgendwann zwischen der Premiere von *Picnic* im Februar 1953 und den Filmaufnahmen zu *Der lange heiße Sommer* vier Jahre später wurde ich von jemandem mit nicht viel Sexappeal zu jemandem, in dem die Leute etwas ganz anderes sahen. Ich dachte nie, dass das wirklich echt war, ebenso wenig, wie ich dachte, dass meine Wut auf der Leinwand echt war – ich weiß noch, dass Ben Gazzara meine Darstellung von Wut bei einer Szene im Actors Studio einmal als »unaufrichtig … nichts weiter als Geschrei« kritisierte –, aber offenbar war sie so täuschend echt, dass die Leute damals sie für überzeugend hielten. Etwas war von mir abgefallen. Es hatte damit zu tun, dass Joanne in mein Leben getreten war, mit ihrer Sexualität. Was ich mir jahrelang erträumt und ersehnt hatte, war plötzlich zu einer realen Möglichkeit geworden.

Joanne weckte das sexuelle Wesen in mir. Sie brachte ihm etwas bei, ermutigte es, hatte Freude am Experimentieren. Ich war der Lust auf der Spur. Eigentlich bin ich bloß ein Wesen, das von Joanne erschaffen wurde.

STEWART STERN

Joannes Gefühle kommen immer aus dem Herzen, spontan und unverkennbar. Damit will ich sagen: Bei dieser Dame strömen die Emotionen aus allen Poren. Sie ist ungekünstelt, und sie kann sich nicht verstellen. Das entspräche nicht ihrer Veranlagung.

Nach welchen Kriterien wählt man eine Berühmtheit aus und widmet ihr eine ganze Veranstaltung, einen Ehrenabend? Wenn mir jemals eine solche Hommage zuteilwürde, müsste sie eigentlich der Erfindung des Sexsymbols gelten, das von Joanne geschaffen wurde. Und sie sollte nicht am American Film Institute oder bei der Oscar-Verleihung stattfinden – passender wäre eine Parade vor der Orange Bowl oder der Rose Bowl. Auf einem Festwagen mit wehender Fahne vielleicht. Und vielleicht sollte man dann auch all die Frauen interviewen, die sich noch an den Softporno-Streifen *Emmanuelle* erinnern, in dem die Protagonistin ein Foto von mir in einer Zeitschrift aufschlägt. Ich glaube, das war der eigentliche Moment, in dem ich in Erscheinung trat.

Jackie war in der Zeit unserer Ehe immer verfügbar, aber unser Umgang miteinander war wie unter einem Netz, einem Schleier. Die eigentliche Ursache meiner Eheprobleme war im Wesentlichen ein fehlgeleitetes Pflichtgefühl, das schon mit der Illusion begann, wir hätten ein stabiles Fundament, auf dem wir aufbauen könnten. Und als es sich als doch nicht so stabil erwies, hatte keiner von uns den Mut, zu sagen: »Lassen wir es doch lieber.« Man ist entschlossen, alles zusammenzuhalten und sich hartnäckig da durchzukämpfen.

Ich glaube, so ging es Jackie und mir vom ersten Tag unserer Ehe an. Ich weiß, es lag mir nicht, mit jemandem auf Konfrontation zu gehen. Aber vermutlich wäre ihr das lieber gewesen, als ich ihr zugestand.

Wir machten uns etwas vor: alles eitel Sonnenschein – nicht nötig, sich über die dunklen Wolken Gedanken zu machen. Ist doch alles toll! Mir war gar nicht bewusst, wie sehr ich uns in seichte Gewässer manövrierte.

Das war für Jackie sicher eine harte Zeit, ganz bestimmt.

Ich wusste immer, dass das noch nicht alles gewesen sein konnte. Da waren ab und zu ein paar kurze Seitensprünge, die man nicht mal als One-Night-Stands hätte bezeichnen können. Immer gefolgt von furchtbaren Gewissensbissen und Schuldgefühlen.

Doch dann wurde mein moralisches Selbst überwältigt von viel mächtigeren Bedürfnissen. Und in dem Moment schien es uner-

PAUL ENDE DER 1950ER-JAHRE

heblich, mein Ehegelübde gegenüber Jackie zu brechen. All die hoffnungslosen Vorstellungen und die Jahre der Ablehnung machte Joanne vergessen. Vor meinen Augen sprang plötzlich eine Tür zu ungeahnten Möglichkeiten auf. Joanne gab mir das Gefühl, begehrenswert zu sein.

Verwaiste Kinder sind besonders hungrig, und Joanne und ich waren wie zwei verwaiste Kinder. Sie merkte es mir sofort an, wegen des Problems in meiner Hose, das sich jedes Mal einstellte, wenn wir tanzten, und ich wusste, dass auch sie ein verwaistes Kind war, weil sich, soweit ich es sah, ihre Persönlichkeit vor allem in ihrer Sexualität manifestierte. Wir wussten beide sofort, mit wem wir es zu tun hatten, und wir prallten einfach aneinander. Während der Spielzeit von *Picnic* und auch danach machten wir es uns zum Prinzip, uns den Aspekt der Lust ohne Unterbrechung oder Ablenkung zu erhalten. Darin waren wir, glaube ich, ziemlich gut, denn wo immer wir auch waren, lebten wir diese Lust aus. Ob in Hotels und Motels oder öffentlichen Parks, Toiletten oder Swimmingpools, ob am Strand oder auf den Rücksitzen von Leihwagen.

Ich wüsste nicht, dass Joanne und ich dabei jemals moralische Bedenken gehabt hätten. Was wir miteinander hatten, war leidenschaftlich. Es passierte uns einfach, und wir hatten keine Ahnung, wohin es führen würde. Einen Tag war ich wild entschlossen, mich zu ihr zu bekennen, und am nächsten, als ich diesen Entschluss in die Tat umsetzen wollte, brachte ich es dann doch nicht fertig, mich von Jackie zu trennen.

Ich erinnere mich noch an einen Abend, an dem alles auf mich einprasselte. Ich hatte mich von zu Hause aus auf den Weg zum Theater gemacht, die Kinder waren noch wach, überall auf dem Fußboden lag Essen verstreut. Da wäre ich am liebsten vor Joanne auf die Knie gefallen und hätte ihr gesagt, dass ich sie aufrichtig liebte und nur noch aus diesem ganzen Chaos herauswollte, in dem ich steckte. Doch dann, ganz plötzlich, wurde mir bewusst, dass ich das nicht konnte; ich hatte nicht genug Geld, und ich konnte Jackie nicht einfach sitzen lassen – großer Gott, diese Situation war furchtbar.

Meine Unentschlossenheit und das ständige Abwägen aller Konsequenzen fanden ihre Entsprechung in Joannes Unberechenbarkeit. Auch was das betrifft, hatten wir uns gesucht und gefunden. Wir brachten uns ständig gegenseitig durcheinander. Das war vermutlich recht praktisch, denn es hieß, dass man keine gegenseitige Verpflichtung hatte, und ich wüsste nicht, dass es einem von uns beiden um etwas Verpflichtendes gegangen wäre. Klar, wir wollten diesen ganzen Mist, was einen Filmstar so ausmacht, und die Lust und all das Drumherum – wir taten zwar so, als ginge es nicht auch darum, aber genau das machte den Reiz doch teilweise aus. Weil es unanständig war und weil man irgendwo auch etwas dafür opfern musste. Ich weiß nicht mehr genau, wann uns diese Erkenntnis klar wurde, aber sie war ungeheuerlich, unverzeihlich grausam. Grausam in der Art, wie ich mich von meiner Familie entfernte. Für Jackie gab es keine Anzeichen, keine Chance, sich neu zu sortieren.

Jedes Mal, wenn ich einen Abend voller Leidenschaft und Liebe mit Joanne verbracht hatte, änderte ich meine Meinung und wollte mich doch scheiden lassen. Dieses Hin und Her ging jahrelang so weiter.

JOANNE WOODWARD

Für mich war es sowieso schon schwer, weil es etwas so Unglaubliches wie diese Hirngespinste auszuleben überhaupt gab, selbst für jemanden wie mich, deren ganzes Leben in einer Welt aus Hirngespinsten stattgefunden hatte, wie bei der Handlung eines langen Films, in dem es immer wieder zu überraschenden Wendungen kommt, auf die ich keinen Einfluss hatte.

Es gab auch Zeiten, in denen Joanne sich schuldig fühlte, weil sie eine Familie und Kinder hinterging. Aber irgendwann gelangten wir immer wieder an einen Punkt, ab dem wir uns gegen das, was uns miteinander verband, nicht mehr wehren konnten.

ED LEVY, EIN GUTER FREUND VON PAUL AM KENYON COLLEGE UND DANN VON PAUL UND JACKIE IN NEW YORK.

Paul lud mich mit meinen Eltern und meiner Tante zu einer Vorstellung von *Picnic* ein, und anschließend gingen wir noch zusammen etwas trinken. Er brachte Joanne mit. Sie wollte unbedingt dabei sein, unbedingt einen guten Eindruck machen. Sie schien so erwartungsvoll, in Aufbruchsstimmung, weil sie sich gerade erst in Paul verliebt hatte.

Als wir das Lokal verließen, sagte Joanne, sie hätte Angst, allein nach Hause zu gehen, weil es gefährlich wäre; Paul sagte, er würde sie noch nach Hause bringen, und dann gingen die beiden. Da sagte meine Tante zu mir: »Sie ist ja ganz hingerissen von ihm.«

»Nein, so ist das nicht«, sagte ich.

Ich wollte einfach nicht glauben, dass die beiden etwas miteinander hatten. Ich wäre niemals auf den Gedanken gekommen, dass Paul eine Affäre hatte, weil er irgendwie immer so geradlinig war – so wie man damals eben war, wenn man gerade erst geheiratet hatte.

Kurz nach diesem Abend traf ich mich mit Paul und Jackie, und da sagte ich zu ihm: »Ach, sag mal, was ist eigentlich mit Joanne Woodward? Aber ich habe das Gefühl, die lebt schon mit jemandem zusammen.« Was ich damit fragen wollte, war, ob ich vielleicht Chancen bei ihr hätte. Darauf antwortete Jackie: »Ich habe auch das Gefühl, die lebt schon mit jemandem zusammen.« Aber sie sagte das mit einem scharfen Unterton.

Paul schien auf seinem Stuhl immer tiefer zu sinken, weil er mir ganz offenbar keinen reinen Wein eingeschenkt hatte. Er hatte, glaube ich, ein paar Andeutungen gemacht, aber die wollte ich wohl auch nicht wahrhaben, weil ich das Bild, das ich von Paul hatte, nicht kaputtmachen wollte. Als wir beide irgendwann mal zusammen etwas trinken waren, hatte er gesagt: »Weißt du, ich habe da in einem Lokal so ein Mädchen kennengelernt …« Ich dachte, er sagt das bloß, um ein Gesprächsthema zu haben.

Ein paar Jahre später – Paul war immer noch mit Jackie verheiratet, und sie hatten, glaube ich, gerade das dritte Kind bekommen – liefen Paul und Joanne mir in Detroit über den Weg, wo Joanne in einem Stück spielte, *The Lovers*. Für mich war Paul nach wie vor ein guter Freund, ist er immer noch. Ich schrieb ihm, dass ich ihn nicht für einen Mistkerl hielt, dass ich verstehen konnte, was er an Joanne fand und dass ich schon gemerkt hatte, dass es mit Jackie nicht so gut lief. Paul antwortete auf meinen Brief.

»Du bist der Einzige«, schrieb er, »der mich nicht für einen Scheißkerl hält.«

Um die Zeit herum, als *Picnic* Premiere hatte, beschlossen Jackie und ich, von Staten Island wegzuziehen und ein Haus in Fresh Meadows zu mieten, nicht weit von der Grenze zwischen Queens und Nassau County. Damals ging ich nach der Vorstellung immer noch mit den Schauspielern aus unserem Ensemble in eines unserer Stammlokale, unter anderem mit Ralph Meeker, Janice Rule und Kim Stanley. Aber eigentlich sah ich immer nur Joanne und mich. Oft waren auch ein paar Kumpels vom College dabei oder ein paar

Freundinnen von Joanne und Leute vom Fernsehen – jeden Abend waren eine Menge Leute um uns herum. Joanne wohnte in einem Apartment im vierten Stockwerk drüben an der East Side. Es bestand nur aus einem Zimmer mit kleiner Einbauküche, deshalb gingen wir oft in der Nähe aus, ins Costi's zum Beispiel. Ob Jackie gemerkt hat, was los war? Ich weiß es nicht. Jackie war der einzige Mensch, der noch naiver war als ich.

Als die Spielzeit von *Picnic* herum war, wusste ich noch nicht genau, was ich als Nächstes machen würde. Ich war für ein paar Fernsehproduktionen im Gespräch und für ein paar andere Broadwaystücke, und Hollywood hatte auch schon angerufen. Josh Logan sagte mir, ich solle keine Filme machen. Aber mein Agent, Maynard Morris, sagte: »Pass mal auf, wenn du nicht nach L. A. gehen willst, ist das okay. Aber dann mach dir eins klar: Die Leute warten eine Zeit lang ab und dann warten sie wieder eine Zeit lang ab und dann klopfen sie an deine Tür, dann klopfen sie noch mal an deine Tür, und irgendwann klopft dann keiner mehr an. Du kannst nie wissen, wann es zum letzten Mal geklopft hat.« Und das Klopfen, bei dem ich schließlich die Tür öffnete, war *Der silberne Kelch*. Jahre später, als es mit meiner Karriere schon ein ganzes Stück vorangegangen war, wurde ich immer wieder damit zitiert, dass es »der schlechteste Film war, der in den Fünfzigern produziert wurde«, und das war keineswegs falsch wiedergegeben.

Mein Aufenthalt in Kalifornien fing schon nicht gerade vielversprechend an. Ich fuhr von New York aus mit dem Auto dorthin, und zwar allein, und ich bin buchstäblich falsch abgebogen. In Hollywood war ein Zimmer für mich gebucht, im Roosevelt Hotel, aber auf einem der Freeways fuhr ich an der falschen Ausfahrt ab – ich weiß nicht mal mehr genau, ob es der Ventura oder der Pasadena Freeway war; jedenfalls war ich wohl die Kansas Avenue komplett durchgefahren. Ich kann mich auch gar nicht erinnern, überhaupt durch Los Angeles gefahren zu sein, jedenfalls fuhr ich dann an einer Ausfahrt ab auf den Santa Monica Boulevard. Später stellte ich natürlich fest, dass es einen viel einfacheren Weg zu meinem Ziel gab, aber so musste ich erst mal eine ganze Strecke durch kleinere Straßen neben dem Sunset Boulevard fahren. Es dauerte Ewigkeiten, bis ich das Roosevelt Hotel endlich gefunden hatte.

Der silberne Kelch wurde auf dem Gelände von Warner Brothers in Burbank gedreht, aber frühmorgens hatte ich noch eine Verabredung bei MGM am anderen Ende der Stadt. Eine Dame mit Kinderwagen überquerte plötzlich die Straße, und ich hätte sie fast überfahren. Ich rief ihr hinterher: »Du dämliche Kuh!« Und schon winkte mich ein Cop rechts ran und warf mir vor: »Sie haben gerade fast die Frau auf dem Zebrastreifen überfahren!«

»Was habe ich denn falsch gemacht?«

»Also, in L. A. haben die Fußgänger Vorrang. Woher kommen Sie denn überhaupt?«

Bevor ich antworten konnte, hatte er schon einen Blick auf mein New Yorker Nummernschild geworfen und wollte meinen Führerschein sehen.

»Der wird mir von New York aus nachgeschickt. Ich bin gerade erst hier angekommen und habe meine Brieftasche zu Hause vergessen.«

Irgendwie schaffte ich es dennoch, nicht im Gefängnis zu landen.

Der silberne Kelch war ein Sandalenfilm mit großem Budget über einen jungen Silberschmied – den ich spielte –, der nach Jesus' Tod den Heiligen Gral anfertigen sollte. Regie führte Victor Saville, der schon in der Stummfilmzeit Regisseur war und Jahre gebraucht hatte, um die Finanzierung für diesen Film zu sichern. Bei den wenigen Proben, die überhaupt stattfanden, merkte ich, dass ich keine hilfreichen Anweisungen von Victor bekommen würde, den ich meinerseits dann vermutlich in den Wahnsinn getrieben habe.

ARTHUR PARK WURDE PAULS ERSTER FILM-AGENT BEI MCA.

Er war nicht wiederzuerkennen, als er *Der silberne Kelch* drehte. Weil der Film ihm überhaupt nicht gefiel. Seine Rolle gefiel ihm nicht, die Art, wie der Film gemacht wurde, gefiel ihm nicht, und es gefiel ihm nicht, dass er das Gefühl hatte, er sei in eine Falle getappt. Es war für ihn eine Qual, und er hätte sich in den Hintern treten können, weil er sich auf dieses Fiasko eingelassen hatte.

JOHN FOREMAN, PAULS AGENT UND SPÄTERER GESCHÄFTSPARTNER

Nach Pauls Debüt in *Picnic* wollten alle Studios ihn haben. Er war ein ganz heißer Tipp. Der Grund, warum die »Küste« (so nannten wir unsere Niederlassung in L. A.) sich für Warner Bros. entschieden hatte, war der, dass Paul die Chance bekam, in seinem ersten Film schon der Star zu sein – und weil sie die besten Bedingungen boten. Alle machten bei *Der silberne Kelch* große Augen, auch Paul Newman, der damals als der Deal unter Dach und Fach gebracht wurde, dem Himmel dafür dankte, dass er die Gelegenheit hatte, richtig Geld zu verdienen. Nach 350 oder 450 Dollar pro Woche am Broadway fing er bei Warner direkt mit 1750 Dollar die Woche an.

MEADE ROBERTS, DREHBUCHAUTOR UND VOR ALLEM BEKANNT DURCH SEINE ZUSAMMENARBEIT MIT TENNESSEE WILLIAMS BEI *DER MANN IN DER SCHLANGENHAUT* UND *SOMMER UND RAUCH*, ARBEITETE IN DEN 1950ER-JAHREN ENG MIT JOANNE UND PAUL ZUSAMMEN.

Bevor er sich auf den Weg nach Hollywood machte, sagte Paul mir, dass er bei *Der silberne Kelch* große Bedenken hatte. Paul erzählte, Maynard habe gesagt: »Ein Bibelfilm war noch nie ein Flop. Denk nur mal daran, was *Das Gewand* für Richard Burton bewirkt hat.«

Worauf Paul antwortet: »Ich glaube aber nicht, dass *Der silberne Kelch* so ist wie *Das Gewand.*«

Ein Kollege in Hollywood riet mir, einen Schauspiel-Coach zu engagieren, um es mir leichter zu machen. Worauf ich antwortete: »Hast du sie noch alle?« Doch je mehr ich darüber nachdachte, desto mehr wurde mir bewusst, dass mir die Rolle tatsächlich Schwierigkeiten bereitete und ich damit endlich vorankommen wollte. So geriet ich an eine kleine ungarische Dame namens Elsa Schreiber. Sie gehörte nicht zu Warner, sondern arbeitete freiberuflich als Coach, und sie trug immer ein Tuch um den Kopf gewickelt. Sie ließ mich mit einer ihrer Schülerinnen die Szenen aus dem Drehbuch proben. Natürlich war es nicht dasselbe, wie mit der Filmschauspielerin zusammenzuarbeiten, deshalb wusste ich nicht so recht, was das sollte. Aber ich probte die Szenen trotzdem, und dann unterbrach Elsa mich plötzlich.

»Du denkst nicht nach«, sagte sie zu mir. »Du *denkst* nur, dass du nachdenkst.«

Da stand ich nun, jemand, der schon auf dem Broadway aufgetreten war und ein Jahr im Actors Studio hinter sich hatte, und es dauerte eine Weile, bis ich endlich kapierte, was sie meinte. Manch anderer hätte es bestimmt sofort verstanden, aber ich stand erst mal ratlos da, obwohl ich seit einigen Jahren ein recht professioneller Schauspieler in New York war. Aber zum ersten Mal erklärte mir jemand etwas so, dass ich es nachvollziehen konnte – und es mir anhören wollte.

Kurz nachdem ich angefangen hatte, mich von Elsa coachen zu lassen, lief mir auf dem Studiogelände James Dean über den Weg, den ich aus dem Actors Studio schon kannte. Er stand in den Startlöchern für den Beginn der Dreharbeiten von *Jenseits von Eden*, und wir machten uns zusammen auf den Weg zur Kantine.

»Hey, ich habe das Drehbuch zu deinem Film gelesen«, sagte er.

»Und was hältst du davon?«

»Ach«, antwortete er, »sind doch bloß endlos viele Seiten mit Anweisungen.«

Jimmy stand kurz davor, seine Karriere mit einem Film voranzutreiben, bei dem Elia Kazan Regie führte, und ich würde mit Victor Saville drehen. Irgendwie schien das passend.

MEADE ROBERTS

Ein paar Monate nachdem der *Kelch* in die Kinos gekommen war, traf ich mich mit Paul in einem Lokal an der Ecke Fifty-Fourth und Sixth Street, wohin wir öfter gingen, direkt gegenüber vom alten Ziegfield-Kino. Und drinnen saß James Dean.

Deans neuer Film war schon in aller Munde.

Jimmy sagte: »Ach, Paul, du Ärmster! In was für einen Film bist du da nur geraten. Hast du schon gehört, wie großartig *Jenseits von Eden* ankommt?« Das sagte er total höhnisch, richtig vernichtend.

Paul nahm es ganz gelassen hin. Ich hätte Jimmy am liebsten eine reingehauen. Mir juckte es schon in den Fingern.

VII

Die Erfahrungen bei den Dreharbeiten von *Der silberne Kelch* wurden für mich zum Sinnbild für diesen ganzen Mist in der Filmbranche, für einen Reinfall, die Sinnlosigkeit, die Oberflächlichkeit. Ich glaube, es war bezeichnend, dass ich mit dem ersten Film, bei dem ich mitspielte, direkt eine Bauchlandung machen sollte. Und ebenso bezeichnend war, dass ich das Desaster kommen sah, dass ich kommen sah, wie stümperhaft der Film werden würde, noch bevor der Dreh zu Ende war. Ich traf sogar schon Vereinbarungen, nach New York zurückzukehren, um in einem weiteren Stück am Broadway aufzutreten. Damit begann der Kampf gegen mein eigenes Image, das ich loswerden wollte und dem ich bislang nicht entkommen konnte. Doch wie so oft bei wichtigen Angelegenheiten in meinem Leben kann ich es in Anlehnung an Theodore Roosevelt so formulieren: Einerseits scharrte ich mit den Hufen, andererseits bloß nicht zu schnell.

Damit meine ich nicht den Erfolg (oder Misserfolg), sondern mein Äußeres. Das ist nämlich gar nicht so leicht zu erklären. Durch mein Äußeres hatte ich einen Fuß in die Tür bekommen. Wie weit wäre ich denn verflucht nochmal gekommen, wenn ich ausgesehen hätte wie Golda Meir? Wahrscheinlich nirgendwohin. Ich kam mir vor wie jemand, der über einen Treuhandfonds verfügt und es nicht nötig hat zu arbeiten. Durch mein Äußeres verfügte ich immer über so einen Treuhandfonds. Das half mir immer, um über die Runden zu kommen. Aber mir wurde klar, dass ich, um zu bestehen, mehr draufhaben musste. Vor allem, weil in meinem Leben offenkundig wieder eine Veränderung anstand.

MARY HARA, SPITZNAME BLATZ, EINE FREUNDIN VON PAUL AUS DEM STUDIENGANG REGIEARBEIT IN YALE

Paul war nach den Dreharbeiten von *Der silberne Kelch* gerade wieder zurück in der City und lud mich ins Kino ein zu *Das Höllentor*, einem japanischen Samurai-Film.

»Wie war es denn in Hollywood?«, fragte ich ihn. »Hat es dir Spaß gemacht?«

»Blatz«, antwortete Paul, »die tun da drüben für Geld einfach alles. Für Geld würden die alles tun, die würden sogar töten für Geld. Es war einfach schrecklich.«

Als ich Hollywood verließ, nachdem *Der silberne Kelch* im Kasten war, hatten Joanne (die auch in Hollywood gearbeitet hatte) und ich einen furchtbaren Streit. Mit uns war Schluss, es war aus und vorbei. Wir wollten uns niemals wiedersehen. Ich beschloss, nach New York zurückzufahren. Meine Mutter war gerade zu Besuch, und ich wollte sie in Cleveland absetzen. (Wir machten sogar einen Zwischenstopp in Vegas, wo wir ein tolles All-You-Can-Eat-Dinner für einen Dollar aßen.)

Für Joanne war die Situation unerträglich geworden; sie führte ein Dasein als heimliche Geliebte, und ich wollte mich nicht scheiden lassen. Ich wusste nicht, wie ich es anstellen sollte, aber ich wollte versuchen, meine Ehe wieder ins Lot zu bringen und bei meiner Familie zu bleiben. Diese Vorstellung bestimmte mein ganzes Denken, sodass Joanne und ich auch nach meiner Rückkehr aus Kalifornien bestimmt monatelang nichts voneinander hörten und keinen Kontakt zueinander hatten.

Ich begann mit den Proben für die Broadway-Adaption von *An einem Tag wie jeder andere* – ich spielte einen entflohenen Sträfling, der Karl Malden und seine Familie als Geiseln nimmt. Das Stück wurde ein Renner, und so beschlossen Jackie und ich, ein Haus in Sea Girt, New Jersey, zu mieten, nur eine Stunde und fünfzehn Minuten von Manhattan entfernt. Dort stand eine Menge Häuser im Stil der Villen von Grosse Pointe oder Shaker Heights, nur eine Straße vom Meer entfernt, und mittendrin stand ein Addams-Family-Haus, das innen nicht ganz fertig und außen total heruntergekommen war. Sensationell!

Der Strand von Sea Girt war breit und bestand aus feinem Sand. Wenn ich spätabends aus dem Theater kam, fuhr ich immer dorthin und ging um Mitternacht noch in den tosenden Wellen schwimmen. Ich fühlte mich geborgen mitten in diesen hohen Wellen, die einen, wenn sie sich brachen, direkt von den Füßen rissen. Ich fühlte mich richtig wohl in dem aufgewühlten Wasser.

Komischerweise hatte ich nie Angst im Wasser, und das, obwohl ich als Kind einmal fast ertrunken wäre. Ich weiß nicht mehr genau, wie alt ich damals war, jedenfalls war ich im Schwimmbad und konnte noch nicht schwimmen. Da waren ein Bademeister und vielleicht hundertfünfzig Kinder. Sechs von uns Kindern sprangen hinter seinem Rücken alle auf einmal ins Wasser, und daraufhin watete er hinein, bis es ihm über die Schultern reichte – und mir bis über den Kopf. An einem Nachmittag passte ich nicht richtig auf und ging unter. Vollständig unter Wasser. Ein anderer Bademeister schwamm an mir vorbei – ich erinnere mich noch daran, dass ich plötzlich seine Badehose sah –, und ich griff nach dem Bund der Badehose und hielt mich daran fest. Ich war noch immer unter Wasser, irgendwo unter seinem Bauch, und da dachte der Bademeister, dass ich nur Spaß machte, und drückte mich, jedes Mal wenn ich es schaffte aufzutauchen, wieder unter Wasser. Erst als ich schon fast zu ertrinken drohte, merkte er endlich, was los war, und zog mich an den Beckenrand. Länger hätte ich das auch nicht überstanden. Bei all dem Durcheinander wäre ich sonst auf den Boden gesunken, und irgendwann viel später hätte wahrscheinlich jemand gesagt: »Ach, ist das nicht witzig? Da taucht ein kleiner Junge auf dem Boden des Schwimmbeckens nach Münzen.«

Jackie und ich hatten eine sehr schöne Zeit in Sea Girt. Scott war vier oder fünf, und Susan, unsere erste Tochter, konnte noch nicht laufen. Für die beiden war es auch eine schöne Zeit. Am Wochenende – was für mich immer sonntags und montags war, weil wir sonntags damals keine Matinees gaben – luden wir immer ein paar Leute ein. Dann kochte ich, und wir gingen alle runter an den Strand zum Schwimmen.

Als ich eines Tages in die Stadt zu einem Intendanten fuhr, um ein Skript durchzugehen, Bingo, da kommt aus dem Büro nebenan Joanne. Wir blieben beide stehen und sahen uns nur an, und alles ging wieder von vorne los.

Kurz darauf war es schon wieder vorbei.

Es folgten weitere Abschiede und Trennungen, die meiste Zeit waren wir getrennt. Furchtbare Streitereien. Doch einige Zeit später musste ich nach Kalifornien zu einer Besprechung bei Warner. Joanne war damals schon in Hollywood für einen Fernsehdreh bei 20th Century-Fox. Auf dem Gelände von Warner Bros. führt eine lange Straße vorbei an den Garderoben, den Parkplätzen, dem Verwaltungsgebäude, dem Speiseraum der Geschäftsleitung und der Kantine, aus der Joanne genau in dem Moment, als ich dort war, gerade herauskam. Auf eine Entfernung von ungefähr vier Blocks erkannten wir uns sofort und riefen uns etwas zu. Dann liefen wir wie in einem alten Film mit ausgebreiteten Armen aufeinander zu. Es war unglaublich.

Ab einem gewissen Punkt führte ich tatsächlich zwei Leben. Ich lebte mit Jackie zusammen, aber ich lebte auch zusammen mit Joanne. Es waren unmögliche Zeiten. Bis dahin hatte ich mir noch nie in meinem Leben Gedanken über irgendwelche Konsequenzen gemacht, und ich hatte sie auch nie zu spüren bekommen. Im Krieg hatte ich mich freiwillig für einen Torpedobomber gemeldet und überlebt. Am College hatte ich meinen Abschluss gemacht, ohne etwas dafür zu tun. Ich war ein paar Mal mit irgendwelchen Autos viel zu dicht an Klippen entlanggefahren, nachdem ich zu viel Bier getrunken hatte. Aber nun, mit Jackie und Joanne machten mir die Konsequenzen immer mehr zu schaffen. Als Ehebrecher war ich ein Versager.

Meine Karriere wurde von meinem inneren Aufruhr allerdings nicht beeinträchtigt. Ich bekam eine Rolle in *Der Kämpfer*, einem einstündigen, live gesendeten TV-Drama, basierend auf einer von Hemingways Nick-Adams-Geschichten und unter der Regie von Arthur Penn. Darin geht es um einen am Boxersyndrom leidenden, hirngeschädigten ehemaligen Boxchampion, der den Ruhm im Ring tragischerweise über die Liebe einer Frau stellte, die immer zu ihm hielt. Die Hauptrolle hatte James Dean bekommen, und ich die tragende Nebenrolle. Zwei Wochen vor der Ausstrahlung kam Jimmy ums Leben, als er auf einer abgelegenen Landstraße in Kalifornien mit seinem Porsche einen Unfall hatte. Es wurde entschieden, mit dem Stück weiterzumachen, und ich übernahm Jimmys Rolle als der Boxer.

Das war anstrengend. Dreimal am Tag waren Proben, von acht Uhr morgens bis zehn Uhr abends. Eine Durchspielprobe. Eine Kostümprobe mit Kostümwechsel und Maskenbildnern – meine Rolle musste von ramponiert zu gut aussehend und wieder zu ramponiert wechseln, und das innerhalb einer sechzigminütigen Liveübertragung; ich bekam alle möglichen Prothesen ins Gesicht geklebt und in einem irren Tempo wieder abgenommen. Als wir am Abend, bevor wir auf Sendung gingen, schließlich die letzten Proben hinter uns hatten, ging ich mit einem Manager unseres Sponsors Pontiac und unserem Produzenten Fred Coe noch etwas essen. Nach zwei Bier war ich ganz schön wackelig auf den Beinen. Und als wir aus dem Restaurant am Sunset Strip kamen und darauf warteten, dass der Einparker uns unseren Wagen brachte, fiel Coe und dem Werbefachmann eine schicke Limousine auf, die mit laufen-

JOANNE UND PAUL ENDE DER 1960ER
FOTO VON KAS HEPPNER

dem Motor dastand – und daraufhin machten sich die beiden einen Spaß daraus, die Radkappen mit Kieselsteinen zu füllen. Irgendein Typ, dem der Wagen wohl gehörte, kam aus dem Restaurant, setzte sich ans Steuer und fuhr los – und sofort hörte es sich an, als wäre das ganze Getriebe im Eimer.

Er sprang aus dem Wagen, rannte auf uns zu und schrie: »Wer war das?« Fred Coe zeigte auf mich. Da baut dieser junge Typ sich vor mir auf und verpasst mir einen Fausthieb ins Gesicht. Dann setzt er sich wieder in den Wagen und fährt weg. Als ich in meinem Zimmer im Chateau Marmont ankam, wo Joanne auf mich wartete, sagte ich lachend: »Da soll ich einen Mittelgewichtschampion spielen und stehe mit den Händen in den Hosentaschen herum und lasse zu, dass so ein junger Typ mir aufs Auge haut. Im ersten

Moment wusste ich gar nicht, was mich da getroffen hatte.« In den paar Tagen danach wollten natürlich alle wissen, woher ich das blaue Auge hatte. Ich ließ mir die Geschichte einfallen, dass mein Co-Star Frederick O'Neil mich beim Proben einer Actionszene zu fest mit dem Absatz seines Schuhs getroffen hatte. Gott sei Dank, fügte ich hinzu, wurde es um das Auge herum erst blau, nachdem wir das Stück gesendet hatten. Kaum zu glauben, wie beeindruckt alle davon schienen, dass ich in Erfüllung meiner Pflicht verwundet worden war.

Der Kämpfer kam gut an, unter anderem bei Bob Wise, dem Regisseur, der schon eine große Verfilmung der Biografie von Rocky Graziano in Planung hatte: *Die Hölle ist in mir*. Graziano war ein echter amerikanischer Sportstar und Volksheld, ein junger Typ aus New York und richtig tough, der die Slums und den Jugendknast hinter sich gelassen hatte und Boxchampion wurde, Träger des Weltmeistertitels. Wie es hieß, hätte der Film James Deans nächstes Projekt sein sollen, und sein plötzlicher Tod stellte nun alles auf den Kopf. Wise und die Produzenten gaben mir die Rolle, vermutlich, weil ich meine Sache als *Der Kämpfer* ordentlich gemacht hatte.

Ich weiß, dass manche Leute die Durchbrüche in meiner Karriere Jimmys Tod zuschreiben. Ja, Zufälle spielten auch eine Rolle – und oft auch Glück. Vieles auf dem Weg zum Erfolg hatte tatsächlich etwas mit dem zu tun, was ich immer als Newmans Glücksfälle bezeichne. Newmans Glücksfälle nahmen ihren Anfang schon 1925, als ich als Weißer in Amerika geboren wurde. Mein Äußeres war der zweite Glücksfall. Genug Denkvermögen, um mir etwas einfallen zu lassen, war der dritte Glücksfall. Und ich hatte das Glück, dass ich mich irgendwann darüber hinwegsetzen konnte, wenn andere Leute sagten »Ist er nicht ein Schatz!« oder »Ist er nicht süß!«. Ich entwickelte einfach genug Antrieb, um einzusehen, dass ich damit allein nicht würde bestehen können. Ich habe Desinteresse und Dummheit erlebt und meine eigene Wahrnehmungsstörung. Aber was ich eigentlich nie erlebte, waren echte Widrigkeiten. Dafür hatte ich das Glück immer zu sehr auf meiner Seite.

Wenn Jimmy nicht ums Leben gekommen wäre, sagt eine Hälfte von mir: »Dann hättest du es auch so geschafft. Es hätte ein kleines bisschen länger gedauert, aber es wäre so oder so dazu gekommen.«

ROBERT (BOB) WISE WAR DER REGISSEUR VON *DIE HÖLLE IST IN MIR.*

James Dean hatte für den Film zugesagt. Aber noch bevor das Drehbuch fertig war, starb er bei diesem unseligen Unfall. Der einzige andere Schauspieler, den wir in Betracht zogen, war John Cassavetes. Ich ging mit ihm in der Kantine von MGM essen und sagte ihm, dass ich fand, er wäre zu schlank, besonders mit nacktem Oberkörper, um die Rolle überzeugend zu spielen. Er war ein bisschen beleidigt und sagte, jeder richtige Schauspieler kann alles spielen – und er kann auch zunehmen.

Paul war kurz vorher vor Ort gewesen, weil er gerade erst mit dem Dreh von *Anklage: Hochverrat* fertig geworden war, und die Leute vom Studio schlugen vor, dass ich mir mal ein paar Szenen ansehen sollte. Er war exzellent, und so einigten wir uns darauf, dass die Wahl auf ihn fallen sollte.

Da Rocky ja noch sehr lebendig war und Paul dieselbe Herangehensweise hatte wie ich – nachforschen und so viel wie möglich über denjenigen, den man darstellt, in Erfahrung bringen –, waren wir uns darin einig, dass wir in New York etwas Zeit mit Rocky verbringen sollten. Wir wollten nicht, dass es nur ein Umriss von Rocky mit unscharfen Konturen wurde, sondern dem entsprach, was Paul von Rocky einbringen konnte.

Rocky nahm uns mit in die Lower East Side zu den Orten

seiner Kindheit: zu den Taubenzüchten auf den Dächern, in den Süßwarenladen nebenan. Manchmal ging Rocky vor uns her, und Paul beobachtete seinen Gang, und dabei fiel ihm auf, dass er abgerundete Absätze unter den Schuhen hatte und sein Gewicht auf eine bestimmte Art und Weise verlagerte. Die Art, wie er die Hände in die Taschen steckte. Seine Ausdrucksweise, seinen Jargon, seinen Tonfall, sein Sprachmuster – all das nahm Paul mit an die Küste zu dem Dreh.

Ich glaube, es gab Paul Sicherheit, dass er den Mann, den er verkörpern sollte, kennengelernt hatte und sowohl physisch als auch mental darauf zurückgreifen konnte. Es vermittelte ihm Verlässlichkeit.

Vor den Dreharbeiten von *Die Hölle ist in mir* fuhr ich mit Jackie in die Catskill Mountains in eines der großen Urlaubsgebiete, um noch mehr Zeit mit Graziano zu verbringen und ihn zu beobachten. Er musste in letzter Minute absagen, aber stattdessen lernte ich dort jemand ganz anderen kennen, und zwar einen praktizierenden Psychiater, mit dem ich am ersten Abend vor dem Essen an der Bar ins Gespräch kam. Später, noch am selben Abend, ging ich zu seinem Zimmer, klopfte an die Tür und fragte ihn, ob er mir seine Karte geben und ob ich mich bei ihm melden könne. Er saß mit einem Brandy allein in seinem Hotelzimmer und hatte wohl gerade angefangen, sich in aller Ruhe einen anzutrinken.

Der Doktor war ein leise sprechender, untersetzter, kahlköpfiger, stiernackiger Freudianer Ende fünfzig aus New York, und ich ging tatsächlich bei ihm in Therapie. Ob es mir bei meiner Zerrissenheit zwischen Jackie und Joanne geholfen hat? Möglicherweise hatte es einen lehrreichen Nebeneffekt, aber was meine konkrete Situation betraf, würde ich eher sagen: nein. So sehr ich auch Hilfe brauchte, war ich gar nicht in der Verfassung, mir helfen zu lassen.

Nicht dass ich mich dagegen gewehrt hätte, aber ich wusste nicht so recht, was ich ihm über mich erzählen sollte. Erst in den letzten Jahren bin ich so weit gekommen, dass ich einem Psychiater etwas Fundiertes erzählen könnte.

Nachdem ich etwa drei Jahre lang zu den Sitzungen gegangen war, wurde bei dem Doktor ein Tumor im Kopf festgestellt, und kurz darauf starb er. Ich wollte etwas zu seinem Gedenken tun. Ich hatte einmal seine Frau kennengelernt, eine sehr gut aussehende Dame; sie und seine Mitarbeiter an der NYU setzten sich zusammen und schlugen mir dann vor, ich solle in seinem Gedenken am College einen Lehrstuhl für Psychiatrie stiften, was, wie sie mir damals sagten, ungefähr 150 000 Dollar kosten würde (mittlerweile wäre es wahrscheinlich eher eine Million). Als ich *Die Hölle ist in mir* drehte, verdiente ich 12 000 Dollar und war damit schon bei einer Steuerprogression von 91 Prozent Einkommensteuer. Ich weiß nicht, wie sie auf den Gedanken kamen, dass ich die Summe, die sie in den Raum gestellt hatten, so einfach aus dem Ärmel hätte schütteln können. Auf die Gefahr hin, dass man mich für wortbrüchig halten würde, meldete ich mich nicht mehr. Ich wusste nicht, was ich ihnen hätte sagen sollen.

In der Zeit, als wir mit den Dreharbeiten des Graziano-Films anfingen, lief es mit mir und Jackie gar nicht gut. Hinzu kam, dass ich eine Menge trank.

Was eigentlich erstaunlich war, denn die Arbeit an Graziano war wirklich schwierig. Es war so schon ein harter Job, und die letzten acht oder neun Tage der Dreharbeiten waren für den Dreh der spannenden Kampfszenen in einem Boxring vorgesehen. Graziano war dreimal gegen Tony Zale im Kampf um den Weltmeistertitel angetreten, hatte aber nur den letzten davon gewonnen. Laut unserem Drehbuch sollte vor allem dieser Kampf ausführlich gezeigt werden. Wenn die Kamera nicht lief, rief unser Stuntman mir und dem echten Tony Zale, der sich selbst spielte, Anweisungen zu. Das Problem war nur, dass Zale sich beim Nachspielen der Szenen so sehr über diesen verlorenen Kampf ärgerte, dass er ihn nicht vortäuschen konnte, nicht nur so tun konnte als ob. Ich kassierte einen furchtbar harten Treffer, brach mir einen Handknochen und ging sogar zu Boden. Wir mussten vier bis fünf Tage Drehpause einlegen. Dann bastelte mir die Crew irgendein Ding aus Plastik, das über meine Handknöchel gezogen und mit Klebeband an meinem Unterarm befestigt wurde, um die Erschütterungen abzufedern.

Nach diesem Unfall wurde Zale in den Szenen, in denen ich gegen ihn »kämpfe«, von unserem Stuntman gedoubelt. Schon nach dem ersten Tag waren wir beide fix und fertig. Ich sagte meinem Agenten, dass ich mir gar nicht vorstellen konnte, wie wir das noch vier oder fünf weitere Tage durchhalten sollten.

»Schon mal was von Miltown gehört?«, fragte er mich. »Nimm eine davon und gib dem Stuntman auch eine, etwa eine Stunde oder eine halbe Stunde, bevor die Kamera läuft, dann nehmt ihr alle vier Stunden wieder eine. Das taten wir, und auf einmal spürten der Stuntman und ich die Schläge im Ring überhaupt nicht mehr. »Na los, schlag doch mal richtig zu, fester, na los!« Von da an hatten wir beide richtig Spaß, bis wir mit den Dreharbeiten fertig waren.

Als der Graziano-Film ungefähr ein Jahr später in die Kinos kam, geriet ich in eine ganze andere Art von Auseinandersetzung. Mein Freund Jim Martin aus Ohio war zu Besuch gekommen, und ich wollte ihn und seine Frau zum Essen einladen, wohin wir mit meinem nagelneuen Volkswagen fuhren. Den Volkswagenhändler kannte ich durch einen Freund des Saxophonisten und Entertainers Rudy Vallée, der mir auch ein Restaurant empfohlen hatte, das nicht allzu weit von unserem gemieteten Haus in Fresh Meadows entfernt lag.

Das auf Meeresfrüchte spezialisierte Restaurant lag in einer sehr ruhigen, engen Straße, in der die Gäste mit zwei Reifen auf den Bordstein fuhren und ihre Autos so parkten. Genauso machte ich es auch, und das war auch gar nicht ungewöhnlich. Als wir nach Mitternacht aus dem Restaurant kamen, sagte ich zu Jim, dass ich vielleicht doch ein paar Bier zu viel getrunken hatte. »Willst du nicht lieber fahren?« – und dann warf ich ihm die Autoschlüssel zu. Jim setzte sich ans Steuer des VW, legte aber anstatt des Rückwärtsgangs den ersten Gang ein und touchierte einen Hydranten. Und wenn ich sage, *touchierte*, meine ich es auch so – die Stoßstange hatte nicht mal einen Kratzer und der Hydrant auch nicht. Nur zur Information: Damals hatte so ein VW ungefähr vierzehn PS und eine Höchstgeschwindigkeit von vielleicht sechzig Meilen pro Stunde.

Als ich merkte, dass Jim mit dem Auto nicht so richtig zurechtkam, nahm ich ihm die Schlüssel wieder ab und setzte mich selbst ans Steuer, um nach Hause zu fahren. Eigentlich hatte ich das Gefühl, ich würde ganz langsam fahren, bis ich hinter uns auf einmal eine Sirene hörte. Zu welchem Fahrzeug sie gehörte, konnte ich nicht erkennen, aber um den Verkehr nicht aufzuhalten, fuhr ich rechts ran und übersah dabei offenbar eine rote Ampel. Woraufhin der Streifenwagen neben meinem Auto hielt und ich zu hören bekam, ich sei nicht nur über eine rote Ampel, sondern auch gegen einen Hydranten gefahren.

Ich überredete die Polizisten, mit uns zu dem Restaurant zurückzufahren und den Hydranten auf der Höhe meiner Stoßstange in Augenschein zu nehmen. Und auf dieser Höhe war nicht ein einziger Kratzer.

»Was wollt ihr denn dann noch von mir, Leute?«, fragte ich die Cops.

»Sie kommen jetzt erst mal mit«, antwortete einer der beiden.

»Aufgrund welchen Vergehens?«

Und in dem Moment muss ich wohl in Richtung der Cops zu weit ausgeholt haben. Jedenfalls ist das Nächste, woran ich mich erinnere, dass die Cops mich in Gewahrsam nahmen, zum Amtsgericht in Mineola brachten und erst mal in den Knast steckten.

Die Cops lieferten eine großartige Vorstellung. Das war doch alles abgekartet. Sie wussten, wenn sie mich verhafteten, würde es ganz schön Wirbel darum geben. Zu dem Zeitpunkt war ich schon so oft im Fernsehen zu sehen, dass auch die Cops mich erkannt hatten. Passenderweise hieß einer der beiden mit Vornamen auch noch Rocky – daraus konnte man doch eine tolle Story machen. Außerdem wussten sie etwas, was ich nicht wusste: dass das Amtsgericht am nächsten Morgen umringt sein würde von Zeitungsfotografen, weil ein Fall von Entführung verhandelt wurde und die Verhandlung am nächsten Tag fortgesetzt werden sollte. Natürlich waren in den Tagen darauf Fotos von mir in den Zeitungen, auf denen ich aussah wie ein Krimineller, der ins Gefängnis abgeführt wird. Nicht dass ich versucht hätte abzuhauen. Ich war vielleicht etwas unwillig, und möglicherweise war mein Benehmen ein wenig rüpelhaft – und auch wenn ich nicht weiß, ob man mir da zustimmen würde, aber eigentlich hatte ich das Herz doch am rechten Fleck.

Am nächsten Tag wurde ich dem Richter vorgeführt, und es wurde Klage wegen Fahrens unter Alkoholeinfluss erhoben. Der Richter wollte meinen Führerschein sehen, warf einen Blick darauf und gab ihn mir sofort wieder zurück.

»Klage abgelehnt«, ordnete er an. Und abgesehen von der schlechten Publicity – und obwohl der Cop namens Rocky noch eine Menge Aufmerksamkeit von den Boulevardzeitungen bekam – war die Angelegenheit damit erledigt.

ALAN WRIGHT WAR EINER VON PAULS ENGSTEN FREUNDEN AM COLLEGE UND SPÄTER AUCH IN CLEVELAND; ER WAR AUCH ZU GAST BEI PAULS UND JACKIES HOCHZEIT SOWIE SCOTT NEWMANS TAUFE.

Ich glaube, Jackie war schon ziemlich ehrgeizig, aber sie hatte noch nicht genug Weitblick, um zu erkennen, dass der gut aussehende junge Schauspieler, den sie geheiratet hatte, das Zeug und die Energie zum ganz großen Erfolg hatte – und sie sich entweder damit arrangieren und die Rolle der Ehefrau und Mutter übernehmen musste, anstatt im Rampenlicht zu stehen, oder eben nicht. Paul erzählte mir einmal, dass sie eine Menge Tanzkurse belegt hatte, aber ich fand eher, dass ihr Talent nur bis zu einem Provinztheater gereicht hätte. Sie erzählte immer gern von ihrer Erfahrung am Woodstock-Theater.

Einmal fuhr ich mit einem weiteren Freund von uns, Jim Rice, nach New York, um Paul zu besuchen. Da wohnten sie auf Staten Island, und Paul bereitete auf dem kleinen Grill, den sie auf dem Betonboden der Terrasse stehen hatten, das Essen für uns zu. Ich merkte, dass es Spannungen zwischen den beiden gab, und Jackie wirkte frustriert von ihrem eigenen Leben. An dem Abend fuhren wir mit Paul zum Broadway und sahen ihn in *Picnic*. Bei dieser Vorstellung kam die Zweitbesetzung Joanne Woodward in einer der Hauptrollen zum Einsatz, die sonst von Janice Rule gespielt wurde. Anschließend ging Paul mit uns in ein Lokal, wo er gern hinging und das die ganze Nacht geöffnet hatte. Es waren noch ein paar andere Schauspieler aus dem Ensemble dabei, auch Joanne.

Wir kippten uns richtig einen hinter die Binde. Aber Joanne war sehr zurückhaltend. Sie erzählte mir, dass sie aus

Georgia kam, aber eigentlich interessierte sie sich nicht sonderlich für uns zwei Typen aus Cleveland, die alte Freunde von Paul waren. Die Art, wie Paul und sie zusammen dasaßen, hatte irgendwie etwas Intimes, aber ich dachte, diese Vertrautheit kommt daher, dass sie oft zusammen auf der Bühne stehen. In dem Lokal stand eine große Jukebox, und soweit ich mich erinnere, tanzten Paul und Joanne ein- oder zweimal miteinander.

Eigentlich unterhielten wir uns weniger mit Paul, sondern eher mit beiden. Man konnte fast den Eindruck haben, sie wären verheiratet.

Wie es aussah, erfüllte Joanne viele der Bedürfnisse, die Paul in Bezug auf Gemeinschaft und berufliche Gespräche hatte, auch als Freundin. Er hatte Spaß mit Joanne; er war gern mit ihr zusammen. Sie harmonierten gut miteinander. Es war, als hätte man das Licht eingeschaltet.

Dass eine große Liebesgeschichte im Gange war und seine Ehe den Bach runterging, wusste ich an dem Abend noch nicht. Aber ich merkte, dass Paul und Joanne ganz verrückt nacheinander waren. Sie versuchten nicht, es zu verbergen, aber auch nicht, es zur Schau zu stellen. Es war einfach ganz normal.

Wahrscheinlich muss man sich fragen, wie Jackie und ich trotz des desolaten Zustands unserer Ehe noch ein drittes Kind in die Welt setzen konnten.

Stephanie Newman wurde wohl gezeugt, weil wir versuchten, etwas wieder zusammenzufügen, was nicht mehr zusammenzufügen war. Ich hatte immer das Gefühl, dass manches einfach passiert, ohne dass man Einfluss darauf hat.

Soweit man imstande oder in der Lage ist, den Ablauf der Ereignisse zu ändern, muss man sich der Verantwortung stellen, aber ich weiß nicht, wie man das jemals erkennen sollte. Wenn ich als Schauspieler gescheitert wäre und es meinen Kindern damit leichter gemacht hätte zu glauben, dass sie mehr erreichen konnten als ich, was hätte das bewirkt? Es geht ja immer nur darum, was es bewirkt hätte, *wenn* Jackie und ich um jeden Preis aneinander festgehalten hätten. *Wenn* ich nicht ständig auf dem Sprung gewesen wäre, was hätte es bewirkt? *Wenn* ich nicht in einer Branche gewesen wäre, in der man immer wieder weit entfernt von zu Hause sein musste, was hätte es bewirkt?

Irgendwo in all dem liegt auch das Unvorhersehbare, was das Menschsein ausmacht.

Bald kam der Zeitpunkt, an dem meine Familie offiziell getrennt lebte – Jackie, ich und unsere drei Kinder lebten nicht mehr unter einem Dach. Ich war noch nicht geschieden, aber es war öffentlich bekannt, dass Jackie und ich uns getrennt hatten. Und nach langen Verhandlungen erklärte sich Jackie mit einer Vereinbarung einverstanden. Im ersten Jahr wurde ihr, glaube ich, ein festes Einkommen garantiert, ungefähr 200 000 Dollar. In dem Jahr verdiente ich 225 000 Dollar, also blieben mir davon nur 25 000 Dollar. Hätte ich zu viel getrunken oder drei bis vier schlechte Filme nacheinander gemacht, wäre es für mich ganz schön knapp geworden.

Von New York aus flog ich allein nach Mexico City, um die rechtmäßige Scheidungsurkunde zu bekommen. Ich war vorher noch nie in Mexiko gewesen und konnte auch überhaupt kein Spanisch. Ich kam abends dort an, und das Erste, was mir auffiel, war, dass alle fuhren wie die Irren, die Autos nicht sonderlich stabil wirkten und niemand auf rote Ampeln oder Stoppschilder achtete. Meine Anwälte in L. A. hatten noch für denselben Abend einen Termin bei einem dortigen Anwalt vereinbart, dessen schäbiges Büro kaum größer war als ein Kleiderschrank, der aber seinen Stempel auf den spanischsprachigen Papierkram setzen musste. Ich war fast die ganze Nacht auf den Beinen, um diesen gottverdammten Anwalt aufzuspüren.

Der Plan war, dass ich, nachdem ich in Mexiko alles erledigt hatte, nach Las Vegas kommen würde, wo Joanne auf mich wartete und wir im El Rancho Hotel heiraten wollten. Alles war arrangiert, aber noch hielt ich die offizielle Scheidungsurkunde nicht in den Händen. Obwohl ich mich am nächsten Tag mit dem Anwalt traf, bin ich ehrlich gesagt immer noch nicht ganz sicher, ob Joannes und meine Ehe überhaupt rechtskräftig ist. Wer weiß, vielleicht wird sie irgendwann für ungültig erklärt.

Jemand, der im Leben, in Beziehungen, wankelmütig ist, emp-

DIE NEWMAN-WOODWARD-HOCHZEITSFEIER 1958. VON LINKS NACH RECHTS: ROBERT CARTER, ELINOR WOODWARD-CARTER, JOANNE, PAUL, TERESA NEWMAN, ARTHUR NEWMAN JR., FRANCES WOODWARD, WADE WOODWARD

findet das gar nicht unbedingt als Manko, sondern betrachtet sich vielmehr als so flexibel, dass er in der Lage ist, bei etwas Fraglichem immer beide Seiten zu sehen.

War es für andere schmerzhaft? Ich habe nie etwas aus der Sicht anderer betrachtet. Ich konnte mir gar nicht vorstellen, wie all das aus Scotts, aus Susans oder aus Stephanies Perspektive war. Ich konnte es nur aus meiner eigenen Perspektive betrachten, und die lautete: »Mein Gott, seht euch diese Eltern an, die ihre Kinder einfach im Stich lassen. Seht sie euch bloß mal an.« Ich sah mich selbst irgendwo in der Mitte. Ein bisschen schlecht, ein bisschen gut – und ich sorgte für ihren Lebensunterhalt.

Aber mein Verhalten war einfach stillos.

Ich nahm die Kinder nicht beiseite und tröstete sie, indem ich ihnen alles erklärte, jedenfalls nicht so, dass sie es verstanden hätten. Nicht weil ich es nicht wollte, sondern weil ich gar nicht auf den Gedanken kam, dass es nötig gewesen wäre.

Man kann sich nicht einfach sagen »Oh, das muss ich jetzt aber verstehen«, wenn man sein ganzes Leben lang nichts verstanden hat.

Wenn man immer alles dem Zufall überlässt, bleibt einem irgendwann nichts anderes mehr übrig, als auf das Glück zu vertrauen.

Joanne war in dieser Hinsicht auch keine Hilfe. Sie war ja noch genauso unreif wie ich. Verwaiste Kinder brauchen lange, um erwachsen zu werden. Das galt zumindest für uns beide.

JANICE RULE GEHÖRTE ZUM ERSTEN ENSEMBLE VON WILLIAM INGES *PICNIC*.

Ich weiß gar nicht, ob mir das mit Paul und Joanne überhaupt klar war. Für mich war Joanne ein hübsches junges Mädchen, das ich auf Partys mit verschiedenen Männern gesehen hatte.

Mir fielen eher Paul und Jackie auf. Sie kamen mir immer vor wie das perfekte Vorstadtehepaar. Vielleicht hatten wir da nur Zuckerschlecken und heile Welt vor Augen, aber ich habe Paul und Jackie immer noch lebhaft als Familie vor Augen.

Aber eigentlich war ich auch keine gute Beobachterin.

JOANNE WOODWARD

Ich war voller Bewunderung und Ehrfurcht für Janice Rule. Als Zweitbesetzung fühlte ich mich unsichtbar, und kaum jemand sprach überhaupt mit mir. Ich erinnere mich noch an einen furchtbaren Abend, als wir außerhalb der Stadt eine Vorabvorstellung von *Picnic* hatten; anschließend gab es eine Party für das ganze Ensemble, bis auf die Zweitbesetzungen – Tony Eisley, Moe Miller und mich.

KARL MALDEN WAR MITGLIED IM ACTORS STUDIO UND TRAT ZUSAMMEN MIT PAUL IN DER BÜHNENADAPTION VON *AN EINEM TAG WIE JEDER ANDERE* AM BROADWAY AUF.

Als das Casting für *Die Faust im Nacken* begann, wollte Marlon (Brando, Anm. der Redaktion) erst mal lange Zeit keine Zusage machen. Es war in der McCarthy-Ära, und Marlon hielt unseren Regisseur Elia Kazan für einen Verräter. Er wollte nicht mit jemandem zusammenarbeiten, der Namen genannt hatte.

Marlon und ich kannten uns gut durch die Arbeit an *Endstation Sehnsucht*, deshalb wandten sich die Leute vom Studio an mich, damit ich ihn überzeugte, seine Meinung über Kazan zu ändern. Ich sagte zu ihm: »Marlon, du willst dir ein Urteil darüber anmaßen, wer sich richtig oder falsch verhalten hat ..., aber du solltest nicht Gott spielen, denn das wird dir irgendwann auf die Füße fallen.« Aber er blieb hartnäckig dabei, dass er den Film nicht machen wollte.

Also rief Kazan mich an und sagte, dass er jemand anderen finden musste.

»Kannst du mir einen Gefallen tun?«, fragte er. »Ich glaube, Paul Newman könnte den Jungen gut spielen.«

Ich stimmte Kazan zu. Newman hatte die Figur eines Boxers und war ziemlich athletisch.

Kazan fuhr fort: »Ich werde ihm sagen, er soll eine Szene auswählen und sich ein Mädchen aussuchen, das er als Filmpartnerin haben will. Du probst eine Woche lang mit ihm, und dann holen wir den Produzenten Sam Spiegel dazu, damit er ihn sich ansieht.«

Ich sagte meine Hilfe zu.

Joanne Woodward war das Mädchen, das Newman sich als Filmpartnerin aussuchte.

Sie wählten die Parkbank-Szene, und wir probten eine Woche lang. Es lief wunderbar. Da fiel mir zum ersten Mal auf, dass die beiden etwas miteinander hatten. Ich hätte nicht genau sagen können, woran ich es merkte, aber ich glaube es lag daran, dass sie immer zusammen zu den Proben kamen und hinterher auch zusammen wieder verschwanden.

Joanne hatte so etwas Unschuldiges, und sie war verdammt gut. Aber ich konzentrierte mich auf Paul, denn er war derjenige, den wir dem Publikum gut verkaufen mussten.

Wir improvisierten ein bisschen, und ich gab ihm keinerlei Anweisungen, außer ihn auf Joanne anzusetzen, auf etwas vulgäre Art, denn darum ging es in der Szene – wird er mit ihr in die Büsche gehen und sie rumkriegen oder nicht? Eigentlich würde sie gern, aber sie weiß nicht so recht, und er ist eben, wie er ist, immer zu allem bereit, jederzeit! Wie er da heranging, wollte ich ihm überlassen.

Paul war so begeistert, dass er kaum noch stillstehen konnte. »Lass mich mal machen! Lass mich mal etwas probieren«, sagte er, und je mehr er ausprobierte, desto mehr heizte es ihn an. Alle möglichen Sexszenen. Heute Nacht ist die Gelegenheit, denn morgen wird sie nicht mehr da sein.

Ich dachte: »Himmel, das ist großartig, wie er sich da reinsteigern kann.« Er entwickelte eine geradezu kindliche Begeisterung, eine Emotionalität, die ganz von innen kommt. Er ging total aus sich heraus.

So habe ich Paul in jungen Jahren erlebt. Ich war nicht der Regisseur, ich half nur einem Freund, aber Paul akzeptierte mich als seinen Regisseur. Er akzeptierte mich als jemanden, der ihm helfen konnte. Und ich muss zugeben, das gefiel mir. Newman hätte einfach sagen können: »Wer zur Hölle ist Karl Malden? Er ist nicht Kazan – Kazan soll das selbst übernehmen!« Aber nein. Und was mich daran so beeindruckte, war, dass er sich vollkommen dem auslieferte, was ich ihm sagte.

Nachdem wir etwa fünf Tage so gearbeitet hatten, kam Sam Spiegel und sah sich das Ganze an. Er sagte »Gut, alles klar« und ging wieder.

Ein paar Tage später gab Marlon doch noch seine Zusage für die Rolle.

ELIA KAZAN FÜHRTE REGIE BEI *DIE FAUST IM NACKEN* (MIT MARLON BRANDO) UND BEI *SÜSSER VOGEL JUGEND* (MIT PAUL NEWMAN). DER FOLGENDE ABSATZ IST EIN AUSZUG AUS EINEM BRIEF, DEN KAZAN AN BUDD SCHULBERG SCHRIEB, DEN DREHBUCHAUTOR VON *DIE FAUST IM NACKEN*.

Wenn wir Brando nicht kriegen, bin ich für Paul Newman. Der Junge wird definitiv ein Filmstar. Daran habe ich keinerlei Zweifel. Er sieht genauso gut aus wie Brando, und seine Maskulinität, die stark zum Ausdruck kommt, ist außerdem zeitgemäßer. Als Schauspieler ist er noch nicht ganz so gut wie Brando, wird er wahrscheinlich auch nie. Er ist ein verflucht guter Schauspieler mit reichlich Ausdruckskraft, reichlich Tiefgang und reichlich Sexappeal.

VIII

Popularität besteht aus mehreren Faktoren. Einerseits bringt sie diesen aufdringlichen Aspekt mit sich, der das Privatleben beeinträchtigt – alles, was von Zeitungen wie der *New York Post* und der Regenbogenpresse angeleiert wird. Da kommen dann diese Leute, die vor dem Theater stehen und Aufmerksamkeit fordern, obwohl man ihnen gar keine Aufmerksamkeit schenken will. Das sind die Leute, die einen überallhin verfolgen, bis in die Bibliothek oder in die Lobby des Apartmenthauses, Typen mit Blitzlichtern, all diese Leute, die einfach unverschämt sind.

Manche Leute glauben auch, dass sie mit der Kinokarte für einen Film, in dem man mitgespielt hat, auch Anteile an einem selbst erworben haben. Sie sehen gar nicht ein, warum sie einem nicht einfach an der Hintertür auflauern können, um dann zu sagen: »Besorg mir doch auch einen Job!« Oder: »Du bist doch groß rausgekommen, und ich bin noch eine kleine Nummer, kannst du mir nicht dabei helfen, auch so groß rauszukommen?« Solche Leute beschäftigen sich mit nichts anderem als mit den blauen Augen und anderen Äußerlichkeiten. Das sind die Seiten der Popularität, die ich als unangenehm und als permanente Belästigung empfinde.

Aber Popularität hat auch noch einen anderen Aspekt, und der ist ungeheuer wichtig, denn sie verschafft einem genau die Art von Macht, die man auf andere Bereiche übertragen kann und mit der man die nötige Hebelwirkung erzeugt, um Projekte umzusetzen, die man verwirklichen will. Und wenn die Popularitätskurve sinkt, dann sinkt auch die eigene Durchsetzungskraft und man hat nicht mehr genug Einfluss, um die Art von Filmen zu machen, bei denen man gern dabei ist.

Die eine Seite meiner Popularität würde ich nur zu gern loswerden, aber wenn man diese Hälfte loswird, muss man auch auf die andere Seite verzichten.

LUCILLE NEWMAN

Mein eigener Arzt, mit dem ich sehr gut bekannt war, kümmerte sich um Tress, als es mit ihr zu Ende ging, und er half uns auch dabei, Paul ins Krankenhaus zu schmuggeln. Ich sagte zu meinem Arzt: »Das ist doch lächerlich in diesem Land. Der Mann macht hat doch einfach nur einen Beruf, den er gern macht. Warum wird er ständig belästigt? Warum kann er nicht ein ganz normales Leben führen? In anderen Ländern gibt es so etwas doch nicht.« Darauf sagte der Arzt: »Lucille, ich war letztens in Spanien, und da habe ich ein fünf oder sechs Stockwerke hohes Gebäude mit einem Bild von ihm an der Seitenwand gesehen. Das ist nicht nur in diesem Land so.«

Ein Lächeln für die Kamera ist ein Lächeln, das nicht von innen kommt, sondern auf Kommando, ohne dass echte Freude dahintersteckt. Zum Beispiel, als Joanne und ich in Cannes waren und über diesen fünf Meter breiten roten Teppich all diese Treppenfluchten hinaufgingen und Musik aus *Star Wars* oder sonst irgendwas mit so viel Dezibel lief, dass einem fast das Trommelfell platzte … also, dann kann man sich ungefähr vorstellen, wie sich die Könige von England bei der Krönungszeremonie vorgekommen sein müssen. Und dann denkt man sich: »Eigentlich müssten sie doch jeden Tag mindestens einmal so ein Tamtam um mich machen, Spalier stehen, die Trompeten rausholen, Kameras ausrichten, applaudieren und Musik spielen«, einfach bloß, um das Selbstbewusstsein zu stärken. Auf dem Weg vom Badezimmer zum Frühstück, jeden Morgen, wenn man aus der Dusche kommt, könnte man den Tag doch mit diesen verdammten Fanfahren und Blitzlichtgewittern beginnen. Der Widerspruch liegt darin, dass es gleichzeitig ein Traum und ein Albtraum ist.

Als Joanne und ich nach Paris flogen, um einige Szenen von *Mr. & Mrs. Bridge* zu drehen, standen die Reporter schon am Flughafen, und Joanne sagte zu mir: »Spiel einfach mit. Posier ein bisschen für sie, und dann werden sie uns in Ruhe lassen.« Also spielt man mit, steht da und lächelt ein bis zwei Minuten lang, nimmt seine Frau am Arm usw. und dann sagt man den Reportern: »Bis zum nächsten Mal, auf Wiedersehen.« Dann geht man zum Wagen, und ungefähr zwei Drittel von ihnen laufen hinterher und machen genau das, was man eigentlich vermeiden wollte. Sie respektieren gar nichts und fahren einem sogar noch hinterher.

Wir kommen am Ritz an, und dieselben Reporter sind auch da. Was hat das Posieren am Flughafen denn gebracht? Jetzt bin ich so sauer, dass ich ins Büro das Hotelmanagers stürme und sage: »Sie müssen eine Möglichkeit finden, wie wir unbehelligt hier rein- und rauskommen. Am besten einen Hintereingang, den wir morgens nehmen können.« Wenn ich nämlich erst mal ein Stück weit weg bin vom Ritz, kann ich mir eine Baseballkappe aufsetzen, und dann erkennt mich keiner, und dann können Joanne und ich hingehen, wo auch immer wir hinwollen. Mittlerweile bin so in Rage, dass ich gegenüber dem Angestellten des Ritz ausfallend werde: »Sie halten uns verflucht nochmal diese Scheißtypen vom Hals!«

Man zeigte uns dann einen alten Lastenaufzug mit einem langen Fenster, durch das man aussteigen konnte und zum Hinterausgang des Hotels kam. Das war uns recht. Also machten Joanne und ich uns am nächsten Morgen direkt nach dem Aufstehen bereit für die Flucht, aber dann stellten wir fest, dass vor dem Eingang des Hotels kein einziger Reporter in Sicht war. Nach meinem furchtbaren Wutanfall kam ich mir da natürlich vor wie ein Fiesling.

Etwas, das ich an Brando schon immer interessant fand, war, dass er sich in der Welt der Schauspieler eine Haltung zugelegte, die in keiner Weise die Hierarchie der Hollywood-Studios berücksichtigte. Die Bosse, die Klatschkolumnisten, die Publicity-Leute. Er war der Erste, der das Spielchen nicht mitmachte, das alle anderen für eine Notwendigkeit hielten – die Interviews, jemandem in den Hintern zu kriechen, diese ganze »Filmetikette«. Marlon vertrat den Standpunkt, dass diese Regeln für ihn nicht galten, dass sie unsinnig und dämlich waren. Damit wurde er zum Vorreiter einer ganzen Parade von Schauspielern, die ebenso dachten.

MICHAEL BROCKMAN WAR EIN ENGER FREUND VON PAUL. ER WAR EIN HOCH ANGESEHENER RENNFAHRER, SPÄTER AUCH SCHAUSPIELER UND STUNTMAN.

Einmal, als wir zusammen essen gingen – Paul, der Rennfahrer Bob Sharp und das Rennteam, zusammen waren wir wohl so ungefähr sechzehn Leute, die alle um den Tisch herum saßen und richtig Spaß hatten –, da beugt sich eine Dame zu Paul herunter, dreht seinen Kopf zu sich und will ihn auf den Mund küssen. Er stand auf, um sie wegzuschubsen, aber dann riss er sich zusammen und setzte sich wieder. »Himmel nochmal! Was würdet *ihr* denn da machen?«, sagte er. Es war, als hätte man die Luft aus einem Ballon gelassen. Für ihn war der Abend gelaufen.

Man arbeitet hart daran, sein Handwerk zu beherrschen, und erreicht mühsam den Punkt, an dem man allmählich das Gefühl hat, dass man ganz gut darin ist – und dass es nicht nur um das Aussehen geht –, und dann kommt jemand an und sagt: »O mein Gott, nehmen Sie doch mal die Sonnenbrille ab, damit ich ihre himmelblauen Augen sehen kann!« Dann geht all die Selbstachtung, die man sich erarbeitet hat, sogleich wieder flöten. Wenn ich zu irgendwelchen Leuten gehen und sagen würde: »Zeigen Sie mir doch mal Ihre Unterwäsche«, würde man das als echte Beleidung empfinden.

Die Sonnenbrille trage ich auch nicht *nur*, weil ich mich dahinter verstecken will – das Ganze ist deutlich komplizierter. Meine Augen vertragen kein helles Licht, und je öfter ich die Sonnenbrille trage, desto empfindlicher werden sie. Dabei kommen einige Gründe zusammen, zum Teil wird wohl auch Budweiser dazu beigetragen haben, aber sie haben in meiner Anfangszeit als Schauspieler schon Schaden genommen. Die damals langsamere Bildabfolge der Filmrollen machte es erforderlich, dass man als Schauspieler den Blick oft lange auf ein Bogenlicht richtete. Bevor die Kameras liefen, mussten wir uns immer Eisbeutel auf die Augen legen und Augentropfen nehmen, die die Augen reizten, damit sie mehr leuchteten und das Weiße noch weißer aussah. Das sollte man nicht ständig machen, besonders wenn man eine helle Augenfarbe hat.

Ich weiß auch, dass manche Leute es mir verübeln, wenn ich ihnen keine Autogramme gebe und nicht mit ihnen für Fotos posiere – oder außer einem Nein keine Standardantwort parat habe. Aber muss man denn auf alle möglichen dummen Fragen immer eine passende Antwort haben, die man dann bei jeder Gelegenheit wiederholt? Kann man nach dem vierten oder fünften Mal nicht auch einfach mal die Geduld verlieren?

Vielleicht würde es mir das Leben leichter machen, einfach nachzugeben, wenn mich jemand auf der Straße anspricht und fragt: »Ach, kann ich ein Foto mit Ihnen machen?« Aber das würde wahrscheinlich direkt noch zwölf Leute mehr anlocken, und das würde wiederum noch mehr Leute anlocken, und dann steht man da, gibt Autogramme und fragt aus lauter Höflichkeit, ob sie für ihre Mütter und Väter auch noch eins wollen. Wenn mir das nichts ausmachen würde, wäre das ja wunderbar, und dann ginge es mir anschließend bestimmt besser.

Ich wünschte, ich könnte das so einfach, aber ich kann es nicht. Aber ich wünschte auch, ich könnte Skifahren. Und ich wünschte, ich könnte besser Tennis spielen. Ich wünschte, ich könnte so einiges, aber deshalb bin ich ja kein schlechter Mensch.

JAMES GOLDSTONE FÜHRTE REGIE BEI *INDIANAPOLIS* MIT PAUL UND JOANNE.

An einem Samstagabend gingen Paul, Joanne und ich in ein »geheimes« Restaurant in der Nähe von Westport. Wir bekamen einen Tisch in einer Ecke, aber eine ältere Frau am Tisch daneben erkannte Paul und Joanne – wie wahrscheinlich jeder in dem Restaurant. Plötzlich zieht diese Frau ihren Stuhl an unseren Tisch, stellt ihn zwischen die Newmans und setzt sich.

Paul sah sie an und lieferte einen Auftritt wie bei einer seiner großartigen Filmszenen. Er starrte sie ewig lange einfach nur an. Und dann sagte er: »Meine Dame, Sie sind verdammt nochmal die unverschämteste Person, die mir verdammt nochmal auf dieser Welt jemals begegnet ist. Ich sitze hier mit meiner Frau und meinem Freund, und Sie kommen mit ihrem Stuhl hier an und setzen sich zwischen meine Frau und mich? Wie kommen Sie verdammt nochmal darauf, dass Sie das Recht dazu haben?«

Die Frau trat sofort den Rückzug an.

STEWART STERN

Wenn wir zusammen die Straße entlanggingen, sagte ich oft zu Paul, wie schade ich es finde, dass er nicht sieht, wie die Leute ihn ansehen. Spätestens nach zwei Blocks strahle ich nur noch, weil ich immer lächeln muss, wenn ich die Freude in den Gesichtern der Leute sehe, wenn sie ihn erkennen. Und Paul bekommt so etwas gar nicht mit, weil er die Leute nicht ansieht.

Als ich Paul 1954 kennenlernte, war ihm gar nicht bewusst, dass er in der Öffentlichkeit stand. Manche Leute verwechselten ihn immer noch mit Marlon Brando und wollten ein Autogramm – von Brando (was er ihnen manchmal sogar gab!). Damals war er zwar noch zurückhaltender, aber auch mitteilsamer, weniger kurz angebunden.

Mit den Jahren drückte Paul sich immer kryptischer aus. In Gesprächen hat er sich von einem Rubens zu einem Giacometti gewandelt, zu einem Destillat aus möglichst wenigen Worten. Er klingt wie ein Glückskeks, und manchmal fängt er mit etwas an und hört auch damit auf, weil er sich zwischendurch unterbricht und etwas für sich behält. Sogar beim Sprechen verschanzt er sich in seiner Privatsphäre.

Hier zwei Beispiele, die verdeutlichen, was ich meine. Ich hatte Jimmy Carter 1976 massiv im Wahlkampf unterstützt, und in seiner Anfangszeit als Präsident wurde ich als einer der Delegierten der USA in die Abrüstungskonferenz der UNO berufen.

Eines Nachmittags war ich mit einigen Bekannten aus dem Nationalen Sicherheitsrat zu Besuch im Weißen Haus. In einem der Gänge lief ich buchstäblich dem Präsidenten über den Weg.

PAUL 1978 BEI DER ABRÜSTUNGSKONFERENZ ZU ATOMWAFFEN DER VEREINTEN NATIONEN

»Wollen Sie mit raufkommen ins Oval Office?«, fragte Carter. Ich ging mit ihm hinauf, und da fühlte ich mich dann ehrlich gesagt ziemlich unbehaglich. In der Gegenwart von Menschen, die Macht haben, fühle ich mich nie besonders wohl, das war schon immer so. Aber als ich den Präsidenten fragen wollte, warum er kürzlich beschlossen hatte, sich mit dem Thema Abrüstung nicht an die UNO selbst zu wenden, und immer wieder versuchte, das Thema anzusprechen, wollte der Präsident von mir nur wissen, wie Filme gemacht werden.

Vorausblende ins Jahr 1982: Zu dem Zeitpunkt fuhr ich schon regelmäßig Autorennen, und ich war froh, dass es eine ganz andere Welt war als das Filmbusiness und Hollywood.

Ich war zu einem Trans-Am-Rennen auf der Rennstrecke in Brainerd, Minnesota, geflogen, und es war mein erster professioneller Wettkampf. Damals war es noch ungewöhnlich, dass man als Filmschauspieler auch Autorennen fuhr, also war zu erwarten, dass überall Fotografen rumlaufen würden. Als wir dann unsere Startpositionen eingenommen hatten, verscheuchten die Streckenposten alle, die noch zwischen den Autos herumliefen. Aber kurz bevor es hieß »Gentlemen, start your engines«, rannte ein Fotograf noch immer dort herum und machte weiter Fotos von mir. Mal verschwand er kurz, und dann tauchte er plötzlich wieder auf.

Ohne diese Situation zu sehr aufzubauschen, ging es immerhin um die Phase kurz vor dem Rennen, in der man alle Ablenkungen von außen ausblendet, sich darauf konzentriert, was man zu tun hat, und den Ablauf in Gedanken nochmal durchgeht: Wie man starten will, welchen Wagen man vor sich hat, wie viele PS er hat und wie man in eine vorteilhafte Position kommen kann – ihn möglichst direkt überholen oder sich erst etwas später absetzen? Das sind die Momente, in denen man als Fahrer fokussiert bleiben muss, und dann läuft da dieser Fotograf herum und hält einem die Kamera fast direkt vor die Nase, schießt ein Foto, läuft wieder weg und kommt nochmal zurück, bis er endlich verschwunden ist.

Nach dem Rennen, als ich alle Interviews hinter mir hatte und alle ihre Sachen zusammenpackten, sah ich wieder diesen Fotografen, ging zu ihm und sagte: »Ich würde Sie gern etwas fragen. Warum wollten Sie mich unbedingt so oft fotografieren, dass Sie immer wieder zurückgekommen sind und mich abgelenkt haben, mir viel zu nahe kamen und einfach alles taten, um auf sich aufmerksam zu machen?«

»Interessiert Sie das wirklich?«, fragte der Fotograf.

»Ja, das interessiert mich wirklich.«

»Okay«, sagte er. »Weil ich dachte, dass ich vielleicht das letzte Foto von Ihnen mache, solange Sie noch leben.«

PATTY NEWMAN WAR PAULS SCHWÄGERIN, DIE EHEFRAU VON ARTHUR NEWMAN JR.

Tress lag im Sterben, und wir hatten uns alle an ihrem Bett versammelt, nachdem die Intensiv-Krankenschwester, die wir eingestellt hatten, uns angerufen hatte, um uns zu sagen, dass es nun zu Ende gehen würde. Tress lag im Tiefschlaf, und die Pausen zwischen ihren Atemzügen wurden schon immer länger. Wir eilten alle zu den Seiten ihres Bettes, und kurz darauf merkten wir, dass sie gestorben war.

Joanne rief an und wollte mit Paul sprechen. Ich sagte, sie solle einen Moment in der Leitung bleiben.

»Was macht er denn?«

»Ob du es glaubst oder nicht«, sagte ich zu ihr, »er signiert ein Foto für die Krankenschwester.«

Als 1957 in der Nähe von Baton Rouge die Vorproduktion von *Der lange heiße Sommer* begann, war in Hinsicht auf meine Scheidung schon so gut wie alles geklärt. Dadurch konnten Joanne und ich uns nun auch in der Öffentlichkeit zusammen zeigen. Aber da es sicher noch ein paar Monate dauern würde, bis auch die Zeitungen von meiner Scheidung berichteten, und da die Presse – damals zumindest – einem noch nicht überallhin folgte, schafften wir es, größeren Wirbel zu vermeiden.

Es war mehr als vier Jahre her, dass Joanne und ich uns hinter den Kulissen von *Picnic* kennengelernt hatten, und dass wir nun bei *Der lange heiße Sommer* wieder zusammenarbeiten würden, bedeutete uns eine Menge. Der Film basierte auf Motiven einer Geschichte von William Faulkner; ich spielte den verwegenen Herumtreiber, der eine Arbeit bei einem reichen, mächtigen Familiendespoten (gespielt von Orson Welles) annimmt. Und es knistert so richtig zwischen dem Herumtreiber und Welles' Tochter, die von Joanne gespielt wurde. Ich weiß noch, dass darüber geschrieben wurde, es sei der erste Film, in dem ich meinen Sexappeal ausspielte – aber sollte das tatsächlich so gewesen sein, kann ich es nur darauf zurückführen, dass ich mit Joanne drehte. Vorher war es mit Sexappeal bei mir nicht weit her.

Zum ersten Mal konnten Joanne und ich uns so in der Öffentlichkeit ausleben, wie wir es uns immer gewünscht hatten, und auf die Leinwand bringen, was einigen Leuten längst aufgefallen war. Damals wurden wir durch einen Leim zusammengehalten, der uns auch unser ganzes gemeinsames Leben lang zusammenhielt. Und dieser Leim bestand daraus, dass alles möglich schien. Das Gute, das Schlechte, das Wunderbare. Mit anderen Menschen war *manches* möglich, aber nicht alles. Zwischen uns war die Aussicht auf alles von Anfang an da.

Diesen Film zu drehen war für uns eine lebhafte Zeit. Die Dreharbeiten selbst waren harte Arbeit, mit langen Drehtagen vor Ort bei heißem Wetter, denn in Louisiana war Spätsommer. Aber an den Sonntagabenden fuhren Joanne und ich nach New Orleans und schlenderten durch das French Quarter, und da waren wir richtig ungezwungen. Es gab im Überfluss Neues zu entdecken. Ich machte immer große Augen, weil ich nie weit über die Umgebung von New York, Boston oder L. A. hinausgekommen war. Joanne zeigte mir die Welt der Antiquariate und Antiquitätenläden; wir kauften uns dort sogar ein Messingbett.

Und einen Hund. An einem Sonntag spazierten wir frühmorgens durchs French Quarter und hörten hinter uns immer wieder etwas japsen. Wir drehten uns um, und da lief ein winziger Hund hinter uns her, den ein Typ an einer aus Garn geflochtenen Leine hatte. Der Hund war gerade einmal so groß wie meine Faust.

»Lieber Gott, was ist das denn für einer?«, fragten wir.

»Das ist ein Chihuahua.«

»Was für ein munterer kleiner Kerl!«, sagte ich.

»Ich züchte so welche«, sagte der Typ.

»Ist der Kleine zu verkaufen?«

Er nickte, und ich kaufte ihn für sechzig Dollar.

Der Typ gab mir den Hund und sagte: »Den können Sie sein ganzes Leben lang in die Jackentasche stecken.«

Überflüssig zu erwähnen, dass der Hund so groß wurde wie ein kleiner Truck. Wir nannten ihn El Toro.

In Wirklichkeit war El Toro eine Promenadenmischung, aber ich liebte ihn. Er war ein ziemlich frecher Hund. Eine der witzigsten, schon oft erzählten Geschichten ist die, dass er meinen ehemaligen Geschäftspartner John Foreman nie mochte. Immer wenn John bei uns zu Besuch war, verließ El Toro den Raum. Und einmal, als John seinen Hut auf dem Bett hatte liegen lassen, setzte El Toro einen Haufen hinein.

Was die Dreharbeiten außerdem unvergesslich machte, war die Anwesenheit von Orson Welles. Er war ziemlich unnahbar, und die Leute vom Actors Studio schienen ihm suspekt zu sein; außer mir waren da noch unser Regisseur Marty Ritt (mit dem ich später auch *Man nannte ihn Hombre*; *Paris Blues*; *Carrasco, der Schänder*; *Hemingways Abenteuer eines jungen Mannes* und *Der Wildeste unter Tausend* drehte) und der Schauspieler Tony Franciosa.

Orson hatte keinerlei Verständnis für Leinwand-Großzügigkeit – wenn ein Schauspieler einem anderen Schauspieler in einer

Szene verdientermaßen die besten Kameraeinstellungen überlässt. Leinwand-Großzügigkeit war für Orson Welles ein Fremdwort. Nach mehreren Nachdrehs einer Szene, die er mit mir zusammen hatte, fragte er Marty, ob er ihn mal unter vier Augen sprechen könne. Die beiden gingen ein Stück beiseite, und wie es schien, diskutierten sie über etwas sehr Wichtiges. Als sie zurückkamen, drehten wir die Szene nochmal, und anschließend fragte ich Marty, was denn los gewesen war.

»Orson dachte, du würdest ihn abtauchen lassen«, sagte er, was im Klartext heißt, dass ein Schauspieler dem anderen die Leinwandzeit stiehlt.

Dabei hatte Orson *seinen* Part in dieser Szene dermaßen in die Länge gezogen, dass ich derjenige war, der weniger Leinwandzeit hatte. Im Actors Studio hatten wir immer die Überzeugung vertreten, dass die Kamera Gemeinschaftssinn im Ensemble schaffen sollte. Als Ritt die lange Szene drehte, in der Franciosas Rolle neben der Scheune von Welles' Rolle wie verrückt nach einem nicht vorhandenen Schatz gräbt, spielte Tony diese Szene großartig; er war kraftvoll, authentisch und unberechenbar. Danach ging Orson zu Marty und sagte erschöpft: »Mein Gott, fühle ich mich alt, so als wäre ich in einem Fass Sirup Dreirad gefahren.«

Als der Film in die Kinos kam und ein großer Erfolg wurde, wurde Marty in Hollywood bekannt als »der Mann, der Orson Welles zähmte«. Ob das nun stimmte oder nicht, ich weiß nur, dass Marty mir bei den Proben eine große Hilfe war. Er brachte mich dazu, jeglichen überflüssigen Mist bei meiner Darstellung wegzulassen. Er gab einem immer eine Zeile, eine Absicht oder ein aktives Verb vor, das man im richtigen Moment einsetzen konnte.

Marty war sehr gut im Umgang mit Schauspielern, wohlwollend und einfühlsam. Er wusste, dass etwas, das bei einem Schauspieler gut funktionierte, sehr wahrscheinlich auch gut bei der Rolle funktionierte. Dann blähte er geräuschvoll die Nasenflügel auf und fragte: »Also, was hältst du davon, Junge?« Oder: »Ist das nicht witzig?« Bemerkenswert ist auch, dass Marty, der früher einer der landesbesten Football-Angreifer gewesen war und von daher eher stabil gebaut, sich so graziös bewegte wie kein anderer. Er kasperte herum, ließ sich etwas Skurriles einfallen, tanzte mit einer imaginären Dame Walzer. Er war wie der Komiker Zero Mostel – er konnte auf Zehenspitzen laufen und verursachte dabei kaum einen Windhauch.

Ich hatte gegenüber jemandem wie Marty, oder später besonders gegenüber John Huston, nur immer das Problem, dass ich dachte, ich müsste mich irgendwie so geben, dass es ihnen gefiel. Deshalb hatten meine Darbietungen immer etwas Gekünsteltes, weil sie nicht aus meinem tiefsten Inneren kamen. Und das ist heute noch so, weil ich immer noch nicht sicher bin, was mein tiefstes Inneres eigentlich ist. In Gegenwart von Menschen, die Macht haben, bin ich einfach nicht gut. Allein schon, wenn ich jetzt darüber nachdenke, kriege ich schweißnasse Hände.

MARTIN (MARTY) RITT ARBEITETE JAHRELANG ALS THEATERREGISSEUR IN NEW YORK, WEIL ER WÄHREND DER MCCARTHY-ÄRA AUF DER SCHWARZEN LISTE DES KOMITEES FÜR UNAMERIKANISCHE AKTIVITÄTEN STAND UND VON FILM UND FERNSEHEN AUSGESCHLOSSEN WAR. AB MITTE DER 1950ER-JAHRE WURDE ER FÜR FILME ENGAGIERT UND FÜHRTE REGIE IN *DER LANGE HEISSE SOMMER* MIT PAUL UND JOANNE.

Ich glaube, es gibt zwei Eigenschaften, die einen echten Star ausmachen, und keine davon hat mit Schauspielerei an sich zu tun: Gefahr und Sexappeal. Paul hat als Mann einen geradezu animalischen Sexappeal. Deshalb ist er ein Star. Wenn die Leute ihn sehen, spüren sie es, auch wenn es ihnen vielleicht gar nicht bewusst ist.

Von all den Frauen, die ich in dieser Stadt kennenlernte, ist Joanne die vollkommene, eine absolute Musterfrau. Auf der Leinwand hat sie nicht so viel Sexappeal wie Paul, aber als wir *Der lange heiße Sommer* drehten, war sie eindeutig die bessere Schauspielerin; die beiden waren nicht vergleichbar. Joanne war damals eine so gute Schauspielerin, dass es keine gab, die besser gewesen wäre.

Paul wusste das, und das spornte ihn sein Leben lang an. Er hatte immer ein schlechtes Gewissen, weil er ein großer Filmstar wurde und Joanne nie ein ganz so großer Star wurde wie er.

Nachdem *Der lange heiße Sommer* abgedreht war, heirateten Joanne und ich direkt am nächsten Tag in Vegas. Dann flogen wir auf eine kurze Hochzeitsreise nach London, und als wir zurückkamen, zogen wir in ein Haus in Beverly Hills, das wir gemietet hatten. In den kommenden zehn Jahren zogen wir einige Male um, mieteten aber immer Häuser in L. A. oder in der näheren Umgebung. Jackie war mit unseren Kindern ins San Fernando Valley gezogen, sodass ich sie, wenn ich in Kalifornien war, meistens ganz in der Nähe hatte.

Eines Abends kam ich in unser neues Zuhause zurück, das wir gerade erst gemietet hatten, und als ich die Auffahrt entlangfuhr, kam mir Joanne schon in einem farbverschmierten Kittel und mit einem Tuch um den Kopf gebunden entgegen. Ich fragte sie, was sie gerade machte, und daraufhin führte sie mich in ein kleines Zimmer abseits des großen Schlafzimmers. Als wir eingezogen waren, war es ein Abstellraum für Fahrradluftpumpen, Besen und solches Zeug gewesen, das Joanne in der Garage untergebracht hatte. Stattdessen standen in dem Zimmer nun ein Doppelbett aus dem Secondhandladen mit neuer Sealy-Matratze und daneben ein Champagnerständer samt Eiskübel in einer schrillen Farbe. Joanne war gerade dabei, das Zimmer neu zu streichen.

»Ich nenne es die Sexhütte«, verkündete sie voller Stolz.

Das Zimmer war eine großartige Idee und mit so viel Liebe und Freude gestaltet worden. Selbst wenn meine Kinder bei mir waren, konnten wir beide uns nun ein paar Mal die Woche in die Sexhütte zurückziehen und hemmungslos laut und unanständig sein.

Joanne und ich machen uns noch heute jeder auf eigene Art gegenseitig verrückt. Das schafft ein wunderbares Gleichgewicht. Eine Art Wettrüsten. Asymmetrisch, aber doch gleichwertig. Sie fuhr immer ihre landgestützten schweren Geschütze auf, und ich meine U-Boote. Alle Vergehen, Vertrauenskrisen, all diese Schwierigkeiten haben sich im Lauf der Jahre irgendwie ausgeglichen und miteinander vermischt.

Sie war immer so verletzlich und schien gar kein Ego zu haben, und dann wiederum kam doch ein gewaltiges Ego zum Vorschein. Das hatten wir beide miteinander gemeinsam. In einem Moment war sie voller Selbstwertgefühl und im nächsten vollkommen am Boden zerstört. Und wenn sich all das dann entlud, wusste ich warum und konnte ihr das nie vorwerfen, weil ich es verstand. Worum auch immer es geht, es ist wunderbar ausgeglichen.

JOANNE WOODWARD

Ich war immer erstaunt darüber, dass mich überhaupt jemand mochte. Wie konnte man denn an mir etwas finden, das man mögen konnte, wenn ich es selbst nicht fand. Das war schon immer das Problem. Wenn ich mir vorstelle, dass ich über so lange Zeit in meinem Leben immer das Gefühl hatte, ich wäre nur ein unbedeutendes Anhängsel. Es scheint so dumm, wenn man dann merkt, dass wir uns selbst in eine solche Position bringen, dass wir selbst uns das antun.

Der kommerzielle Erfolg – und die guten Kritiken – von *Der lange heiße Sommer* hatten allerdings kaum etwas damit zu tun, dass ich kurz darauf eine Rolle in einem anderen Südstaatendrama bekam, in der Verfilmung von Tennessee Williams' *Die Katze auf dem heißen Blechdach*. Don Murray, der gerade einen Erfolg mit der Verfilmung von Bill Inges *Bus Stop* gefeiert hatte, kam für die Hauptrolle in Betracht; Robert Taylor, Van Johnson und sogar Mickey Rooney waren auch im Gespräch. Dick Brooks, der Regisseur, war zwar sehr angetan von meiner Darstellung am Broadway in *An einem Tag wie jeder andere* gewesen, aber die Studiobosse von MGM hatten mich weder in diesem Stück gesehen noch in der Rolle des Rocky Graziano. Trotzdem bekam ich durch Brooks' Unterstützung die Rolle.

Die Dreharbeiten von *Die Katze auf dem heißen Blechdach* begannen eine Woche nach dem Kinostart von *Der lange heiße Sommer*. Ich spielte Brick, den trunksüchtigen Ehemann der Rolle von Elizabeth Taylor. Also war es meine Aufgabe, glaubhaft erscheinen zu lassen, dass die Figur, die ich spielte, keinen Sex mit Elizabeth haben wollte – wobei für unseren Film anders als in Tennessees Theatervorlage nicht infrage kam, Bricks Homosexualität als Grund für seine eheliche Enthaltsamkeit anzudeuten.

Aber wie das Leben spielt, ereignete sich etwa zehn Tage, nachdem wir mit den Dreharbeiten begonnen hatten, eine Tragödie, und jemand, der absolut unzulänglich war – nämlich ich – stand einer verzweifelten Frau gegenüber.

Elizabeth hatte ein paar Tage am Set gefehlt, wegen eines Virus. Und weil sie krank war, konnte sie ihren Mann, den Produzenten Mike Todd, auch nicht auf einer kurzen Reise nach New York begleiten, wo er eine Ehrung des Friar Clubs entgegennehmen sollte. Todd flog mit seinem Privatjet von Burbank aus los und verunglückte tödlich, ebenso wie ein weiterer Passagier und die beiden Piloten, als seine Lockhead Lodestar an einem stürmischen Abend über New Mexico abstürzte.

Elizabeth wurde von ihrem Arzt mit Medikamenten ruhig gestellt. Unsere Dreharbeiten waren in Schockstarre und die ganze Produktion in Gefahr. Ich beschloss, bei Elizabeth vorbeizufahren und sie zu trösten, so gut ich konnte.

Als ich dort ankam, wurde ich in ihr Boudoir geführt und hörte sie schluchzen: »Warum er? Warum jetzt?« Sie stand vollkommen unter Beruhigungsmitteln. Weil mir nichts anderes einfiel, was ich hätte sagen können, versuchte ich, ihr mit den üblichen klischeeartigen Floskeln Trost zuzusprechen, dass alles Gottes Wille war.

Elizabeth hob den Kopf, schnitt mir das Wort ab und schnauzte mich an: »Ach, halt doch den Mund. Und verschwinde, verdammt noch mal!«

Vielleicht hätte ich zu ihr »Ich habe dich sehr gern, und ich finde, du bist eine großartige Frau« sagen und eingestehen sollen, dass ich auch keine Antwort auf all die quälenden Fragen hatte, die sie sich stellte. Stattdessen zog ich den Schwanz ein und verließ, ohne noch etwas zu sagen, total verwirrt den Raum. Ich erwies mich als unzulänglich, als ich da in Elizabeths Schlafzimmer stand, aber vermutlich war mir das vorher gar nicht klar. Meine Plattitüden und mein Unbehagen in dieser Situation haben mich mein Leben lang verfolgt.

RICHARD (DICK) BROOKS WAR ACHTMAL FÜR DEN OSCAR NOMINIERT, ADAPTIERTE *DIE KATZE AUF DEM HEISSEN BLECHDACH* FÜR DIE LEINWAND UND FÜHRTE AUCH REGIE.

Nach dem Flugzeugabsturz schlug unser Produzent Larry Weingarten vor: »Sollten wir die Dreharbeiten jetzt nicht lieber unterbrechen? Elizabeth ist in so gut wie jeder Schlafzimmerszene dabei, und genau die dreht ihr doch gerade.« Ich hielt dagegen, dass wir, wenn wir die Dreharbeiten zeitweilig unterbrechen würden, den ganzen Film vergessen können, weil wir die ganze Truppe nie wieder zu der Motivation anspornen könnten, die sie bislang hatte.

»Wie willst du denn ohne sie weiterdrehen?«, fragte Weingarten.

»Ich lasse ein Double ganz nah vor der Kamera herlaufen, das Elizabeths Slip trägt, und wenn sie zurückkommt, bauen wir sie in die Szenen ein. Und wenn sie nicht zurückkommt, dann können wir später immer noch eine Nachbesetzung in die Szenen einbauen.«

Also fingen wir ohne sie mit dem Dreh der Schlafzimmerszenen an, und als Elizabeth immer noch nicht zurückkam, schrieb ich noch eine zusätzliche Szene nur für Paul und Burl Ives (Big Daddy) und sagte den Produzenten, die müssten wir sofort hier an Ort und Stelle drehen. Was wir auch taten – und das verschaffte uns eine weitere Woche. Danach würden wir in der Klemme sitzen, das war mir klar.

Aber am nächsten Tag oder so taucht plötzlich eine junge asiatische Frau in unserem schalldichten Set-Raum auf, kommt zu mir und sagt: »Elizabeth Taylor würde sie gern sprechen. Sie sitzt draußen im Wagen, direkt hier vor der Soundstage.« Also ging ich zu dem Wagen. Sehen konnte ich sie nicht, weil die Scheiben getönt waren und Vorhänge hatten, die rundherum zugezogen waren.

»Ich werde noch verrückt«, sagte Elizabeth. »Ich bin die ganze Zeit zu Hause. Tagsüber ist es schlimm und nachts ist es noch schlimmer. Mike fand gut, was er bislang gesehen hatte. Wenn es dir recht ist, sollte ich vielleicht wieder zur Arbeit kommen.«

»Das überlasse ich dir«, sagte ich. »Wann würdest du denn weitermachen wollen?«

»Heute.«

Wir gingen zusammen hinauf in die Soundstage und in ihre Garderobe.

»Noch etwas«, sagte sie. »Ich will diesen Produzenten nicht sehen. Wenn der hier ankommt, verschwinde ich wieder. Keine Zeitungen, keine Kolumnisten, auch nicht Hedda Hopper. Das kann ich jetzt nicht aushalten.« (Hedda Hopper war u. a. Gesellschaftskolumnistin, Anm. d. Redaktion.)

Ich versicherte ihr, dass bei den restlichen Dreharbeiten nur die anderen Schauspieler, die Kameraleute und ich da sein würden.

An diesem ersten Tag arbeitete Elizabeth eine Stunde lang. Die restliche Besetzung verhielt sich großartig. Keiner ging zu ihr und sagte »Es tut mir ja so leid«; sie machten einfach ihre Arbeit und spielten die Szene. Sie gingen sehr feinfühlig mit ihr um, besonders Paul. Ich brauchte ihm gar nichts zu erklären. Er hatte die Situation sofort erfasst und sah sie nicht ein einziges Mal mit einem Blick an, der zu mitfühlend gewesen wäre. Er war auf eine fürsorgliche Art professionell.

Am nächsten Tag arbeitete Elizabeth zwei oder drei Stunden. Ab dem dritten Tag blieb sie die ganze Schicht lang. Und von da an fehlte sie nicht eine einzige Stunde.

Die Katze auf dem heißen Blechdach wurde ein riesiger Kassenerfolg und blieb über einen Monat auf Platz eins. Ich wurde auch zum ersten Mal für den Oscar nominiert; der ganze Film wurde als Bester Film nominiert und Elizabeth und Dick Brooks in ihren jeweiligen Kategorien als Beste Schauspielerin und Bester Regisseur. (Burl Ives wurde auch nominiert – und gewann – in der Kategorie Beste Nebenrolle, aber nicht in unserem Film, sondern in *Weites Land*.)

Mittlerweile war ich, glaube ich, so etwas wie ein Filmstar, und ich bekam die Möglichkeit, wieder am Broadway zu arbeiten, unter

Elia Kazan bei seiner Inszenierung eines neuen Theaterstücks von Tennesse Williams: *Süßer Vogel Jugend*. Ich sollte Chance Wayne spielen, einen richtigen Gigolo, der sich mit einer alternden, alkoholsüchtigen Schauspielerin einlässt, der Prinzessin. Die Rolle des Chance ist so angelegt, dass er ein gut aussehender Mann ist, was ihm auch immer weitergeholfen hat, sein gutes Aussehen aber allmählich verblasst.

Als ich für die Rolle unterschrieb, betrachtete ich Kazan gar nicht als einen Menschen, sondern als ein Denkmal; für mich war er *Der Regisseur*. Kazan wollte mich kennenlernen, mich gewissermaßen abtasten, sich einen Eindruck davon verschaffen, wie ich außerhalb der Bühne war. Also machten wir einen Spaziergang durch die City. Ich zitterte wie Espenlaub. Er sagte mir, was er von bestimmten Szenen des Stücks erwartete, besonders von Chances Monolog, in dem er davon erzählt, wie er seine echte große Liebe zum letzten Mal sah. Kazan wollte, dass spürbar echter Kummer aus Chance sprach. Da ich mich verpflichtet fühlte, ihm die Wahrheit zu sagen (damit er nicht zu viel von mir erwartete), sagte ich ihm, dass ich eigentlich so eine Art »emotionaler Republikaner« war. Dass ich aber trotzdem glauben würde, dass ich das hinbekam. Ein Publikum zu überzeugen, das nicht so fachkundig war wie Kazan, darüber machte ich mir keine Gedanken, aber meine richtige Bewährungsprobe bestand darin, ob ich für ihn überzeugend sein würde. Ich fragte mich: Wie kann jemand, der sich im echten Leben vorkommt wie betäubt, innerliche Emotionen anzapfen, die für jemand anderen spürbar werden?

Als wir den Monolog auf der Bühne einstudierten, sagte Kazan zu mir: »Ich will, dass du diesen Monolog auffasst wie ein Echo, wie eine ganze Reihe von Echos, die in dir nachhallen, und zwar so stark, dass du deine Emotionen nicht mehr unter Kontrolle hast.« Als ich anfing, den Monolog zu proben, kam manchmal der Anflug einer Emotion oder eine Träne, aber ich wusste nie, wann das passieren würde oder ob überhaupt.

Ich hatte Kazan vorgewarnt, dass es manchmal ganz plötzlich kommen würde und dann auch echt wäre, aber gelegentlich auch nicht passierte. Wenn Letzteres der Fall war, starrte ich so lange auf ein Leuchtschild hinter den Publikumsrängen, bis mir die Tränen kamen, denn meine Augen sind ja sehr lichtempfindlich. Kazan bewegte sich immer durch die Publikumsränge, ging von einem Platz zum anderen, um festzustellen, was von all dem, das ich auf der Bühne tat, echt erschien und was nicht. Er wollte prüfen, ob man ganz hinten im Publikum noch zu hören war, und ob die Gesten, die man machte, so deutlich waren, dass sie bis in die letzte Reihe trugen – und ob die Mimik, die man in der ersten Reihe sah, ausdrucksstark genug war, damit sie auch in der letzten Reihe ankam.

Als wir dann eines Tages das komplette Stück durchspielten, ging das Licht hinter den Publikumsrängen plötzlich aus. Da wurde mir klar, dass Kazan sich wohl gefragt hatte: »Ist es das, was er zur Hilfe nimmt, dass er in dieses Licht starrt?« Und jetzt wollte er mich aufs Glatteis führen. Ich war so aufgebracht, dass mir vor Enttäuschung tatsächlich die Tränen kamen. Denn damit stand ich natürlich noch schlechter da als mit allem anderen, was ich hätte tun können. Ja, ich war aufgeflogen, aber dann merkte ich, dass die Emotion nun wirklich da war und nur darauf wartete, dass ich sie abrufen würde – ob mit Licht oder ohne.

Kazan arbeitete mit mir auch an etwas, das man als »die Kazan-Übergänge« bezeichnen könnte. Das heißt, man sitzt nicht einfach auf der Bühne herum und wartet darauf, dass ein Bild in einem aufsteigt, was einen emotional berührt, und greift dann darauf zurück, und wenn es verschwindet, ersetzt man es durch ein anderes. Stattdessen fängt man mit einem Bild an, und noch während man dieses Bild vor Augen hat, geht man allmählich über zum nächsten und dann zu einem dritten und so weiter. Vielleicht übte Kazan das mit mir, weil er mich durch alle möglichen Gefühle jagen wollte, um das Ganze eindringlicher zu machen, aufgewühlter und weniger kontrolliert.

Was er auf subtilerer Ebene wirklich damit bezweckte, ist mir bis heute nicht ganz klar. Aber ich vermute, er wollte jeglichen Anflug von Zuversicht zum Schweigen bringen oder entschärfen, den ich in die Figur Chance Wayne hätte einbringen können, weil es dieser Rolle einfach nicht entsprochen hätte. Ein paar Wochen nach der Premiere von *Süßer Vogel Jugend* mag es aber durchaus sein, dass es mir unbewusst dennoch passiert ist, denn Kazan kam zu mir und sagte: »Du schaffst zu viel Gleichgewicht zwischen Chance und der Prinzessin, du hast sie zu gleich starken Charakteren gemacht. So funktioniert das Stück aber nicht. Du hast es versaut.«

Um ehrlich zu sein, hatte ich nie eine genaue Vorstellung von Chance Wayne. Was die meisten Leute nicht verstehen, ist, dass es irgendwo tief in einem selbst immer einen Aspekt der eigenen Persönlichkeit gibt, auf den man zurückgreifen kann – man muss nicht lange suchen und nachforschen. Man zapft einfach die jeweiligen Facetten der eigenen Persönlichkeit an und nutzt sie.

Ich weiß noch, dass ich einmal gefragt wurde, ob es mir jemals selbst so ging wie Chance Wayne. Dass ich mich ständig abmühen musste, damit eine bestimmte Frau einen guten Eindruck von mir hatte (vor allem, wenn ich selbst einen ziemlich miserablen Eindruck von mir hatte). Die Antwort lautet ja: Mami, immer wieder Mami.

Wem will man denn ständig alles rechtmachen? Für wen gibt man sich denn alle Mühe? Für Mami und immer wieder für Mami – da haben wir das Problem. Aber eine Hälfte von mir sagt auch: »Ach, lass doch diesen Mist!« Denn irgendwann kommt man dahin, dass man sein Schicksal selbst in die Hand nimmt. Und ich will verdammt sein, wenn ich auch nur irgendjemandem das Gefühl vermitteln würde, er hätte großen Einfluss darauf gehabt, wie ich mich jetzt verhalte.

EIN FOTO MIT WIDMUNG VON PAUL: »FÜR MUTTER, DIE WIRKLICHE LIEBE MEINES LEBENS. IN LIEBE, PL«

ELIA KAZAN GALT ALS EINER DER ANSPRUCHSVOLLSTEN UND WEGWEISENDSTEN THEATER- UND FILMREGISSEURE.

Als Paul mit *Picnic* bekannt wurde, war er bloß ein hübscher, gut aussehender Junge. *Picnic* war fast wie ein Vorsprechen für *Süßer Vogel*, bis auf die zerstörerischen Elemente – bei Tennessee Williams hatten die Szenen immer etwas Widersprüchliches, Zerstörerisches.

Als wir das Stück machten, war Paul ein guter Schauspieler, aber kein außergewöhnlicher Schauspieler – in einer Rolle, die auch nicht außergewöhnlich war. Er spielte die Rolle gut, aber diese Rolle gab ihm nicht die Gelegenheit, exzellent oder herausragend zu sein. Es war auch keine Rolle, für die man sich sofort begeistern konnte, aber Paul spielte sie aufrichtig. Er war immer ein aufrichtiger Schauspieler.

Paul war sehr berührend als Chance, weil er ein berührender Mann ist. Er ist wirklich eine Seele. In ihm steckt etwas, das verschleiert ist, aber dahinter verbirgt sich eine Seele, die vieles tun will.

Das Besondere an Paul ist, glaube ich, wie er sich damit, was er auf die Leinwand bringt, zu einem erwachsenen Mann entwickelt hat, zu einem sehr ausdrucksstarken. Die meisten Leute sagen die ganze Zeit lang etwas oder tun etwas, von dem sie hoffen, dass es gut ankommt. Das ist bei Paul mittlerweile viel seltener geworden.

RICHARD BROOKS FÜHRTE 1962 REGIE BEI SEINER FILMADAPTION VON *SÜSSER VOGEL JUGEND*, WAS DIE ZWEITE ZUSAMMENARBEIT MIT PAUL WAR.

Das war keine Rolle, die Pauls Naturell entsprach. Von Natur aus ist er kein Herumtreiber, und das war Chance auch nicht. Also in unserer Branche *können* wir alle Herumtreiber sein, aber Paul hat zu viel Stolz, Charakter und Selbstachtung, als dass er Aufnahmen von einer Frau machen würde, um sie hinterher damit zu erpressen. Paul spielte die Rolle so hektisch, als wäre er ein Wasserläufer. Paul gab ihr etwas von einem Typen, der in der Forty-Second Street gestohlene Krawatten verkauft und fürchtet, er könnte jeden Moment erwischt werden, sodass er sie am besten schnell loswird.

Also, so mancher sensible Schauspieler wurde von der Hollywood-Maschinerie ausgeweidet. Monty Clift kam damit nicht zurecht, und letzten Endes machte ihn das fertig. Das soll nicht heißen, dass man sich dem unterwerfen muss, um zu überleben, aber man muss sich darauf einstellen und wissen, wann es an der Zeit ist, dass man sich zurückziehen muss, um später nochmal anzugreifen.

Paul konnte das, er war praktisch veranlagt, auch was seine Karriere betraf. Ich weiß noch, dass ich ihm Jahre später auf der Treppe in einem dieser gottverdammten Studiogebäude begegnete; er ging rauf, ich ging runter.

»Woran arbeitest du gerade?«, fragte ich ihn.

»*Flammendes Inferno.*«

»Ach daran«, sagte ich.

»Ja, aber er hat, glaube ich, eine Chance«, antwortete Paul. »Die Kosten spielt er bestimmt ein, vielleicht sogar noch mehr.«

IX

Joanne brachte 1959 in Kalifornien unser erstes gemeinsames Kind zur Welt: Nell. Ich kann mich nicht erinnern, dass ich vorher als Erwachsener jemals geweint habe – auch nicht, als mein Vater starb –, aber als ich Joanne an dem Tag im Krankenhaus sah, kreidebleich, mit trockenem Mund auf dieser Trage, mit der sie in den Aufzug und dann in den Kreißsaal geschoben wurde, da war ich erschüttert.

Als ein paar Jahre später Lissy geboren wurde, holte ich meine Kamera hervor und machte Milliarden Fotos. Joanne trug so einen Pagenhut und ein schickes Kleid, als sie aus dem Krankenhaus kam; damit sah sie aus, als wäre sie sechzig oder siebzig Millionen Dollar schwer. Wir holten Nell dazu, damit sie ihre kleine Schwester kennenlernte; auf dem ersten Foto beugt sie sich über den Korbwagen und macht ein Gesicht, aus dem der pure Hass spricht. Dann machte ich ein paar Fotos nacheinander, auf denen Joanne das Baby in den Armen hält und Nell neben ihr sitzt – auf den Fotos macht Nell ein Gesicht wie ein Wasserspeier. Aber dann ging eine Veränderung in ihr vor, und auf den nächsten Fotos wechselt ihr Gesichtsausdruck von Wasserspeier zu erfreuter Schwiegermutter und dann zu über beide Ohren lächelnder Großmutter. Dieser Wandel war unglaublich. Wenn ich mir die Fotos ansehe, denke ich immer daran, wie besonnen und umsichtig Joanne die Situation jedes Mal handhabte, wenn sie mit einem unserer Babys aus dem Krankenhaus kam.

Als Scott ein Jahrzehnt vorher geboren wurde, wohnten Jackie und ich gerade in Shaker Heights, und es war eine schwierige Zeit –

zwischen dem Tod meines Vaters und meiner Abreise nach Yale. Diese Zeit ist mir nur verschwommen in Erinnerung geblieben, alles grau in grau, und an Jackies Schwangerschaft oder den Tag, an dem Scott geboren wurde, habe ich kaum eine Erinnerung. Ich weiß noch, dass ich sie mit dem 37er Packard meiner Eltern nach Cleveland ins Krankenhaus gefahren habe, aber daran, wie ich sie mit Scott abgeholt habe, kann ich mich beim besten Willen nicht mehr erinnern.

NELL BEEINDRUCKT JOANNE 1969 MIT IHREN ANGELKÜNSTEN

WARREN COWAN WAR EINER DER GRÜNDER DER PR-AGENTUR ROGERS & COWAN UND FAST VIERZIG JAHRE LANG PAULS UND JOANNES PR-BERATER.

So viele Jahre lang reiste Joanne nicht mit zu Dreharbeiten oder drehte selbst einen Film, es sei denn es war einer, in dem auch Paul mitspielte. Nach *Eva mit den drei Gesichtern* hat sie nur noch wenige Filme ohne ihn gemacht, als sie dann verheiratet waren. Und ich dachte jahrelang, die Ehe funktionierte vor allem deshalb, weil Joanne die Stellung hielt. Weil ihr Ehemann Paul Newman war und sie alles dafür tat, dass die Ehe hielt. Mittlerweile glaube ich, genau das Gegenteil ist der Fall. Jetzt hält Paul die Stellung wegen Joanne. Weil er sie, glaube ich, ganz einfach so sehr liebt und so begeistert von ihr ist.

In den nächsten paar Jahren trafen Joanne und ich ganz bewusst die Entscheidung, dass wir die Kinder zu den Drehorten mitnahmen, wenn wir einen Film machten. Jahrelang wohnten wir in L. A. nur in gemieteten Häusern, bis wir uns schließlich ein Haus im Coldwater Canyon kauften, aber da waren wir auch erst fünf Jahre zusammen. Letztens haben Joanne und ich uns einmal hingesetzt und gezählt, und da kamen wir auf vierundzwanzig Häuser, in denen wir an der Westküste oder in New York gewohnt haben – und dabei sind die beiden Häuser, in denen wir gewohnt haben, als wir nach Connecticut gezogen waren, noch nicht mitgezählt. (Wenn ich so auf meine Karriere zurückblicke, denke ich manchmal, ich habe nur deshalb so viele Filme gemacht, weil ich in so vielen Häusern wohnte.) Das waren jedenfalls eine Menge Ortswechsel für unsere kleine Familie.

Uns war gar nicht bewusst, dass diese ständigen Umzüge sich auf unsere Kinder auch negativ auswirken könnten. Mag schon sein, dass sie in mancher Hinsicht dadurch gestärkt wurden, aber sie konnten ja nie dauerhafte Freundschaften schließen.

Als Nell noch ziemlich klein war, fuhren wir mit ihr zu ein paar Schulen, und sie wollte am liebsten auf die Montessori-Schule in Santa Monica. Also meldeten wir sie da an, und ungefähr eine Woche später beschloss ich, dort einmal vorbeizufahren, um mit den Lehrern zu sprechen und nach dem Rechten zu sehen. Als ich dort ankam, hatte sie gerade Pause, deshalb warf ich einen Blick auf den Pausenhof. Alle Kinder spielten zusammen mit vier bis sechs anderen Kindern, nur Nellie nicht. Sie stand allein vor dem Zaun, die Füße nach innen gedreht, die Hände vor der Brust, und zupfte an ihren Fingernägeln wie jemand, der darauf wartet, zum Tanzen aufgefordert zu werden. Sie wirkte so tapfer und erwartungsvoll, und so aufmerksam, als sie den anderen Kindern voller Hoffnung beim Spielen zusah, dass ich es einfach nicht aushalten konnte und anfing zu weinen.

Mit Nell waren Joanne und ich öfter auf Reisen als mit unseren anderen Kindern. Sie war mit uns in Israel, als ich *Exodus: Götter und Könige* drehte; kurz darauf war sie mit uns bei Dreharbeiten in Paris, und dann auch noch in London. Als Clea, unser drittes und letztes Kind 1969 zur Welt kam, beschlossen wir, dass die Kinder ab sofort das gesamte Schuljahr in Kalifornien verbringen sollten.

EVA MARIE SAINT WAR PAULS CO-STAR IN DEM OTTO-PREMINGER-FILM *EXODUS: GÖTTER UND KÖNIGE*, DER 1960 IN ISRAEL GEDREHT WURDE.

Ich hatte am Drehort meinen Mann, meine beiden kleinen Kinder, meine Mutter, meinen Vater und meine Schwiegermutter bei mir. Joanne war mit Paul da, und sie hatten auch Nell mitgebracht, die ich sofort ins Herz schloss. Nell trug immer ein weißes Kleidchen, weiße Schühchen und kleine weiße Handschuhe. Sie war immer ganz in Weiß gekleidet. Und ich hielt sie meiner damals zweijährigen Tochter Laurette immer als leuchtendes Beispiel vor. »Sieh mal, wie hübsch die kleine Nell aussieht.« Sie ähnelte Joanne so sehr! Aber Laurette trug am liebsten diese israelblaue Kappe und diese kleinen blauen Shorts, die wir ihr immer angezogen hatten, und die wollte sie natürlich auch nicht mehr ausziehen.

Paul war nicht gerade entspannt. Er ärgerte sich darüber, wie die Dreharbeiten liefen. Preminger hatte versprochen, noch Änderungen am Drehbuch vorzunehmen, aber dann drehte er die Szenen doch so, wie sie ursprünglich da standen.

Diese dämlichen Massenszenen waren ungeheuer viel Aufwand, die Choreografie für all die Schiffe und so weiter. Da es bei der Handlung aber eigentlich in erster Linie um Beziehungen ging, hätte man viel mehr Zeit für die Einzelszenen aufwenden müssen, aber die wurden alle in ein oder zwei Takes gedreht. Otto achtete darauf, das Budget einzuhalten, denn er hatte United Artists versprochen, dass er den Betrag nicht überschreiten würde – und ich glaube, alles, was darüber hinausging, zahlte er aus eigener Tasche. Er stand so sehr unter Zeitdruck, pünktlich fertig zu werden, dass er sich um nichts anderes mehr kümmern konnte, als diese Drehbuchseiten rechtzeitig abzufilmen.

Aber bei der großen Liebeszene, die ich mit Pauls Rolle habe, gefiel Otto irgendetwas nicht daran, wie Paul mich in den Armen hielt und berührte. Da ging er einfach dazwischen und zeigte Paul, wie er es machen sollte! Ich war fassungslos, und es war mir ziemlich peinlich. Paul nahm es, glaube ich, einfach hin, aber ich dachte: »O mein Gott, worüber reden wir hier denn eigentlich?«

War dadurch, dass wir mit den Kindern sesshaft wurden, alles gut? Ich bin nur zu gern bereit, mein Versagen zuzugeben. Dass ich nicht gut genug war, etwas nicht richtig gemacht habe. Ich sehe mich immer wieder mit der erschreckenden Erkenntnis konfrontiert, dass ich eigentlich keine Ahnung habe. In mancher Hinsicht habe ich große Zweifel. Das empfinde ich einfach so, obwohl ich es rational nicht erklären könnte. Und vieles an mir verstehe ich selbst nicht. Sicher kann niemand auf ewig dafür verantwortlich sein, was aus anderen Menschen wird. Man kann immer nur die Verantwortung dafür übernehmen, wer man *selbst* ist. Ich habe Angst davor, vor anderen Leuten im Vordergrund zu stehen. Aber ich mache es einfach. Wenn andere Menschen – die eigenen Kinder zum Beispiel – das nicht machen, dann machen sie es eben nicht, weil sie nun einmal so sind, dass sie es nicht machen möchten. Aber mir wird auch bewusst, dass ich in anderen Lebensbereichen, beim täglichen Kampf ums Überleben sozusagen, erfüllt habe, was man als seine oberste Pflicht betrachten sollte – dafür zu sorgen, dass die Familie immer etwas zum Essen und Anziehen hat.

Ich hätte konsequenter mit meinen Kindern sein können. Ich hätte verständnisvoller sein können. Ich hätte mehr Geduld haben können. Ich hätte weniger oft zu Drehorten reisen können. Ich hätte

PAUL 1960 MIT TOCHTER NELL

mit der Arbeit aufhören können. Ich hätte manches besser machen können. Ich hätte aber auch manches schlechter machen können.

Ich habe mich sehr darüber gefreut, als Stephanie mir letztens erzählte, sie erinnere sich noch gut daran, dass sie manchmal bei Joanne und mir in unserem Haus am Long Island Sund zu Besuch war. Wenn die Kinder dann abends im Bett lagen, bin ich nochmal zu ihnen gegangen, habe mich über ihre Betten gebeugt und gesagt: »Was ist denn das? Ein Sack Kartoffeln?« Und dann habe ich sie hochgehoben, mir über die Schulter gelegt und herumgeschleppt, als wären sie Kartoffelsäcke. Ich hatte fast vergessen, dass ich solche netten Späße mit ihnen veranstaltet habe, die sie speziell mit mir erlebten und die auch physische Nähe ausdrückten.

DEDE ALLEN WAR EINE SEHR GEFEIERTE CUTTERIN UND MEHRFACH FÜR DEN OSCAR NOMINIERT.

Ich weiß noch, dass Paul gern gekocht hat. Ich fand es immer beeindruckend, dass sie selbst kochten. Und die kleinen Töchter waren immer dabei. Nell war von den dreien die Älteste, sehr schüchtern, sehr still, und ich erinnere mich auch noch an Lissy, als sie sechs Jahre alt war und immer bei ihrem Vater auf dem Schoß saß und die Arme um seinen Hals geschlungen hatte. Ich erinnere mich an einen sehr liebevollen Umgang, mit vielen Berührungen.

MICHAEL BROCKMAN

Wenn ich ihn heute mit seinen Töchtern sehe, mit Lissy und Clea und Nell, denke ich immer daran, wie ich sie das erste Mal vor Jahren an der Rennstrecke gesehen habe, als sie noch kleine Mädchen waren, und dass es ihn immer aufrichtig gefreut hat und ihm wichtig war, dass sie da machen konnten, was sie wollten, und spielten und einfach sie selbst waren. Er ist ein sehr liebevoller, fürsorglicher Mensch.

Letzten Endes hat es mir immer zu schaffen gemacht, und ich fand es dumm von mir, dass ich mir überhaupt nicht klar gemacht habe, dass mein Sohn, Scott, vielleicht gar nicht so sein wollte wie ich und gar nicht Autorennen fahren oder reiten wollte. Jetzt, wo ich darüber nachdenke, fällt mir komischerweise ein, dass ich als Kind *selbst* gar nicht reiten wollte. Ich hatte panische Angst vor Pferden. Scott war ein robuster junger Mann; scheinbar hatte er Spaß an Dingen, die auch gefährlich waren, und er war begeistert von Pferden und Ponys. Aber ich bin nie auf den Gedanken gekommen, zu ihm zu sagen: »Scott, *möchtest* du denn reiten gehen? Und wenn du das nicht möchtest, ist das überhaupt kein Problem.«

Solche Fehler habe ich früher immer wieder gemacht. Als Stephanie etwa sieben Jahre alt war, veranstalteten Joanne und ich bei uns zu Hause im Benedict Canyon eine Party zum 4. Juli, dem amerikanischen Nationalfeiertag, und luden die Ensembles und die Crews der beiden Filme ein, die wir gerade fertig gedreht hatten, *Der Wildeste unter Tausend* (meiner) und nach einem Theaterstück von Bill Inge *Die verlorene Rose* (ihrer). Ich wollte mir für die vielen Kinder, die auf der Party auch dabei waren, etwas ganz Besonderes einfallen lassen: eine professionell inszenierte Gruselgeschichte. In der kleinen Hütte hinter dem Pool bauten wir das Setting auf, und ich rekrutierte Brandon de Wilde, der gerade erst in *Der Wildeste unter Tausend* meinen Neffen Lonnie gespielt hatte, und unseren alten Freund und Schauspielkollegen Bob Webber, damit sie die Rollen spielten. Wir verdunkelten die Lampen, dekorierten alles gruselig und schminkten Brandons und Bobs Gesichter furchterregend – auch mit ein bisschen Ketchup als Blut. Die Geschichte, die ich dazu erzählte, handelte von einem toten Skifahrer, der herumspukt und seine Freunde und Feinde heimsucht. Und wir hatten geplant, dass Bob Webber, mit geschwärzten Zähnen, weiß geschminktem Gesicht und einer Perücke von Joanne auf dem Kopf, genau im richtigen Moment durch das offene Fenster greift, Brandon packt und herauszieht.

Als Bob auf sein Stichwort hin am Fenster auftauchte, kreischten die Kinder vor Begeisterung, aber plötzlich rief Stephanie: »Ich habe solche Angst! Ich will das nicht sehen. Ich habe furchtbare Angst!« Wir brachen sofort ab, machten das Licht an und Brandon setzte sich zu Stephanie und sagte ihr immer wieder: »Mir ist doch gar nichts passiert, sieh mal, mir ist nichts passiert.« Das Ganze hatte ihr richtig zugesetzt. Und ich bin, glaube ich, immer wieder so gedankenlos, dass ich gar nicht merke, wann die Grenze zwischen Spaß machen und Angst machen erreicht ist.

STEWART STERN

Als Paul Regie bei *Die Liebe eines Sommers* führte, kam unter anderem die Frage auf, ob wir die Szene, in der Rachel als kleines Kind in das Bestattungsinstitut hereinkommt und sieht, wie ihr Vater einen kleinen Jungen einbalsamiert, überhaupt drehen sollten. Paul wollte diese Rückblende eigentlich nicht mehr drehen. Er machte sich Sorgen darüber, ob Nell (die Rachel als kleines Kind spielte) so etwas sehen sollte und was es bei ihr anrichten könnte. Sie war erst etwa acht Jahre alt, und man konnte ja nicht wissen, ob sie schon richtig verstand, was der Tod bedeutet … Ich weiß noch, dass er das Setting in diesem Keller sogar schon fertig hatte, als er die Szene nicht mehr drehen wollte. Aber wir konnten ihn doch noch überreden. Da wollte er dann zwischen der Stelle, an der Nell stehen sollte, und der Stelle, an der die Einbalsamierung stattfand, alles zustellen mit Fahrrädern und solchen Sachen; ob nur der zusätzlichen Dekoration wegen oder um Nell abzuschirmen, weiß ich nicht.

Als Vater habe ich überhaupt kein Talent. Und dann kommt noch der Prominentenstatus hinzu; als Filmstar hat man es da von Anfang an schon dreimal schwerer. Man führt ein Leben jenseits der Normalität, wird ständig bejubelt, in Restaurants erkannt – all das ist doch absolut unnormal. Das ist nicht so wie bei jemandem, dem ein Baseballteam gehört, und der mit seinen Kindern einfach mal an den Strand gehen kann, weil 98 Prozent der anderen Leute nicht die leiseste Ahnung haben, wer das ist. So jemand kann mit seinen Kindern überallhin gehen, ohne im Fokus der Aufmerksamkeit zu stehen.

Wenn man ein Star ist, bringt das für die eigenen Kinder alles aus dem Gleichgewicht.

Es gab Zeiten, lange bevor Scott starb, da dachte ich manchmal, ich kann ihm die Freiheit, seinen eigenen Weg zu gehen, eigentlich nur ermöglichen, wenn ich mich erschieße. Dann würde ihm diese Last von den Schultern genommen, und er könnte sein Leben selbst gestalten und die Bürde, die ihm durch mich auferlegt wurde, vielleicht loswerden und eine eigenständige Persönlichkeit werden.

Er hätte sich nicht mehr an mir messen lassen müssen; dieser Maßstab wäre dann einfach nicht mehr da gewesen.

Dadurch, dass ich mich immer so abgekoppelt von allem fühlte, habe ich in meinen Kindern nie den ganzen Menschen gesehen.

Erst in den letzten Jahren komme ich auch bei Joanne ganz allmählich dahin, sie nicht mehr nur als meine Frau, nicht mehr nur als Schauspielerin, nicht mehr nur als Sexobjekt zu betrachten. Und nach und nach sehe ich auch in meinen Kindern den ganzen Menschen.

Ich komme mir vor, wie jemand, der im Gefängnis war und plötzlich freigelassen wird. Er weiß, dass ihm vielleicht noch fünf bis sechs Jahre Lebenszeit bleiben, und diese Zeit ist eigentlich viel zu kurz, um alles wieder gutzumachen. Er sieht zu dem Berg hinauf, den er da vor sich hat, und sagt sich: »Vor dreißig Jahren hätte ich da raufgehen oder mich zumindest auf den Weg machen können,

DER NEWMAN-WOODWARD-CLAN 1965 IN BEVERLY HILLS
OBERE REIHE VON LINKS NACH RECHTS: NELL, SUSAN, SCOTT;
UNTERE REIHE VON LINKS NACH RECHTS: JOANNE, PAUL, CLEA, LISSY UND STEPHANIE

aber es in dieser kurzen Zeit und mit schwindender Kraft noch zu versuchen, ist fast ein Ding der Unmöglichkeit.

Dennoch *wird* sich dadurch etwas ändern. Entweder dieser Mann ist so froh über seine neu gewonnene Freiheit oder er hält den Schaden für so irreparabel, dass ein paar Dellen mehr auch nichts mehr ausmachen. Und einer dieser beiden Gedanken wird sich durchsetzen, aber es wäre vermessen zu glauben, man wüsste, welcher das wohl sein wird.

Filme zu machen ist ein Geschäft mit vielen Anteilen, und ich

1970 WAREN DIE NEWMAN-WOODWARDS SCHON UMGEZOGEN NACH WESTPORT IN CONNECTICUT.
OBERE REIHE VON LINKS NACH RECHTS: SCOTT, PAUL, SUSAN; UNTERE REIHE VON LINKS NACH RECHTS: LISSY, STEPHANIE, NELL, JOANNE, CLEA

versuche immer, alles prozentual ins Verhältnis zu setzen – Erfolg und Kritik und eigenes Versagen –, und dann kann ich auf der Grundlage der Prozentanteile ermitteln, wie zufrieden ich damit bin. Bei meinen Kindern halte ich mir ihre Stärken, ihre Eigenständigkeit, ihre Enttäuschungen, ihre Besonderheiten vor Augen – und frage mich, wie ich ermitteln kann, welchen Anteil ich daran habe.

Das frage ich mich besonders bei Scott. Was wäre noch zu retten gewesen, noch umkehrbar? Was lag an der Branche, in der ich arbeite, oder an der Scheidung? Und hatte Jackie auch einen Anteil daran? Es ist so schwierig, schlüssige Aussagen darüber zu treffen. Einer der Gründe, warum ich auf die Idee kam, Autorennen zu fahren, war der, dass die Ergebnisse so wunderbar eindeutig waren. Wer als Erster über die Ziellinie fährt, ist eben der Erste.

Ich hätte niemals erwartet, dass ich meine Familie so gut würde ernähren können wie mein Vater. Manchmal dachte ich, ich würde Straßenfeger oder Tankwart. Was wäre gewesen, wenn ich in jungen Jahren als Schauspieler keinen Erfolg gehabt hätte und gezwungen gewesen wäre, weiter Enzyklopädien zu verkaufen, oder Versicherungsvertreter zu werden? Wären meine Kinder dann stärker oder schwächer oder eigenständiger geworden? Wie sehr brauchen Kinder das Gefühl, dass sie ihre Eltern übertreffen können? Wenn Eltern etwas erreicht haben, das Kindern unerreichbar erscheint, führt das dann dazu, dass sie aufgeben oder dass sie es erst recht versuchen?

Kinder brauchen ein Konzept. Sie brauchen Eltern, die zumindest eine Ahnung haben, wie man Kinder erzieht, und die eine Haltung dazu haben. Wir hatten keine Haltung dazu. Wir dachten, Kinder kommen einfach irgendwann in das Alter, in dem sie heiraten, selbst Kinder bekommen und sie großziehen. Sie machen ihre Arbeit, erleben Erfolge oder Misserfolge, dann gehen sie in den Ruhestand und sterben irgendwann.

Ich betrachte meine Kinder dahingehend, wie es ihnen selbst geht. Oftmals bin ich mir nicht sicher, wie es ihnen geht. Aber ich weiß, wenn es ihnen gut geht, geht es mir auch gut, und wenn es ihnen nicht gut geht, geht es mir schlecht.

Mir fällt jetzt auch manches auf, was ich früher, als meine Kinder noch klein waren, überhaupt nicht wahrgenommen habe. Manche Leute sagen zum Beispiel, dass ich manchmal einen gereizten Tonfall habe. Das war mir nie bewusst, und wenn man mir das vor zwanzig Jahren gesagt hätte, hätte ich wahrscheinlich gesagt, ihr könnt mich mal. Aber die Leute, die mir so etwas sagen, wollen mir ja nichts Böses, also sollte ich es mir anhören. Ich dachte nämlich immer, ich wäre ein richtiger Sonnenschein.

Ich glaube, diese Gewohnheit habe ich von meinem Vater. Wenn meine Kinder etwas nicht richtig machen, werde ich genauso sarkastisch zu ihnen wie mein Vater es zu mir wurde. Ich wünschte, ich würde so etwas selbst merken. Joanne hat mir auch schon gesagt, dass ich manchmal einen scharfen Tonfall annehme. Einen solchen Charakterzug würde ich bei anderen ja auch nicht tolerieren und so einfach hinnehmen. Und ob ich das von meinem Vater habe oder nicht, spielt für mich auch gar keine Rolle. Ich wünschte einfach, ich würde mich nicht so verhalten. Ich wünschte auch, jemand hätte mir mal die genaue Bedeutung von »Geduld« erklärt. So ungeduldig, wie ich immer mit mir selbst umgegangen bin, ist es wohl kein Wunder, dass ich auch mit allen anderen ungeduldig werde. Das ist eine schreckliche Eigenschaft, die man niemals ganz abstellen kann. Gibt es irgendeine Art von Orientierung, die ich Scott hätte vermitteln können? Hätte ich ihm vielleicht andere Wertvorstellungen oder Ansprüche mitgeben müssen, ihm sagen müssen, dass er nicht so zu werden brauchte wie ich? Dass er nicht alles Mögliche zu machen brauchte, was als männlich gilt, sondern einfach er selbst sein konnte? Ich wünschte, es wäre mir gelungen, ihm das klarzumachen, ihn das wissen zu lassen. Und einfach zu sagen: »Ist doch gut so, großartig.«

All das wurde mir erst bewusst, als er schon Mitte zwanzig war. Und auch da dachte ich noch, er macht bloß eine Phase jugendlichen Leichtsinns durch. Es schien mir nie über den Punkt hinauszugehen, an dem es kein Zurück mehr gibt. Ich hätte nie gedacht, dass es tödlich enden würde.

Was Scott passiert ist, hätte auch mir passieren können. Das stelle ich immer wieder mit Verwunderung fest.

Eigentlich war er mir nämlich sehr ähnlich, und ebenso wie mir war ihm manches nicht bewusst. Er wusste nicht, in welcher Gefahr er schwebte, und als er es merkte, war es schon zu spät.

Manche Menschen versuchen nach bestem Gewissen auf der Grundlage der Informationen, über die sie verfügen, ihr Bestes zu tun. Ich glaube, so ist es bei mir auch. Ich habe meine Stärken, und auf manches kann ich sogar stolz sein. Freunde haben mir einmal gesagt, dass ich immer leuchtende Augen bekomme, wenn ich von meinen Kindern erzähle. Aber ich frage mich: Liegt das einzig und allein an meiner Zuneigung oder auch daran, dass ich über manches nur immer wieder staunen kann? Als Schauspieler scheint einem alles doppelt so schwer, weil man immer so viel in andere Charaktere investiert – sich etwas davon aneignet, dazuerfindet, wegnimmt.

Am meisten hat mir immer schon imponiert, wenn jemand exzellente Arbeit leistet. Das fällt mir bei allen möglichen Tätigkeiten auf: ob als Klempner, Museumsführer, Chauffeur, Kassierer – es ist mir immer eine Freude, so etwas zu beobachten. Vielleicht suchen wir uns immer die Bereiche aus, in denen wir die besten Chancen haben, exzellente Arbeit zu leisten. Bei mir ist es vielleicht die Schauspielerei oder irgendeine andere Verbindung zum Theater oder Kapital aus meinem Äußeren zu schlagen oder den Leuten etwas vorzumachen. Aber ich wusste ganz bestimmt nicht, wie man exzellente Arbeit als Vater leistet.

1978 kehrte ich auf eine Einladung hin zurück ans Kenyon College, um zur Eröffnung des neuen Theaters dort das Stück *C. C. Pyle and the Bunion Derby* des Pulitzer-Preisträgers Michael Cristofer zu inszenieren, in dem einige Schauspieler aus New York die Hauptrollen übernahmen und Studenten vom Kenyon die Nebenrollen spielten und für den Bühnenbau zuständig waren. Unsere Inszenierung hatte wahrscheinlich nicht das Potenzial eines Broadway-Erfolgs, aber alle Beteiligten machten ihre Sache gut und wir hatten viel Spaß dabei.

SCOTT NEWMAN ANFANG DER 1960ER

Spät an einem Abend bekam ich den Anruf aus L. A.: Scott war gestorben.

In den sechs oder sieben Jahren vor diesem Tag hatte ich immer wieder Anrufe bekommen, in denen es hieß: »Das war haarscharf.« »Es ist etwas Schreckliches passiert.« »Bald passiert bestimmt etwas Schreckliches.« »Es hat einen Unfall gegeben.« »Er ist verschwunden. Niemand weiß, wo er ist.« Anrufe von seinen Psychiatern. Anrufe von Susan. Es schien wie ein Schnellzug, der nicht mehr aufzuhalten war. Ab einem bestimmten Punkt schien es unausweichlich.

Nachdem er so oft haarscharf davongekommen war, gab es kein Entkommen mehr.

Man wartete ständig auf *den Anruf*, und wenn er dann kam, konnte man es doch wieder nicht glauben. Immer wieder andere Stimmen am Telefon – männlich, weiblich, alt, jung, professionell, privat –, und die ersten Worte lauteten immer: »Es geht um Scott.« Dann rechnete man mit dem Schlimmsten, und jedes Mal stellte sich heraus, dass es nur kurz davor gewesen war.

Dieses Mal nicht. Es war sein Arzt, der anrief, mit dem ich mich ein paar Wochen vorher noch getroffen hatte, kurz vor meiner Abreise zum Kenyon. Es dauerte drei Tage, bis ich in der Lage war, nach Los Angeles zurückzukehren, zu meiner Familie. Ich weiß nicht genau warum, aber ich tat wohl alles, um nicht wahrhaben zu müssen, was passiert war.

Viele Male bin ich auf die Knie gefallen und habe Scott um Verzeihung gebeten. Um Verzeihung für den Teil von mir, der den Impuls zu seinem Drang nach Selbstzerstörung gab. Die Verantwortung dafür will ich tragen. Was wäre nötig gewesen, um es zu verhindern? Ich bin mir nicht sicher, aber ich glaube nicht, dass ich hätte Filme machen und Filmstar werden dürfen. Ich hätte nicht so viel trinken dürfen. Ich hätte selbst nicht so risikofreudig sein dürfen.

Aber ich weiß auch, dass es irgendwie grotesk ist zu sagen: »Verzeih mir.« Denn die Energie da oben, die einmal dieses Kind war, wird mir einfach den Mittelfinger zeigen und sagen: »Und, was habe ich jetzt davon?«

Ich glaube, damit habe ich erst mal genug dazu gesagt.

JIM MICHAEL WAR PAULS EHEMALIGER SCHAUSPIEL-PROFESSOR AM KENYON UND MASSGEBLICH DARAN BETEILIGT, SEINE RÜCKKEHR AN DEN CAMPUS FÜR DIE INSZENIERUNG VON *C. C. PYLE AND THE BUNION DERBY* ZU ORGANISIEREN.

Paul hatte eine Verabredung zum Lunch mit dem Vorsitzenden der Ehemaligen und dessen Frau und einem ehemaligen Kommilitonen, der 1949 auch das Feuer am Kenyon miterlebt hatte. An dem Morgen bat er mich, zu ihm in das Haus zu kommen, das er gemietet hatte, und sagte: »Scott ist etwas Schreckliches zugestoßen.« Was genau, sagte er mir nicht, nur: »Ich hatte damit gerechnet. Ich wusste immer, dass es jederzeit passieren konnte. Ich weiß nicht, was ich machen soll.«

Daran, dass Scott tot sein könnte, dachte ich in dem Moment nicht. Ich dachte, es ginge um Drogen oder er hätte einen Unfall gehabt.

»Ich muss nach Kalifornien, aber ich weiß noch nicht, wann, aber ich glaube, es dauert noch ein paar Tage … Ich weiß nicht, was ich mit diesem Lunch heute machen soll.«

»Vielleicht wäre es gut, wenn du hingehst«, sagte ich. »Vielleicht geht es dir besser damit, es einfach durchzustehen.«

Er war einverstanden, und ich fuhr ihn zu dem Landhaus, wo der Vorsitzende der Ehemaligen wohnte. Es war ein guter Lunch, mit guten Gesprächen. Paul war aufmerksam und sprach mit den Leuten über die Themen, über die sie mit ihm sprechen wollten. Erst am nächsten Morgen erfuhr ich, was genau passiert war.

Innerhalb der nächsten vierundzwanzig Stunden erfuhr es ganz Kenyon. Aber Paul blieb noch ein paar Tage bei den Proben von *C. C. Pyle and the Bunion Derby.* Er hielt den Zeitplan ein und bedankte sich dann bei den Studenten für ihre gute Mitarbeit.

Anschließend flog Paul nach L. A., um alles zu regeln, aber er kam schon bald darauf zurück und machte an dem Punkt weiter, an dem er die Proben unterbrochen hatte. Eine Bemerkung von Paul aus dieser Zeit ist mir in Erinnerung geblieben: »Ich würde keines meiner Kinder sein wollen.« Er war sich absolut bewusst, was für eine Belastung das war.

JOHN CONSIDINE IST EIN SCHAUSPIELER, DER IN ZAHLREICHEN FERNSEHSENDUNGEN UND FILMEN ZU SEHEN WAR UND VON PAUL ENGAGIERT WURDE, UM AM KENYON COLLEGE IN *C. C. PYLE AND THE BUNION DERBY* AUFZUTRETEN.

Nachdem wir am Kenyon angereist waren, machte ich es mir zur Gewohnheit, jeden Abend rüberzugehen zu Paul. Dann fuhren wir entweder in die Stadt, nach Mount Vernon, wo Paul sich immer Truthahn mit Kartoffelpüree und Bratensoße bestellte, oder wir blieben zu Hause und Paul machte uns eine Suppe oder einen Salat und öffnete ein paar Flaschen von dem teuren Wein, den er so gern mochte.

Er machte sich Sorgen um Scott, und er wusste nicht, ob all das, was er in die Wege geleitet hatte, überhaupt hilfreich war; dieser neue Psychologe, mit dem er erst vor Kurzem gesprochen hatte, schien auch nichts zu bewirken. All das belastete ihn sehr.

»Hast du dich jemals gefragt«, wollte er einmal von mir wissen, »ob du, wenn du nochmal von vorn anfangen könntest, wieder Kinder haben wollen würdest?«

An dem Abend, als wir die erste Leseprobe für das Stück hinter uns hatten, klingelte bei Paul das Telefon, und ich merkte sofort, dass etwas Schreckliches passiert war, denn er schwieg fast nur, stellte nur einsilbige Fragen wie: »Wann?«

Paul legte auf, und ich fragte: »Ist mit Scott alles okay?«

Er wirkte sehr geistesabwesend und antwortete: »Er wird es nicht schaffen. Ich glaube nicht, dass er es schaffen wird.«

Dann, nach langem Schweigen, sagte Paul mir, dass man ihm gerade mitgeteilt hatte, dass Scott gestorben war.

Wir gingen nach draußen und machten einen Spaziergang. Es fielen vielleicht ein Dutzend Worte, keine Tränen. Ich weiß noch, dass ich wünschte, Paul hätte weinen können, um etwas rauszulassen. Ich legte meinen Arm um ihn. Ich wollte ihn in den Arm nehmen.

Kurz bevor es schon fast hell wurde, sagte Paul so etwas wie: »Ich brauche noch etwas Zeit.« Er schien damit zurechtzukommen, so gut, dass ich mich wunderte. Weil ich wusste, dass er überhaupt nicht zurechtkam.

Am späten Vormittag gab es eine Versammlung am Theater, um dem Ensemble und den Veranstaltern zu sagen, was passiert war, und um zu besprechen, ob man das Stück absagen sollte. Paul kam später dazu und teilte allen mit, dass er sich überlegt hatte, es sei das Beste für ihn, mit der Arbeit anzufangen. Ich behielt ihn im Auge, behielt ihn genau im Blick, weil ich fürchtete, er würde vielleicht zusammenbrechen. Aber das tat er nicht.

Ich weiß nicht, wie er da bleiben konnte, aber ich habe es nie hinterfragt. Erst drei Tage später flog er zurück nach Los Angeles.

JOANNE WOODWARD

Ich wusste, dass Fotografen kommen würden, und das hätte ich nicht ertragen. Ich glaube, dass war einer der Gründe, warum ich wollte, dass Paul blieb, wo er war. Da war er vor all dem sicher, und wir wussten, dass niemand in Gambier etwas durchsickern lassen würde, und das tat auch niemand. Alle dort waren wunderbar. Er hatte es noch gar nicht richtig realisiert, als er dann ein paar Tage später nach Hause kam. Er ging sofort in die Totenhalle, und er sagte, erst da wurde es für ihn real. Er sagte, er musste einfach da hin und bei ihm sein, und dann sagte er noch: »Plötzlich wurde mir bewusst, wer er gewesen war, und da konnte ich weinen, ihn anschauen und lieben.«

JACKIE WITTE

Paul rief mich an, um mir zu sagen, was passiert war. Es war das erste Mal seit Jahren, dass wir miteinander sprachen.

Wir entschieden, Scotts Asche zu verstreuen. Paul war dabei, ich war dabei und Susan war dabei, und einige von Scotts Freunden.

Ob Paul und ich uns durch Scotts Tod wieder näher kamen? Ich glaube nicht. Damit meine ich, wenn wir beide, Paul und ich, mehr Verständnis für Scotts Situation aufgebracht hätten und an einem Strang gezogen hätten, um ihm zu helfen, wäre das für uns alle besser gewesen. Aber das haben wir nicht.

Als Scott ungefähr elf war, waren wir über Nacht bei einem Freund, und da kam Scott irgendwann zu mir und sagte: »Ich will dir etwas zeigen, aber du darfst Dad nichts davon erzählen. Du musst mit nach draußen kommen.« Wir gingen nach draußen, und Scott zog ein 30-Kaliber panzerbrechendes Projektil aus der Jackentasche.

»Woher hast du das?«, fragte ich ihn.

»Das kann ich dir nicht sagen, aber ich wollte es dir zeigen. Soll ich es behalten?«

»Willst du es denn behalten?«

»Klar will ich das.«

Ich sagte ihm, dass so etwas gefährlich ist, und erklärte ihm, dass es damit leicht zu einem Unfall kommen kann, wenn es auf einen scharfkantigen Gegenstand fällt und der Zünder ausgelöst wird. Und obwohl er vor der Gefahr Angst hatte, merkte ich, dass er das Projektil trotzdem behalten wollte. Deshalb öffneten wir irgendwie die Ummantelung, nahmen das Geschoss heraus, schütteten das Pulver aus und verbogen mit einen Stein die Zündnadel – und dann gab ich ihm das Geschoss wieder zurück.

Jahre später, als er wieder in der Schule an der Ostküste war, geriet er in ernsthafte Schwierigkeiten und es gab einen riesigen Tohuwabohu mit seinem Vater. Da schrieb ich ihm, ob er nicht versuchen könne, darüber zu sprechen, wie es in ihm aussah, anstatt bei den Menschen dicht zu machen, die ihm helfen wollten. In dem Zusammenhang erinnerte ich ihn an dieses Projektil und schrieb: »Du hast so viel Wut in dir. Und die macht dir so viel Angst. Aber gleichzeitig gibt diese Wut dir auch irgendeine Art von Macht, denn genau darum ging es bei diesem Projektil – du hast von jemand anderem verlangt, die Verantwortung für diese Wut zu übernehmen, die dir die Macht dazu gab.«

A. E. HOTCHNER WAR NACHBAR UND FREUND DER NEWMANS, DER ALS BESTSELLER-AUTOR UNTER ANDEREM BIOGRAFIEN SCHRIEB. ER ENTWARF ZUSAMMEN MIT PAUL DIE MARKE NEWMAN'S OWN, DEREN ERLÖS WOHLTÄTIGEN ZWECKEN ZUKOMMT.

Paul sagte oft »Ich habe wieder einmal Ärger mit Scott«, und dann musste er dorthin fliegen, wo auch immer es Ärger gab. Ich erinnere mich vor allem an diesen furchtbaren Vorfall, als Scott verhaftet wurde und ihn ein Polizist hinten im Streifenwagen gegen den Kopf trat. Da musste Paul natürlich auch hin.

Das war eine schwierige Zeit für Paul; er war ständig in Aufruhr. Wir sprachen oft über dieses Problem. »Mein Gott, ich weiß nicht mehr, was ich noch machen soll, weil ich einfach nicht zu Scott durchdringe.« Er versuchte es dann damit, ihn in einem Film mitzuspielen lassen, ihn durch Arbeit in eine andere Richtung zu lenken, und machte sich vor: »Jetzt ist Scott ein richtiger Schauspieler, das ist es, was er machen möchte.«

Einmal versammelten wir uns zu einer Party, um uns Scott in einer Gastrolle bei *Dr. med. Marcus Welby* anzusehen. Scott, der auch auf der Party war, spielte einen Todkranken, der im Krankenhaus lag. Paul stellte ihn sehr liebevoll in den Vordergrund und lobte dabei sein Talent mit Begeisterung.

Als Scott noch ein kleiner Junge war, hatte Paul Trampoline und Geräte zum Scheibenschießen im Garten aufgebaut. Er ging mit Scott angeln, unternahm alles Mögliche zusammen mit ihm. Aber Scott trug immer diese Bürde, dass er der Sohn von Paul Newman war. Dass er versuchte, Paul Newman zu sein. Das eigentlich Tragische war, dass er keine Herausforderung finden konnte, die total anders war als das, was sein Vater machte. Das wäre für beide ein Segen gewesen.

DR. RHODA BURNHAM WURDE VON DEN NEWMANS ALS THERAPEUTIN FÜR DIE KINDER ENGAGIERT.

Nach Scotts Tod sprach Paul nie mit den Mädchen über seine Situation, deshalb wussten sie gar nicht, wie sehr er trauerte. Wie es für ihn war, meine ich damit, darüber wurde nie gesprochen.

Paul ist ein sehr liebevoller und fürsorglicher Vater. Er bringt seinen Kindern ein hohes Maß an Achtung entgegen und liebt sie sehr. Er erkennt den Humor bei Lissy, er sieht die Hingabe bei Clea und mit Nells Interessen kann er sich identifizieren und sie nachempfinden, weil sie ähnlich gelagert sind wie seine eigenen.

Aber Paul hatte beruflich so viele kräftezehrende Verpflichtungen, dass er als Vater nicht beständig zur Verfügung stand. Wenn er da war, war er sehr engagiert, sehr interessiert, aber immer nur für ein paar Wochen und dann verschwand er wieder. Es war nicht so, dass er seinen Kindern etwas vorenthalten wollte, aber es drängten auch andere Verpflichtungen. Da war nie Beständigkeit.

Die Kinder freuen sich immer, wenn er sich Zeit für jedes einzelne nimmt. Aber wegen seiner Berühmtheit und den Reaktionen in der Öffentlichkeit konnte er nicht wie andere Väter mit ihnen in den Zoo gehen oder etwas Derartiges unternehmen. Wenn Paul sie in der Schule besuchte, waren die Mädchen immer ganz angespannt, weil alle anderen sich ihnen gegenüber nicht mehr normal benommen hätten, wenn sie mitbekommen hätten, dass sie die Kinder von Paul Newman sind. Sie haben einen Preis bezahlt für etwas, das sie nicht ändern können.

GEORGE ROY HILL WAR EIN FILMEMACHER UND ENGER FREUND VON PAUL. ER FÜHRTE REGIE IN DEN NEWMAN-FILMEN *ZWEI BANDITEN, DER CLOU* UND *SCHLAPPSCHUSS.* ER FÜHRTE AUCH REGIE BEI DEM FILM *TOLLKÜHNE FLIEGER,* IN DEM SCOTT NEWMAN MITSPIELTE.

Scott Newman war ein junger Typ, der mit all dem überfordert war. Der Sohn von Paul Newman zu sein und von Haus aus schon gut auszusehen, war für ihn eine Bürde, der er nicht gewachsen war.

Paul war viel nachsichtiger mit ihm, als er es gewesen wäre, wenn das Verhältnis der beiden zueinander nicht schon durch eine Scheidung erschwert worden wäre. In gewissem Maß hatte Paul immer Schuldgefühle, und in seinen Gedanken nahm Scott immer einen besonderen Platz ein. Als er Scott in der Valley Forge Academy besuchte, auf deren Internat Scott ging, erzählte Paul mir hinterher, dass Scott auf ihn zu gerannt war und ihn in die Arme genommen hatte – das bedeutete Paul ungeheuer viel. Scott wäre nicht imstande gewesen, seinem Vater so etwas nur vorzumachen, aber ich glaube schon, dass er imstande war, ihn zu manipulieren.

Scott war, glaube ich, sehr gestört, aber Paul tat alles, um ihn wieder in die Spur zu bringen. Paul hält sich nicht zurück, wenn er etwas gibt. Er liefert sich der Gefahr, zurückgewiesen zu werden, vollkommen aus, und ich glaube, er empfand Scotts Lebensstil als Zurückweisung. Er sagte mir einmal, er könne die Situation mit Scott nicht mehr aushalten, und dass er nicht wüsste, was er tun sollte. Er könne doch nicht sein ganzes restliches Leben damit verbringen, ständig für Scott etwas geradezubiegen, wenn Scott von ihm verlangte, dass er etwas für ihn geradebog.

PATTY NEWMAN

Scott war auf der Suche nach Arbeit, und dafür brauchte er einen Wagen; dass Paul ihm nicht schon wieder einen kaufen wollte, war uns klar, vor allem weil Scott zu dem Zeitpunkt schon Mitte zwanzig war.

Als Scott mir von seinem Dilemma erzählte, sagte ich zu ihm: »Pass mal auf, ich habe einen alten Sportwagen, und wenn es dir hilft, kannst du den gern für eine Zeit lang haben.«

Er tat mir furchtbar leid, und ich wünschte, ich hätte mehr für ihn tun können, als ihm nur ein Auto zu leihen. Scott war ein lieber Junge, sehr sensibel, liebenswert, und man konnte sich gut mit ihm unterhalten. Mit allem, was er uns erzählte, erweckte er immer den Eindruck, als ob ihm bald etwas Gutes passieren würde: dass er Arbeit finden würde oder dass er nochmal zur Schule gehen würde oder dass er es vielleicht doch mit der Schauspielerei schaffte. Er fand immer einen Grund dafür, warum er keinen Job hatte, aber er war immer optimistisch, und das ist, glaube ich, gar nicht ungewöhnlich bei Menschen, die Probleme mit Alkohol oder Drogen haben.

Er war eine Zeit lang mit dem Auto gefahren, als wir uns am Thanksgiving-Wochenende mit der ganzen Familie in Santa Barbara trafen, wo Pauls Töchter an einem Reitturnier teilnahmen. Am Abend vorher fuhren wir alle nach Ojai und gingen Essen, und wir waren ziemlich viele Leute. Natürlich tranken alle etwas. Joanne und die Mädchen verabschiedeten sich als Erste, damit sie am nächsten Morgen für das Reitturnier ausgeschlafen waren. Paul fuhr später bei Scott mit, und Arthur und ich fuhren hinter ihnen her.

In dem Moment, als Arthur zu mir sagte, dass Scott viel zu schnell fuhr und dass Paul ihn wahrscheinlich noch anstachelte, fuhren wir durch eine Kurve und Scotts Wagen kam von der Fahrbahn ab und überschlug sich. Überschlug sich einmal komplett. Es sah nach einem Totalschaden aus, und wir erschraken ganz furchtbar.

Ich sprang aus unserem Wagen, starrte auf das Wrack und muss wohl ein total schockiertes Gesicht gemacht haben. Denn Paul ging mich sofort vorwurfsvoll an, und es war das einzige Mal, dass er jemals so etwas tat: »Keine Angst! Wir kaufen dir einen neuen Wagen.«

Der Wagen war natürlich das Letzte, woran ich in dem Moment dachte. Später hat er sich dafür entschuldigt.

Paul war vollkommen unverletzt geblieben, aber Scott musste mit ein paar Stichen im Bereich eines seiner Augen genäht werden. Arthur begleitete Paul und Scott ins Krankenhaus, und ich fuhr zurück ins Hotel. Am nächsten Tag mussten wir Scott nach L. A. zurückbringen, weil er jetzt natürlich wieder kein Auto mehr hatte.

Scott erzählte uns, dass er eigentlich gar nicht so schnell hatte fahren wollen, weil die Scheinwerfer des Wagens kaputt waren und er auf der kurvigen Straße nicht so weit sehen konnte. Aber Paul hätte ihn dazu ermuntert.

Und im Zusammenhang mit diesem Unfall gibt es noch etwas, was mich beunruhigte, worüber wir aber nie sprachen. Paul ließ ein detailgenaues Modell von meinem Opel GT anfertigen – mit all den Dellen und Schrammen. Das schenkte er Scott. Das fand ich komisch, denn der Unfall an diesem Abend war doch schrecklich, und es war ein Wunder, dass weder Scott noch Paul schwere Verletzungen hatten. Das hätte leicht passieren können – und der Gedanke, dass sie dabei hätten sterben können, wäre das Letzte gewesen, worüber ich Witze gemacht hätte. Aber als Scott dieses Modellauto von Paul geschenkt bekam, musste er tatsächlich lachen.

JOANNE WOODWARD

In der Nacht, bevor ich in die Totenhalle gehen wollte, um mich von Scott zu verabschieden, träumte ich etwas, das sich so wirklich anfühlte wie kein anderer Traum in meinem Leben: Clea und ihre Freundin Emily waren bei mir, aber sie waren nicht so alt wie in Wirklichkeit, sondern noch kleine Mädchen. Wir gingen eine Treppe hinauf und dann in einen Raum, in dem Scott aufgebahrt lag. Er setzte sich auf, schwang irgendwie die Beine aus dem Sarg und setzte sich auf den Rand des Sargs, und dann sprachen wir miteinander. Wo die Mädchen plötzlich waren, weiß ich nicht, jedenfalls waren sie verschwunden. Nur noch Scott und ich waren da, und unser Gespräch war sehr herzlich, sehr liebevoll. Und nachdem wir uns eine Weile unterhalten hatten, fing er an zu leuchten, und als er merkte, dass er anfing zu leuchten, sagte er: »Ich glaube, du musst jetzt gehen.« Und ich sagte: »Aber Susan und Lissy wollen doch eine Haarlocke von dir.« Und da sagte er: »Na gut, du kannst mir ruhig eine Locke abschneiden.« Mit einer Schere schnitt ich ihm eine Haarlocke ab, und da wurde sein Haar zu Laub, und ich weiß noch, dass ich es abschnitt und dachte: »Wie seltsam! Wie soll ich dieses Laub denn in ein Medaillon tun?« Und er legte sich wieder zurück und winkte lächelnd, und dann ging ich, und dann war der Traum zu Ende.

Früher zog ich Scott manchmal damit auf, dass ich scherzhaft sagte: »Du kommst wirklich aus einem anderen Universum, du kannst gar nicht von hier sein.« Aber eigentlich war das mehr als nur ein Scherz. Ich dachte immer, wenn es so etwas wie einen Wanderer zwischen den Welten wirklich geben würde, dann wäre Scott einer.

X

CLEA UND JOANNE ANFANG DER 1970ER-JAHRE

In den 1960er-Jahren kamen über zwanzig Filme mit Paul Newman auf den Markt. Das neue Jahrzehnt begann direkt mit einer Oscar-Nominierung für seine Rolle als Fast Eddie Felson in Haie der Großstadt, *wobei er sich aber Maximilian Schell geschlagen geben musste, der den Oscar für seine Rolle in* Urteil von Nürnberg *gewann. Zwei Jahre später wurde er für* Der Wildeste unter Tausend *nominiert, doch den Oscar bekam Sidney Poitier für* Lilien auf dem Felde. *(Newmans Co-Stars*

Melvyn Douglas und Patricia Neal konnten an dem Abend jedoch beide mit einem Oscar nach Hause gehen.) 1967 bekam er eine weitere Nominierung für Der Unbeugsame. *(ebenso wie sein Co-Star George Kennedy, der den Oscar als bester Nebendarsteller gewann.) Er beendete die Sechzigerjahre mit einem der kommerziell erfolgreichsten Filme aller Zeiten:* Zwei Banditen (Butch Cassidy and the Sundance Kid), *der in der Kategorie Bester Film nominiert wurde (aber gegen* Asphalt-Cowboy *unterlag). Insgesamt brachte er es auf zehn Oscar-Nominierungen, und bekam den Oscar schließlich 1987 für* Die Farbe des Geldes.

Er erntete viel Lob sowie zahlreiche Nominierungen und Preise mit einem Herzensprojekt, bei dem er 1968 selbst der Produzent war und erstmalig Regie führte: Die Liebe eines Sommers *bekam insgesamt vier Oscar-Nominierungen, unter anderem eine für Joanne Woodward in der Kategorie Beste Hauptdarstellerin.*

DEDE ALLEN

Als Paul mich anrief und fragte, ob wir uns einmal treffen könnten, um über den Film *Die Liebe eines Sommers* zu sprechen (der damals noch den Arbeitstitel *Ein Scherz von Gott* hatte), war ich gerade mit den letzten Arbeiten beim Cut von *Bonnie und Clyde* beschäftigt. Deshalb war ich total übermüdet, als ich das Drehbuch las, denn der Schnitt von *Bonnie und Clyde* war zwar spannend, aber auch enorm anstrengend. Als würde man ein Kind zur Welt bringen und sich sagen: »Nie wieder!«

Etwas an *Die Liebe eines Sommers* bereitete mir Unbehagen – vielleicht, weil es um Themen ging, die mir Unbehagen bereiteten. Ich traf mich mit Paul in Beverly Hills und sagte ihm: »Lieber nicht – ich glaube nicht, dass ich dafür die Richtige bin.«

»Aus genau dem Grund will ich, dass du das machst«, antwortete er. »Das sieht Joanne in mancher Hinsicht genauso wie du – ich will unterschiedliche Sichtweisen.« Eine von Pauls großen Stärken war, dass er es immer sofort auf den Punkt brachte.

Paul sagte, er wolle selbst Regie führen und dieser Film müsse gemacht werden, weil er »für Joanne genau das Richtige« sei. Das Publikum käme sonst kaum in den Genuss, Joanne als Schauspielerin zu erleben, sagte er, und obwohl er die Regie vielleicht nicht übernehmen sollte, wolle er es trotzdem tun.

JOHN FOREMAN

Für Paul ist Joanne ein ganz besonderes Wesen mit einer Magie, die er sich hart erarbeiten muss, um dieser auch nur nahezukommen. Deshalb hat er im Lauf der Jahre schon alles Mögliche in Kauf genommen. Die Regiearbeit mit ihr in *Die Wirkung von Gammastrahlen auf Ringelblumen* war so schwierig, wie ich es in all den Jahren, die ich in dieser Branche bin, noch nie erlebt habe. Das war Teil ihres Arbeitsprozesses. Ich dachte immer schon, Joanne hat ein Gespür dafür, dass man, um wirklich als Schauspieler oder Schauspielerin anerkannt zu werden, entweder hübscher sein muss als alle anderen oder besser, und sie hat sich für besser entschieden.

DEDE ALLEN

Wer hätte denn einen solchen Film gemacht wie *Die Liebe eines Sommers* – über eine einsame Siebenunddreißigjährige, die noch nie mit einem Mann geschlafen hat? Die Verantwortlichen in der Filmfirma ließen Paul den Film machen, weil sie ihn als Schauspieler unter Vertrag nehmen wollten. Sie ließen uns einfach machen, und etwas Besseres hätte uns gar nicht passieren können.

Es war ein Wendepunkt für mich, nicht nur weil es einer meiner Lieblingsfilme wurde, sondern auch weil die Arbeit daran zu einer meiner besten beruflichen Erfahrungen wurde. Ich glaube, der Film wurde vor allem deshalb so gut, weil er liebevoll gemacht wurde – und niemand uns über die Schulter schaute. Die Studioleute kümmerten sich überhaupt nicht darum. Dieses kleine Projekt interessierte sie nicht die Bohne. »Hier ist ein Film für euch«, sagten sie. »Also macht mal.«

Am ersten Drehtag in Bethel, Connecticut, versammelte Paul des ganze Team und sagte: »Ich bin noch Jungfrau. Ihr müsst also ganz vorsichtig mit mir sein. Ihr müsst mir helfen!« Paul war so ehrlich, so aufrichtig, und es gab nichts, was das Team nicht gern für ihn getan hätte.

ESTELLE PARSONS

Ich hatte noch nie einen Film auf diese Art geprobt, in einem abgesteckten Bereich wie bei einem Theaterstück. So probten wir den ganzen Film. Das war interessant. Dadurch bekam der Film einen ganz besonderen Tiefgang. Was wir letztlich bei den Dreharbeiten machten, hatte eigentlich nichts mehr damit zu tun, was wir geprobt hatten, aber dadurch, dass wir es so geprobt hatten, konnten wir weniger verkrampft an die Figuren herangehen, ihnen eine Tiefe geben, die uns gar nicht bewusst war und die man nicht vorspielen kann. Ich dachte, was für eine vorzügliche Idee es doch von Paul war, dass er so da herangegangen war, denn ohne es zu merken, hatten wir dadurch ein gewisses Etwas, das man normalerweise in einem Film nicht sieht.

SHIRLEY RICH WAR EINE BERÜHMTE CASTING-DIREKTORIN UND VERANTWORTLICH FÜR DIE ROLLENBESETZUNG BEI VIELEN BROADWAYSTÜCKEN UND HOLLYWOODFILMEN, AUCH BEI *DIE LIEBE EINES SOMMERS.*

Wenn Paul Rollen besetzte, sah er immer das Wesentliche in jemandem – vielleicht, weil er selbst Schauspieler war. Er erkannte immer den Unterschied zwischen den Besten und denen, die nicht ganz so gut waren.

Bei Schauspielern ist Paul in Erinnerung geblieben, weil sie die Castings bei ihm als etwas Feinsinniges erlebten. Sie mussten nicht solche Fragen über sich ergehen lassen wie: »Was haben Sie denn in der letzten Zeit gemacht?« Er hatte immer ihre Fotos und Lebensläufe parat, und ausschlaggebend war immer, wie das Vorsprechen lief.

Er trifft immer genau die richtige Wahl – weil er ein gutes Gespür dafür hat, was zu seinem Projekt passt und dem Projekt guttut. Er braucht nicht wochenlang für solche Entscheidungen – Zeitverschwendung gab es bei Paul nie. Und diese Disziplin legt er auch als Schauspieler an den Tag.

TOM CRUISE

Ich sprach für *Harry & Sohn* vor allem deshalb vor, weil ich Paul kennenlernen wollte. Ich war aufgeregt. Wenn man in den Startlöchern als junger Schauspieler steht, will man, dass die Leute einen mögen, dass ihnen die Arbeit gefällt, die man gemacht hat, man will anerkannt werden. *Die Kadetten von Bunker Hill* war gerade angelaufen und *Lockere Geschäfte*, glaube ich, auch schon. Ich ging also in sein Büro. Da sitzt Joanne und strickt, und Newman hat eine Kette um den Hals, an der ein Dosenöffner hängt. Er trug ein verwaschenes weißes T-Shirt und Jeans. Und er sagte: »Hey, Killer. Wie geht's?« Er schien sehr erfreut, weil ein Schauspieler reinkam, und ganz entspannt.

Wir probten eine Szene, und er wollte meine Meinung dazu hören, welche Ideen ich hatte und wie ich sie umsetzen würde. Er ließ sich tatsächlich beeindrucken. Da hat man ein bestimmtes Bild von jemandem, und wenn man ihm plötzlich gegenübersteht, merkt man, dass er sich noch immer dafür begeistern kann, wenn zwei Schauspieler einfach eine Szene ausprobieren.

WARREN COWAN

Meine früheste Erinnerung an *Die Liebe eines Sommers* ist die, dass ich das Drehbuch im Flugzeug nach New York gelesen hatte und am nächsten Tag mit Paul in einem Apartment in der Lexington Avenue verabredet war.

Ich weiß noch, dass sie das Apartment zu einem Produzenten-Büro umfunktioniert hatten. Im Eingangsbereich standen zwei oder drei Schreibtische, an denen Leute saßen und arbeiteten, und das Vorsprechen fand im Wohnzimmer statt. Genau an dem Tag hatte Joanne auch eine Anzeige in der New York Times geschaltet, weil sie ein Kindermädchen suchten, und immer wenn jemand an der Tür klingelte, fragten sie: »Kommen Sie wegen des Films oder wollen Sie sich als Kindermädchen bewerben?«

FRANK CORSARO WAR EIN RENOMMIERTER OPERN- UND THEATERREGISSEUR UND ABSOLVENT DES ACTORS STUDIO. IN *DIE LIEBE EINES SOMMERS* SPIELTE ER EINE DER HAUPTROLLEN.

In gewisser Weise zeigte Paul seine beste schauspielerische Leistung als Regisseur von *Die Liebe eines Sommers*. Nirgendwo sonst habe ich so viel von seiner Finesse und seinem außerordentlichen Einfühlungsvermögen erlebt. Es gelang ihm, etwas von seiner Empfindsamkeit zuzulassen und durch die Schauspieler zum Ausdruck zu bringen.

Als Regisseur stellte Paul in Hinsicht auf Gefühle und Spielfreude ganz konkrete Anforderungen an das Ensemble, die bei seiner eigenen Arbeit als Schauspieler oft nicht so erkennbar waren.

DEDE ALLEN

Paul hatte eine so überwältigende Hochachtung für Joanne, nicht nur als Schauspielerin, sondern auch als Frau, dass Spannungen für ihn sehr belastend waren und ihm die Arbeit als Regisseur noch schwerer machten, als sie es sonst gewesen wäre. Es ist sicher beunruhigend, wenn Spannungen aufkommen, während man bei jemandem Regie führt, den man liebt und mit dem man zusammenlebt. Beide waren absolut professionell, aber ich weiß noch, dass Paul sich scherzhaft beklagte über »diese Regie, an der noch unsere Ehe scheitern wird«.

STEWART STERN

Ich weiß noch, dass Paul bei *Die Liebe eines Sommers* die Liebesszene am Wasser nicht drehen wollte. Er wollte Joanne nicht in dieser Situation sehen. Seine Rechtfertigung lautete: Das können wir doch hinterher so rüberbringen, dass es sich in ihrem Gesichtsausdruck widerspiegelt, wenn sie daran zurückdenkt.

Als er sich an dem Abend die Proben ansah, ging er in den Wald, und ich lief hinter ihm her. Er sagte: »Nein, das mache ich nicht. Das ist doch geschmacklos! Wenn man bedenkt, wer die Schauspielerin ist!« Ich bekniete ihn, die Szene trotzdem zu drehen. Ich sagte: »Du kannst sie immer noch rausschneiden, aber jetzt ist nicht der richtige Zeitpunkt, um darüber zu entscheiden.« Er ließ sich nicht beirren, und ich war den Tränen nahe, weil ich das ganze Projekt schon fast den Bach runtergehen sah.

DEDE ALLEN

Ich erinnere mich noch an diese Diskussionen. Ich weiß noch, dass ich sehr dafür plädierte, diese Liebesszene mit reinzunehmen. Ich fand sie ungeheuer wichtig – und das ist sehr interessant, denn ich kann mich nicht erinnern, dass wir im Schneideraum jemals ausprobiert hätten, wie der Film wirken würde, wenn wir die Szene rauslassen. Diese Szene war großartig und sehr ästhetisch gedreht, und ich wüsste nicht, dass wir sie jemals in einem Cut weggelassen haben.

ELIA KAZAN

Paul ist ein exzellenter Regisseur; er ist feinfühlig, direkt und ausdrucksstark. *Die Liebe eines Sommers* war aller Ehren wert, unaufdringlich, ein guter Film. Es wäre auch kaum möglich gewesen, sich nicht von Paul verleiten zu lassen. Man hätte alles getan, was er wollte, und genau darin besteht zum Teil die Aufgabe eines Regisseurs. Vielleicht werden die Leute in fünf Jahren sagen: »Mensch, Newman war ein guter Schauspieler, aber als Regisseur ist er noch besser.«

DEDE ALLEN

Ich war mir nie sicher, ob Paul selbst überhaupt wusste, wie gut er war, wie viel Talent er hatte und dass er den Eindruck machte, als hätte er schon jahrelang Erfahrung darin, Gruppen von Menschen anzuleiten, so gut wie er mit Menschen umgehen konnte. Wenn Kazan den Raum betritt, ist er auf seine Art ein Meister der Psychologie, der ganz genau weiß, wem man eine kalte Dusche verpassen kann und wem nicht, wann ich verletzlich bin und wann er mir lieber Rosen schicken sollte. Kazan beherrscht das sehr gut. Bei Paul hatte ich nie das Gefühl, dass er so etwas macht. Ich glaube nicht, dass er jemanden bewusst manipuliert.

SIDNEY LUMET WAR DER REGISSEUR VON *THE VERDICT – DIE WAHRHEIT UND NICHTS ALS DIE WAHRHEIT.*

Ich wundere mich immer wieder, warum Paul nicht öfter Regie führt, denn es wäre genau das Richtige für ihn. Wenn man fürchtet, sich vor einem großen Publikum verletzlich zu zeigen, fällt es einem deutlich leichter, die eigene Verwundbarkeit im geschützten Rahmen offenzulegen, mit ein paar Schauspielern, bei denen man Regie führt und die einem deshalb vertraut sind. Ich finde, das würde seinem Talent entsprechen. Es würde auch dem entsprechen, wie ich ihn psychologisch einschätze.

Als *Die Katze auf dem heißen Blechdach* 1958 in die Kinos kam, hatte ich die Nase gestrichen voll von den Methoden der Filmstudios. In der Zeit von *Der silberne Kelch* hatte ich bei Warner Bros. einen Vertrag unterschrieben, der den Studioleuten ungeheuer viel Entscheidungsfreiheit ließ, bei welchen Filmen ich mitspielte und wie viel ich dafür bekam.

JOHN FOREMAN

Warner Bros. liehen ihn immer öfter aus, wodurch sie ihn am langen Arm verhungern ließen, weil er all seine großen Erfolge als Leihgabe gemacht hatte. Sie kassierten etwa hundertfünfzigtausend Dollar, wenn er einen Film für MGM machte, ab dem Zeitpunkt, als er für Fox arbeitete, sogar fünf- oder sechshunderttausend Dollar. Und er bekam nach wie vor bloß seine zweitausend Dollar Festgehalt pro Woche.

Bei Warners hatte man mir zwar versprochen, dass man mich nicht zwingen würde, einen Film zu machen, den ich nicht machen wollte, aber das war natürlich glatt gelogen. Irgendwann rief ich direkt ganz oben bei der Filmfirma an. »Jack Warner«, sagte ich, »hier ist Paul Newman. Du kannst mich mal!« Dann musste der Chef der Agentur, die mich vertrat, Lew Wasserman von MCA, all seine Raffinesse und Beharrlichkeit aufwenden und sich etwas einfallen lassen, um die Wogen zu glätten und mich von dem Vertrag zu befreien – mehr oder weniger zumindest. Lew rief Jack Warner an und schlug ihm vor, man solle mir die Möglichkeit einräumen, mich aus dem Vertrag mit Warners rauszukaufen – für eine halbe Million Dollar. Mir schien diese Abmachung beängstigend.

»Lew, dadurch bin ich ihnen für die nächsten zwanzig Jahre doch ausgeliefert.«

»Lass das mal meine Sorge sein«, antwortete er.

Ich war immer noch beunruhigt, aber letzten Endes ging die Rechnung auf. Innerhalb von fünf Jahren zahlte ich Warner Bros. die vereinbarten 500 000 Dollar.

Jack Warner war ein großer Verfechter des Mottos »Geschäft ist Geschäft«, und er ließ durchblicken, dass er nicht nachtragend war. Wenig später war er in New York bei einer meiner Vorstellungen von *Süßer Vogel Jugend* und wollte mir anschließend persönlich gratulieren. Aber ich ließ ihn nicht hinter die Bühne.

Ich hatte mir vorgenommen, meine Entscheidungen selbst zu

treffen – mir zu überlegen, welche Projekte infrage kamen, und dann zu entscheiden, welche ich wirklich machen wollte.

ROBERT J. WAGNER SPIELTE PAULS RIVALEN, DEN RÜCKSICHTSLOS EHRGEIZIGEN RENNFAHRER IN *INDIANAPOLIS – WAGNIS AUF LEBEN UND TOD*, UND ER BEKAM MIT PAULS HILFE EINE TRAGENDE ROLLE IN *EIN FALL FÜR HARPER*.

Paul hatte sich immer schon gegen die Vertragsbedingungen bei den Filmfirmen aufgelehnt, dagegen, welche Filme man machen sollte. Er war damit nicht einverstanden. Er war immer auf der Suche nach mehr, wollte über diese eng gesteckten Grenzen hinausgehen und Wertvorstellungen vertreten, die höher waren als die, die er da erfüllen sollte.

Seine Denkprozesse als Schauspieler waren verblüffend und spannend. Wenn Paul sich mit einer Rolle oder einer Figur beschäftigte, entwickelte er ganz außergewöhnliche Interessen. Er setzte sich viel gründlicher mit Lebens- und Verhaltensmustern auseinander, als ich es mir überhaupt hätte vorstellen können. Ich kenne niemanden sonst, der so verdammt hart daran arbeitet, dorthin zu kommen, wo er jetzt ist, und daraus so viel Stärke bezieht, wie er sie hat.

Wahrscheinlich ist es kein Zufall, dass mit Beginn der 1960er-Jahre mein politisches Bewusstsein und meine aktive Beteiligung an der Politik zunahmen.

Vielleicht nahm es schon mit Gore Vidal seinen Anfang. Wir hatten uns 1955 kennengelernt, als ich die Hauptrolle in seinem Fernsehspiel *The Death of Billy the Kid* spielte. Als Joanne und ich auf unserer Hochzeitsreise in Europa waren, veranstalteten Gore und sein Partner Howard Austen ein wunderbar feierliches Dinner für uns; und als wir uns anschließend in L. A. niederließen, mieteten wir sogar zeitweilig zusammen mit den beiden ein Haus.

Wir wurden gute Freunde, und als wir wieder an die Ostküste zogen, waren wir oft zu Gast auf Gores Landsitz Edgewater in der Nähe von Red Hook, New York. Gore betrieb da einen richtigen Salon, der von Literaten, Theaterleuten und sogar Leuten vom Militär besucht wurde. Außerdem war mehr als nur eine Persönlichkeit aus der Politik zu Gast, denn Gore war politisch sehr beschlagen und aktiv. Wir blieben immer bis spät in die Nacht auf und tranken vorzügliche Spirituosen und Weine oder Bier. Ob Gore erst um vier Uhr morgens zu Bett ging, spielte für ihn keine Rolle; um neun Uhr morgens saß er wieder vor seiner Schreibmaschine und arbeitete. Ich war immer ein bisschen in Sorge, dass man sich mit mir nicht so gut unterhalten konnte, weil ich nicht über die Art von Bildung verfügte wie Gore und seine anderen Gäste.

Gore kam natürlich aus einer angesehenen Familie. Sein Großvater war US-Senator gewesen, und Gore war in Washington D. C. aufgewachsen. 1960 wurde Gore von den Demokraten für die Kongresswahlen nominiert und im Wahlkampf von Eleanor Roosevelt unterstützt, um den Valley-House-Sitz zu gewinnen, der seit Langem immer an die Republikaner gegangen war. Joanne und ich waren beeindruckt von Gores liberaler Haltung und boten ihm auch unsere Unterstützung an. Meine erste politische Erfahrung bestand darin, dass ich viele Male in den Bezirk des Staates New York reiste, für den Gore kandidierte, und dort Wahlkampf für ihn machte. Wir gingen von Tür zu Tür, und ich hielt Ansprachen in seinem Sinne. Gore verlor die Wahl, aber es war der Beginn meines jahrelangen Engagements für Kandidaten der Demokraten, was bei einem »emotionalen Republikaner« aus Shaker Heights vielleicht überraschen mag.

Ungefähr drei Jahre später, in der Hochphase der Bürgerrechtsbewegung und bei zunehmendem Widerstand gegen den von Gouverneur George Wallace vorangetriebenen fanatischen Rassismus im Süden, rief Marlon Brando mich an und fragte, ob ich mit ihm nach Gadsden, Alabama, fliegen und ihn dabei unterstützen wolle, den dortigen Konflikt der schwarzen Community mit den mächtigen weißen Stahlbaronen ins Licht der Öffentlichkeit zu rücken und zur Schlichtung beizutragen. Die Lage war angespannt, und es hatten kaum Gespräche zwischen den weißen Geschäftsleuten und der schwarzen Bevölkerung stattgefunden.

Außer mir hatte Marlon auch Tony Franciosa und den Boxer und Schauspieler Virgil Frye gefragt, ob sie mitfliegen wollten. Wir flogen dann alle dorthin, und kurz nach der Landung in der Nähe von Birmingham merkten wir, dass die Vans, in denen wir vom Flughafen aus weiterfuhren, verfolgt wurden. Man hatte uns also aufgespürt, woraufhin unser Begleitschutz uns zu unserer eigenen Sicherheit die Fahrzeuge wechseln ließ. Ich glaube nicht, dass wir tatsächlich in Gefahr waren, aber viele Freunde haben wir uns da unten natürlich nicht gemacht.

Wir trafen uns mit Vertretern der afroamerikanischen Glaubensgemeinschaften, aber mehr als nur ein Vertreter der Wirtschaft sowie der Bürgermeister von Gadsden, Lesley Gilliland, verweigerten uns ein Treffen. »Die nutzen uns in Gadsden doch gar nichts, sondern stiften nur Unruhe und Chaos«, sagte der Bürgermeister über unsere Delegation.

Wir besuchten einige schwarze Kirchengemeinden, schüttelten Hände und baten um Auskunft, an wen wir uns wenden und was wir vortragen sollten, um sie bei der Erlangung des Wahlrechts und der Sicherung von Arbeitsplätzen zu unterstützen. Für die zwei oder drei Tage wohnten wir in einem Motel, das von einem der Minister des Bundesstaates betrieben wurde. Als ich mit einem der schwarzen Aktivisten sprach, der auch in dem Motel wohnte, erzählte er mir vom gewaltsamen Vorgehen der Polizei und ihrer berittenen Einheiten gegen die Demonstranten.

»Soll ich Ihnen mal zeigen, was die regelmäßig mit uns machen?«, fragte er mich.

Ich sagte ihm, das würde mich sehr interessieren, und daraufhin holte er einen elektrischen Viehtreiber, wie die Polizei ihn gegen die Schwarzen benutzte. Ich sagte, dass ich auch wissen wollte, wie sich das anfühlt. Er hielt den Viehtreiber nur an den Muskel neben der Wirbelsäule, und schon daraufhin flog ich drei Meter weit durch den Raum. Der Elektroschock war unglaublich, und ich musste die ganze Zeit daran denken, wie schlimm es sein musste, wenn jemand einem einen solchen Elektroschocker an die Brust oder den Bauch hielt.

Ich weiß nicht, ob unsere Reise zu spürbaren Veränderungen führte, aber wir taten unser Bestes, um der Community zu zeigen, dass sie von uns und von unseren Kollegen Unterstützung bekamen. Doch das Wichtigste, was wir erreicht hatten, war die landesweite Berichterstattung in den Medien. Als Reaktion auf die Fotos und Meldungen, die per Fax direkt weitergeleitet wurden, nahmen viele Kinobetreiber im Süden sogar meine Filme aus dem Programm.

1964 wurde ich von den Demokraten zum Nominierungsparteitag in Atlantic City eingeladen. Obwohl Lyndon B. Johnson enorm beliebt war und bei der Nominierung eigentlich auch keinen echten Gegenkandidaten hatte, sollte ich noch etwas Überzeugungsarbeit bei den Jungen Demokraten leisten, um sie für den Präsidentschaftswahlkampf zu motivieren und sie hinsichtlich möglicher Bedenken in Bezug auf die Außenpolitik von LBJ zu beruhigen. Man führte mich in einen großen Saal mit einem Publikum von mehreren Tausend Leuten, und mein Thema war der noch immer schwelende Vietnamkrieg. Johnson vertrat die Position – die sehr wirkungsvolle Position –, dass er das Eingreifen der USA in Südostasien zurückfahren wolle, wohingegen sein republikanischer Kontrahent, der konservative Senator Barry Goldwater aus Arizona, dafür plädierte, dass die USA sich noch mehr engagierten. Ich war gern bereit – und rückblickend muss ich sagen, leider –, in meiner Rede die Absicht von LBJ zu betonen.

Jahre später, als die Pentagon Papers an die Öffentlichkeit gelangten, stellte sich heraus, dass die Entscheidung zur weiteren Eskalation des Vietnamkriegs im Weißen Haus schon seit Mai 1964 beschlossene Sache war. Das musste Goldwater, der im Verteidigungsausschuss des Senats saß, auch gewusst haben, aber öffentlich machen konnte er es nicht, weil es sich um eine Angelegenheit der nationalen Sicherheit handelte. Da hatten wir also zwei Kandidaten, die beide geplant hatten, den Vietnamkrieg zu verschärfen, aber nur einer gab zu, dass er genau das vorhatte, während der amtierende Präsident behauptete, er beabsichtige nichts dergleichen. Goldwater konnte sich nicht einfach hinstellen und sagen: »Passt mal auf Leute, egal, wen ihr wählt, es bleibt alles beim Alten – lasst euch bloß nicht einreden, dass es anders käme!«

Dass in Regierungskreisen bei kleineren Angelegenheiten auch mal gemauschelt wurde, war mir immer klar, aber ich hätte mir niemals vorstellen können, dass sich ein Präsident der Vereinigten Staaten vor der Öffentlichkeit hinstellte und den Leuten ganz bewusst etwas vormachte. Und dass ich auch noch gebeten wurde, meinen Prominentenstatus und mein Renommee einzusetzen, um seinen Kurs zu vertreten, den er selbst längst torpediert hatte.

Es war ein schreckliches Gefühl festzustellen, in welchem Ausmaß wir alle auf LBJ hereingefallen waren. Vier Jahre später, bei den nächsten Präsidentschaftswahlen, tat ich alles, was mir möglich war, um diesen Schaden zu beheben.

HAROLD WILLENS WAR MITBEGRÜNDER DES CENTER FOR DEFENSE INFORMATION UND EINER DER HAUPTBEFÜRWORTER EINES PROGRESSIVEN KURSES, WOZU AUCH DIE ANTIKRIEGSBEWEGUNG UND DIE ATOMARE ABRÜSTUNG GEHÖRTEN. ER BRACHTE NEWMAN DAZU, SPENDENGELDER BEREITZUSTELLEN UND BEI DIESEN UND WEITEREN BEWEGUNGEN MITZUMACHEN.

Paul war und blieb immer jemand, der nicht den Anspruch erhob, er würde über mehr Wissen verfügen, als er hatte, oder wäre tiefgründiger, als er war. Er neigte immer dazu, sein Licht unter den Scheffel zu stellen. Und er hatte immer die Bereitschaft, sogar den Eifer, etwas dazuzulernen, und das hat sich auch in all den Jahren, die ich ihn kenne, so fortgesetzt.

Es war nicht einfach, einen Kandidaten zu finden, der es mit einem Präsidenten aufnehmen würde, der seiner eigenen Partei angehörte. Doch während viele der linksgerichteten Demokraten versuchten, landesweit für ihren Antikriegskurs bekannte Politiker dazu zu bringen, gegen LBJ anzutreten, um dem ganzen Wahnsinn in Vietnam ein Ende zu bereiten, wollte sich offenbar nur der relativ unbekannte Senator Gene McCarthy von den Demokraten in Minnesota der Situation stellen. Zu Beginn seines Wahlkampfs Anfang 1968 als Kriegsgegner und damit Gegenkandidat zu Johnson wussten die meisten Wähler nicht einmal, wer McCarthy überhaupt war. Er konnte tatsächlich durch die Lobby des Hotels in New Hampshire gehen, wo sich seine Wahlkampfzentrale befand, ohne dass sich auch nur jemand nach ihm umgedreht hätte.

Ich war in New York mit dem Schnitt von *Die Liebe eines Sommers* beschäftigt, aber zwischendurch hatte ich ziemlich viel Freizeit. Drei Tage in der Woche war ich im Schneideraum dabei, und in der restlichen Zeit machte ich Wahlkampf für McCarthy in New Hampshire.

Zu dem Zeitpunkt, als ich mich als Wahlkampfhelfer meldete, war ich dem Mann noch nie begegnet. Aber später, beim gemeinsamen Lunch, fand ich ihn sowohl in politscher als auch in intellektueller Hinsicht sehr charismatisch. Er brachte die Dinge präzise auf den Punkt und bewies als Senator Integrität. In der Zeit machte ein Witz die Runde, dass McCarthy nach seiner (eventuellen) Wahl das Diplomatengepäck an den Nagel hängen würde, um sich in einen stillen Winkel zurückzuziehen und Gedichte zu schreiben. In den folgenden vierzig bis fünfundvierzig Tagen trug ich bei, was ich konnte, um ihm den Weg zu ebnen und sich gegen den amtierenden Präsidenten durchzusetzen.

Zu Anfang ging es in erster Linie um Unterstützung durch die Basis … auf Stimmenfang gehen, zusammen mit anderen vor Publikum sprechen, im Rotarier und Kiwanis Club, bei Kirchengemeinden, an Highschools, sogar von der Ladefläche irgendwelcher Pritschenwagen aus. McCarthy war oft dabei, und dann stellte ich ihn dem Publikum vor, aber mehr als einmal musste ich die Leute noch eine Weile hinhalten, weil er irgendwo aufgehalten worden war. Ich war recht gut vorbereitet, hatte mir ziemlich viel zum Thema Vietnam angelesen, und mit der Zeit wurde ich immer besser (so wie bei allem im Leben). Obwohl wir New Hampshire bei den Vorwahlen verloren, war man im ganzen Land erstaunt darüber, dass LBJ nur einen so knappen Vorsprung hatte: 50 Prozent zu 42 Prozent.

Ich flog weiter nach Wisconsin, um McCarthys Kampagne auch dort zu unterstützen. Nach ein paar Tagen voller Wahlkampfauftritte merkten wir, dass sich das Blatt zugunsten von McCarthy wendete; bei der aktuellen Umfrage lagen wir mit 15 Prozentpunkten vorn. Als ich kurz vor den dortigen Vorwahlen wieder in New York gelandet war, schaltete ich genau in dem Moment das Autoradio ein, in dem Lyndon B. Johnson öffentlich erklärte: »Ich strebe keine erneute Kandidatur für eine weitere Amtszeit als Präsident an und werde auch keine Nominierung durch meine Partei akzeptieren.«

Mein Gott, war ich wütend! Johnson hatte uns nicht mal die Genugtuung gelassen, ihn abzuservieren. Bobby Kennedy hatte natürlich daraufhin beschlossen, in den Ring zu steigen, was ich aber irgendwie unfair fand. Ich hielt weiter zu McCarthy.

Einige Monate später, bei einer Wahlkampfveranstaltung in Chicago kurz vor der Vorwahl in Illinois, musste McCarthy plötzlich absagen und schickte mich allein in die Arena. Der Auftritt fand in einem Viertel mit einem großen Anteil schwarzer Bevölkerung statt, und ich stand ganz allein vor einer riesigen Menschenmenge.

Nach dem entsetzlichen Schock durch den Mord an Bobby Kennedy erst eine Woche zuvor wollten die Wähler aus den Minderheiten einen zweiten Blick auf McCarthy werfen, in dem Fall ersatzweise auf mich. Ich wurde zu solchen Themen befragt wie Gleichstellung, Chancengleichheit und so weiter. Aber eigentlich lief all das auf die eine entscheidende Frage hinaus, die mir jemand aus dem Publikum irgendwann zurief: »Was werden Sie für uns tun?«

»Ich will ehrlich sein«, improvisierte ich. »Für die schwarze Community wird nichts drin sein, solange der Vietnamkrieg noch weitergeht. Nur wenn wir diesen Krieg beenden, wird die Regierung die Energie und das Geld aufbringen, um für die Gleichheit aller Bevölkerungsgruppen zu sorgen. Aber wenn wir in Vietnam so weitermachen, können Sie nichts erwarten.«

Ich wusste wirklich nicht, was ich sonst hätte sagen sollen, aber meine Antwort jagte mir höllische Angst ein. Sie war mir einfach so über die Lippen gekommen, als ich vor dieser Menschenmenge stand, und es war natürlich Zündstoff, sie laut auszusprechen.

Merkwürdigerweise ist mir aber aus dem gesamten Wahlkampf eine Situation am lebhaftesten in Erinnerung geblieben, als es schon um den Präsidentschaftswahlkampf ging. Als ich spätabends in einem der Staaten im mittleren Westen landete, fragte mich der junge Typ, der mich vom Flughafen abholte, ob ich das junge Wahlkampfteam aus lauter Freiwilligen, die sich für McCarthy den Hintern aufrissen, nicht noch ein bisschen motivieren könnte. Es war schon elf Uhr abends, aber ich erklärte mich bereit, noch mitzukommen, um kurz Hallo zu sagen, allen auf die Schultern zu klopfen und etwas Ermutigendes zu sagen. Als wir in dem Wahlkampfbüro ankamen, das sich im Keller einer Kirche befand, war noch etwa ein halbes Dutzend junger Leute da und arbeitete hart – während ein verdächtiger Geruch nach Marihuana in der Luft hing. Ich dankte allen und kam ins Gespräch mich einem jungen Typen, der vielleicht gerade einmal neunzehn war, mit Bart und total zerzaustem Haar.

»Geht ihr alle noch aufs College?«, fragte ich ihn.

»Yeah«, antwortete er.

»Und auf welchem College bist du?«

»Princeton.«

»Du lässt also ein ganzes Semester in Princeton sausen, um als Freiwilliger bei McCarthys Wahlkampf mitzumachen?«

»Yeah, das habe ich sausen lassen.«

»Und warum machst du das so einfach?«

»Weil ich dann als Revolutionär bekannt werde.«

»Als Revolutionär?«, fragte ich nach. »Was hat man denn davon, wenn man ein Revolutionär ist?«

»Revolutionäre kriegen fast immer alle Frauen rum«, klärte er mich auf.

So viel zu den Vorzügen der Demokratie.

HAROLD WILLENS

Wenn Paul für McCarthys Wahlkampf 1968 über das Wochenende in New Hampshire war, stellte ihm eine Autovermietung immer einen schicken Wagen zur Verfügung. Einmal bekam Paul mit, dass Richard Nixon demnächst kommen sollte und genau dieser Wagen als Nächstes für ihn reserviert war.

Paul schrieb ihm eine Nachricht und hinterließ sie in dem Wagen: »Sie werden feststellen, dass dieser Wagen genau der richtige für Sie ist. Das Kuppeln funktioniert nämlich bestechend.«

Für mich ist Paul der Inbegriff eines Bürgers, der unter dem Strich deutlich mehr gibt als nur Geld, wenn es um etwas geht, das ihm wichtig ist.

Er beschäftigt sich mit Dingen, die größer sind als er selbst. Probleme im Makrokosmos bereiten ihm Sorgen, und er reagiert dementsprechend darauf.

Er ist in der Lage einzusehen, dass alles, was Menschen sich vornehmen, sei es Regie bei einem Film zu führen oder die Welt vor dem Untergang zu retten, in einem sich entwickelnden Prozess stattfindet, in einem Prozess, den man nicht daran bemessen sollte, dass man sich solche Fragen stellt wie: »Werden die 10 000 Dollar, die ich dazu beigetragen habe, bis nächsten Montag die gewünschten Resultate bringen?«

Ich war erstaunt und erfreut, weil sich dieser Mann als jemand erwies, dem absolut bewusst ist, dass der Lauf der Geschichte uns vorauseilt und vor uns liegt. Er hat verstanden, dass es sich lohnt, alles dafür zu tun, dass diese Entwicklung in die richtige Richtung geht.

GEORGE ROY HILL UND STEWART STERN

GEORGE ROY HILL: Ich mag es nicht, wenn Paul in diese politische Stimmung kommt, weil ich das immer so ermüdend finde. Sobald er anfängt darüber zu reden, was in Washington los ist, schalte ich nach den ersten beiden Worten ab und höre nicht mehr hin. Das ist doch wohl das langweiligste Thema der Welt. Aber er kann sich dafür richtig begeistern. Weißt du, welche interessante Frage ich mir bei Paul schon immer gestellt habe? Warum er nicht in die Politik gegangen ist.

STEWART STERN: Er hat mir den Grund mal angedeutet – ich glaube, weil er zu viel trinkt. Politische Gegner könnten das ausschlachten.

GEORGE ROY HILL: Weil er zu viel trinkt?

STEWART STERN: Ja. Früher zumindest.

GEORGE ROY HILL: Ach, hör doch auf. Das ist doch nur Gelaber.

STEWART STERN: Und hinzu kommt noch …

GEORGE ROY HILL: Das kann doch kein echtes Problem sein.

STEWART STERN: Na ja, …

GEORGE ROY HILL: Du lieber Himmel, sieh dir die ganzen Luschen doch mal an, die im Senat und im Kongress sitzen.

STEWART STERN: Aber das Ausschlaggebende ist, dass er für Dinge, die ihn nicht so richtig interessieren, keine Begeisterung aufbringt. Er fühlt sich sehr, sehr unwohl, wenn er etwas verkaufen soll, das ihn nicht überzeugt.

Ich will noch einmal auf Gore zurückkommen, und zwar im Zusammenhang mit einer Geschichte, die absolut unpolitisch begann und am Ende doch mehr mit Politik zu tun hatte, als uns lieb war.

Mitte der Sechziger wohnten Gore und Howard so gut wie nur noch in Italien. Freundschaften über lange Entfernungen aufrechtzuhalten ist manchmal gar nicht so leicht, deshalb hatte Gore Joanne und mich zu einer Segeltour um die griechischen Inseln herum eingeladen – wie es schien, eine wunderbare Gelegenheit, dem hektischen Leben zu Hause zu entkommen und einen unserer langjährigsten Freunde wiederzusehen.

Gore hatte eine Yacht mit vier luxuriösen Kabinen gechartert, und im Mai wollten wir von Piräus aus lossegeln, weil es hieß, das sei der beste Monat, um zwischen den griechischen Inseln in der Adria zu kreuzen. Wenn man an Orte von historischer oder politischer Bedeutung reist, könnte man keinen Besseren bei sich haben als Gore. Er ist eine wandelnde Enzyklopädie, und für jemand so Ungebildeten wie mich ist das so, als hätte man vierundzwanzig Stunden am Tag einen Fremdenführer bei sich. Trotzdem fing der Ärger schon mit Beginn der Reise an.

An dem Tag, an dem Joanne und ich nach Athen flogen, verlor ich meinen Pass. Und in der Botschaft drückte man mir als Ersatz nichts weiter in die Hand als ein Stück Papier, auf dem bestätigt wurde (auf Griechisch), dass ich Paul Newman und US-Staatsbürger war. Als wir unser Gepäck schließlich auf die Yacht brachten, begegneten uns der Kapitän und der erste Maat – und da folgte die nächste Irritation. Wir wussten zwar, dass der Skipper nur Griechisch sprach, aber man hatte uns versichert, der erste Maat spräche auch Französisch, sodass wir uns mit seiner Hilfe auch mit dem Kapitän würden verständigen können. Das Problem war nur, dass dieser Maat kein einziges Wort Französisch sprach; er wusste nicht einmal, dass *potage* Suppe bedeutet. Ich dachte mir: »Das Ganze steht unter keinem guten Stern.«

Abgesehen von unseren Verständigungsproblemen versetzte der

Kapitän uns in Angst und Schrecken, als er beim Ablegen alles rammte, was man nur rammen konnte. Wir prallten buchstäblich von den anderen Yachten ab. In welche Richtung wir auch fuhren, es war garantiert nicht die, in die der Kapitän den aufmerksamen und immer wütenderen Blick gerichtet hatte. (In gewisser Weise kam ich mir selbst manchmal so vor wie dieser Kapitän, wenn ich bei allem, was ich hätte bemerken oder verstehen müssen, um den richtigen Kurs einzuschlagen, immer wieder in die falsche Richtung schaute.)

Einen Tag nachdem wir abgelegt hatten, gerieten wir in eine Wetterfront, von der es hieß, in der Adria sei ein so schlimmes Unwetter im Mai absolut ungewöhnlich und seit fünfzig Jahren nicht mehr vorgekommen. Joanne hatte eines ihrer Gucci-Kleider auf der oberen Koje unserer Kabine ausgebreitet, und als das Unwetter aufzog, hatte das Schiffszimmermädchen vergessen, das Bullauge daneben zu schließen. Das hereinströmende Wasser hat dann Joannes Kleid total durchnässt und auf die Größe eines Kinderbadeanzugs schrumpfen lassen.

Als wir im Hafen der ersten Insel einliefen, die auf dem Plan stand, konnte der Kapitän nicht anlegen, weil eine andere Zwanzig-Meter-Yacht den Weg zu unserer Anlegestelle versperrte. Er war ratlos und wusste nicht, was er machen sollte. Da wir alle an Land gehen wollten, bestand die einzige Möglichkeit nun darin, uns mit einem kleinen Drei-Personen-Schlauchboot dorthin zu bringen. (Unsere Yacht führte zwar ein richtiges Beiboot mit sich, aber dessen Motor streikte natürlich.) Also ruderte ein Maat zwei von uns zur Küste, kehrte wieder um und setzte mit den anderen beiden über. Bei diesem Landgang aßen wir den besten Fisch, den man sich vorstellen kann, und wurden anschließend wieder zurück gerudert. Als der hohe Seegang am nächsten Morgen noch höher geworden war, entschied der Kapitän, dass ein Weitersegeln zu gefährlich wäre, woraufhin uns der Maat ein weiteres Mal an Land rudern musste. Wir erkundeten die hübsche kleine Insel, und auf dem Weg zurück zum Hafenbecken kauften wir noch etwas Brot, Aufschnitt, Gemüse und weiteren Proviant.

Mittlerweile schien sich herumgesprochen zu haben, dass die Yacht, die hundert Meter weit entfernt von den Anlegestellen vor Anker lag, einen amerikanischen Filmstar an Bord hatte. Als wir uns bereitmachten, um wieder in das Schlauchboot zu steigen, hatten sich schon fünfzig bis sechzig Schaulustige am Rand des Hafenbeckens versammelt. Ich schnappte mir Lauch, Salat und Brot und stieg in das Schlauchboot, und als Howard so schnell wie möglich hinter mir hineinspringen wollte, rutschte er auf dem Rand aus – und brachte uns damit zum Kentern. Ich tauchte neben dem auf dem Kopf liegenden Boot bei höflichem Applaus der Einheimischen wieder auf, die so etwas riefen wie »El commandante!« und »Il capitano!« und »Bravo!« und »Olé!« oder was auch immer. Abgesehen von der Peinlichkeit, hatten wir nun auch kein Brot und keinen Lauch mehr. Aber ich muss zugeben, dass das Ganze auch urkomisch war.

Als wir am nächsten Morgen weitersegelten, war immer noch hoher Seegang. Joanne saß an Deck auf einer schweren Seemannskiste – die sich plötzlich aus der Verankerung löste und über das ganze Deck rutschte. Joanne klammerte sich daran fest, als säße sie auf einem Wildpferd, bis die Kiste schließlich gegen die Bordwand prallte und zum Stehen kam. Dass Joanne dabei nicht über Bord ging, war ein Wunder.

Joanne drehte sich zu mir um und sagte in ihrem schönsten Südstaatenakzent: »Bring mich bloß von diesem Scheiß Schiff runter!«

Irgendwie schafften wir es, dem Skipper begreiflich zu machen, Kurs Richtung Süden zu nehmen, damit wir wenigstens Rückenwind hatten. Er steuerte die Leeseite einer anderen kleinen Insel an, als wir plötzlich Kanonendonner hörten und ein anderes Schiff mit bewaffneter Besatzung in hoher Geschwindigkeit auf uns zusteuern sahen.

Ich fürchtete schon, wir würden gekidnappt. Gore lag unten in seiner Kabine und schlief, und ich sagte Joanne, dass sie so schnell wie möglich nach unten laufen und sich im Badezimmer einschließen sollte. Ich trug nichts weiter als eine Badehose, war unbewaffnet, und als das andere Schiff längsseits ging, sprangen zwei junge Männer an Bord und richteten ihre Maschinenpistolen auf uns.

Der Kapitän des anderen Schiffes kam ebenfalls an Bord und kontrollierte all unsere Papiere. Als ich ihm den handgeschriebenen Ersatzpass zeigte, den man mir in der amerikanischen Botschaft ausgestellt hatte, sah der Kapitän erst mich prüfend an, dann das Stück Papier und dann uns alle nacheinander. Er wedelte die Männer mit den Maschinenpistolen hastig von Bord, erklärte uns aber, wir sollten seinem Schiff noch drei bis vier Stunden folgen.

Wie sich herausstellte, war in Griechenland gerade ein Staatsstreich im Gange, und dieser Idiot von einem Skipper war mit uns zur Leeseite genau der kleinen Insel gesegelt, auf der die politischen Gefangenen inhaftiert waren. Nachdem wir dem Schiff bis in einen anderen Hafen gefolgt waren, wurde unser Kapitän erst mal zu einer Befragung abgeholt. Joanne sah sich im Hafen um und fragte einen der dortigen Polizisten, was das für ein großes Schiff an dem Quai neben uns sei. »Die Fähre nach Athen«, gab er Auskunft.

Es dauerte keine vier Minuten, da hatte Joanne ihre Sachen gepackt. Unter Freudentränen kaufte sie sich ein Ticket und rannte an Bord der Fähre, nachdem sie sich mit den Worten »Bis später, Jungs« von uns verabschiedet hatte.

Von Athen aus flog sie sofort zurück in die USA, und ich flog wenig später hinterher.

Ich fand Gore immer beeindruckend; in mancher Hinsicht haben wir sogar etwas gemeinsam – er ist ein wahrhaftiger Innen-nach-außen-Typ, jemand, der je nach Situation die unterschiedlichen Schichten seiner Persönlichkeit freilegen kann. Er konnte ein so großartiges, brillantes Buch wie *Julian* schreiben, ein so grandioses Buch wie *Washington, D. C.* veröffentlichen und gleich am nächsten

Tag etwas total Unspektakuläres tun. Gore hat ein ziemlich überspanntes Bild davon, an welchem Platz er in der Literaturwelt steht. Er weiß, dass er eine mächtige Wirkung hat, aber immer wenn er diese Wirkung entfaltet, hatte er darüber eigentlich keine Macht.

In den nächsten Jahrzehnten war es aber hauptsächlich Joanne, die unsere Freundschaft mit Howard und Gore aufrechthielt; die beiden liebten sie einfach. Als meine Beziehung mit Joanne noch geheim war, war in den Klatschspalten sogar gelegentlich das Gerücht aufgekommen, Joanne und Gore (der natürlich auch damals schon schwul war), die manchmal zusammen essen oder ins Theater gingen, wären ein Paar.

Auf den Gedanken war auch meine Mutter längst gekommen. Bei einer Einladung von Joanne zur Premiere von *Ben Hur* – Gore hatte am Drehbuch mitgearbeitet – war Tress aufgefallen, dass Joanne und Gore sich unterhielten und manchmal sogar die Hand des jeweils anderen drückten. Einige Jahre später, als ich noch am Broadway auftrat, besuchte uns Tress in New York. Eines Abends waren wir unterwegs in meinem Volkswagen, als meine Mutter plötzlich zu mir sagte: »Ich weiß, warum deine Frau mich nicht leiden kann! Weil sie eine Affäre mit Gore Vidal hat.«

Ich trat sofort auf die Bremse.

»Verflucht nochmal, du steigst jetzt sofort aus!«

Es folgte eine tränenreiche Entschuldigung, aber ich setzte sie trotzdem an der Ecke Eighteenth Street und Fifth Avenue ab. Joanne war total geschockt darüber, dass ich eine kränkelnde Frau aus meinem Wagen geworfen hatte. Joanne hat sich immer gefragt, warum ich nicht einfach in schallendes Gelächter ausgebrochen bin und gesagt habe: »Mom, also ehrlich, eine Affäre? Das ist in diesem Fall absolut unmöglich.« Aber das war nicht meine Sichtweise. Mir ging es darum, dass sie meiner Frau etwas unterstellt hatte.

Meine Mutter war eine Dame der ganz speziellen Sorte. Sie hatte einen inneren Taktgeber, der nicht wahrnahm, wenn etwas in einem anderen Rhythmus lief, sondern immer nur die gleiche Leier spielte. Wenn sie sich etwas zusammengereimt hatte, dann war das ihrer Wahrnehmung nach einfach so. Die tatsächliche Situation spielte für sie keine Rolle; sie blieb dabei. Und in den kommenden fünfzehn Jahren sprach ich kein Wort mehr mit meiner Mutter.

Lag das nur daran, was sie über Joanne gesagt hatte? Nein, eigentlich nicht, aber es war eine solche Erleichterung, das als Grund vorzuschieben, um ihr zu entkommen. Sie stand für das bleischwere Gepäck, das ich mit mir schleppte, für die Anteile meines Selbst, die ich nicht mochte. Diese Ergebenheit, diese Unsicherheit, immer auf den nächsten Angriff gefasst zu sein, aber nie zu wissen, aus welcher Richtung er kommen würde und durch welchen Auslöser.

Nach diesem Abend in Manhattan brauchte mein Bruder Arthur eineinhalb Jahrzehnte, um einen Burgfrieden zu arrangieren. Er buchte ihr einfach einen Flug nach L. A., holte sie am LAX-Airport ab und brachte sie zu unserem Strandhaus in Malibu. Und da meine Mutter ahnte, dass es ein unbehagliches Treffen werden würde, sorgte sie dafür, dass es unbehaglich für alle wurde. Von daher war es keine Überraschung, dass der Waffenstillstand direkt mit einem Seitenhieb gegen meine offene Flanke begann.

»Hallo«, sagte sie, als sie hereinkam.

»Hallo Mom«, sagte ich, »lange nicht gesehen.« Dann küsste ich sie auf beide Wangen.

»Was für ein wunderbares Haus«, fuhr sie fort. »Ist das da draußen der Strand? Dann könnt ihr also einfach hier sitzen und zusehen, wie die Wellen ankommen? Wundervoll!«

Ich sagte ihr, dass sie damit in jeder Hinsicht richtig lag.

»Arbeitest du denn auch? Hast du eine gute Arbeit? Es muss doch schrecklich sein, in einer so verruchten Branche zu sein, in der es immer nur um Gewalt und Obszönitäten und Sex und solche Sachen geht. Ach, was hättest du nicht alles erreichen können, wenn du es doch nur versucht hättest!«

Und all das in den ersten fünf Minuten.

Ich weiß nicht, ob sie sich das alles vorher schon zurechtgelegt hatte, aber ich bin mir sicher, dass sie Sodom und Gomorrha vor Augen hatte. Sie nahm überhaupt nicht wahr, was in der Familie um sie herum passierte, dass ihre beiden erwachsenen Kinder versuchten, eine Annäherung herbeizuführen, und sich Mühe gaben, diesem Wiedersehen etwas abzugewinnen. Aber das konnte Tress nicht zulassen.

Wir hatten nie wieder regelmäßig Kontakt miteinander, bis meine Mutter ziemlich krank wurde und ich sie ein paar Mal besuchte. Für mich war es wichtig, dort zu erscheinen, obwohl es nie etwas an meinem Empfinden änderte.

Wenn ich genauer darüber nachdenke, waren es nicht nur fünfzehn Jahre, die ich nicht mit meiner Mutter gesprochen habe, sondern eigentlich fünfzig Jahre. Dafür war ich viel zu misstrauisch. Ich konnte ihre Wahrnehmung nicht gelten lassen – was aber nicht automatisch hieß, dass ich meine eigene Wahrnehmung gelten ließ.

Wir haben nie über unser Zerwürfnis gesprochen, und sie hat sich nie entschuldigt.

JOANNE WOODWARD

Tress vergötterte Paul, und wahrscheinlich war es ihr nie so ganz recht, dass er verheiratet war, erst mit Jackie, dann mit mir. Ich kann mich auch nicht erinnern, dass sie liebevoll mit ihren Enkeln umging, aber das Komische war, dass wir später feststellten, dass in ihrem Haus überall Fotos von uns waren. Unter dem Zerwürfnis muss sie furchtbar gelitten haben, denn es war genau in der Zeit, als Paul seine größten Erfolge feierte, und er fand den Gedanken schrecklich, dass sie sich in seinem Rampenlicht hätte sonnen können. Das ist so traurig. Warum hätte sie das denn nicht tun sollen?

LUCILLE UND BABETTE NEWMAN

LUCILLE: In all den Jahren, in denen Paul nicht mit Tress redete, hat er sich trotzdem um sie gekümmert. Er machte das über Arthur oder auch auf direkterem Weg. Sie musste nie anderweitig finanzielle Unterstützung beantragen.

BABETTE: Sie hat doch sowieso immer behauptet, sie wäre Millionärin.

LUCILLE: Na klar, war sie das. Ein echtes Genie mit Aktien … Aber Paul unterstützte sie. Durch Arthur war er immer darüber informiert, was bei ihr los war, jede Minute, und er bemühte sich darum, dass sie nach Kalifornien zog.

Immer wenn ich beschreiben soll, wie eine bestimmte Rolle, die ich gespielt habe, Gestalt annahm, gebe ich dieselbe Antwort: Ich habe einfach nur die Anweisungen befolgt. Nehmen wir an, die Drehbuchautoren wollen, dass sich ein Typ an einen Zaunpfahl lehnt, sexy wirkt und irgendetwas sagt, das sexy klingt. All das ist in der Rolle angelegt, die im Drehbuch steht, und hängt von der Fähigkeit des Schauspielers ab, dem Publikum diese Figur zu vermitteln. Daran ist nichts natürlich Gewachsenes. Wenn jemand sich einen Tunichtgut und Trunkenbold ausdenkt, der sich ständig mit anderen Typen prügelt und total gut bei Frauen ankommt, also jemanden, der sich eine Menge Skalps an den Pfahl hängen kann, dann ist es nicht so, dass der Schauspieler genauso ist. Jemand anders hat sich diese ganzen Skalps ausgedacht; sie gehören nur zu der Figur.

Newman als Sexsymbol ist etwas Erfundenes, etwas, das der Autor im Sinn hat und das ich nur vermittele. Es ist so wie bei einem Buchhalter, der morgens zur Arbeit geht und seinen Job auch nicht

TRESS NEWMAN IN MALIBU AUF EINEM UNDATIERTEN FOTO

glamourös findet. Als Schauspieler mag man vielleicht einen Job haben, der für Außenstehende glamourös erscheint. Man mag sich sogar für den Mechanismus begeistern, durch den man eine Figur Gestalt annehmen lässt, aber die Arbeit an sich ist manchmal auch nicht interessanter als die interessanten Aspekte der Buchhaltung. Bei beidem folgt man nur einem bestimmten Ablauf.

WALON GREEN WAR EIN BEKANNTER DREHBUCHAUTOR UND GUTER FREUND VON PAUL.

Ich weiß noch, dass Paul einmal sagte, er hatte immer Bedenken, eine Rolle anzunehmen, Zweifel daran, ob er sich in die Rolle hineinfinden kann, ihr Konturen verleihen und sie darstellen kann. Außer bei Fast Eddie Felson in *Haie der Großstadt*. Es war das einzige Mal in seinem Leben, dass er die ersten fünf Seiten des Drehbuchs las und wusste, es war genau das Richtige für ihn. Er wusste, dass er diese Rolle spielen musste, und konnte sich sofort hineinfinden – er war der Richtige.

WARREN COWAN

Kurz nachdem *Haie der Großstadt* in die Kinos gekommen war, rief Paul mich eines Abends an und fragte, ob wir uns auf ein Bier im Daisy treffen könnten, das damals das angesagte Sehen-und-gesehen-werden-Restaurant in Beverly Hills war. Als ich reinkam, war Paul hinten und spielte Billard. Wir setzten uns an die Bar, und nachdem wir bestellt hatten, kam ein Typ zu uns herübergewankt, schon etwas betrunken. »Mr. Newman«, sagte er, »ich war schon dreimal in *Haie der Großstadt*. Und gerade habe ich Ihnen beim Billard in dem Raum da hinten zugesehen. Und ich muss Ihnen sagen, Mr. Newman, das war eine der größten Enttäuschungen, die ich je erlebt habe.«

FRANCES WOODWARD WAR JOANNES STIEFMUTTER. JOANNES VATER, WADE WOODWARD, ARBEITETE ZWANZIG JAHRE LANG IN LEITENDER POSITION BEIM VERLAGSHAUS CHARLES SCRIBNER'S SONS.

Kurz bevor *Haie der Großstadt* gedreht wurde, besuchten wir Paul und Joanne in ihrem Apartment in der Park Avenue, in dem ein Billardtisch im Esszimmer stand. Wade spielte gut Billard, denn in der Bücherbranche gingen die Verlagsleute immer in die nächste Billardhalle und spielten so lange, bis es Zeit wurde, »sich mit den Leuten vom örtlichen Erziehungsgremium zu treffen«, wie sie die Sperrstunde umschrieben.

Paul und Wade tranken Scotch, dann gab es Abendessen, und danach spielten die beiden eine Partie Billard und legten jeder einen Zweidollarschein auf die Ecke des Billardtisches. Wenn Wade den Zweidollarschein von Paul gewann, beschwerte sich Paul: »Aber Dad, das kannst du doch nicht machen – meinen Whisky trinken, bei mir essen und mir dann mein Geld abknöpfen!« Zwischen den beiden gab es immer so ein nettes Geplänkel; Wade hatte Paul sehr gern.

Einmal fuhren sie zusammen mit dem Zug von New York nach Kalifornien. Beide hatten eine Flasche Scotch mitgebracht, und als der Zug aus der Pennsylvania Station ausfuhr, tranken sie erst Wades Flasche und danach die von Paul. Von irgendwoher besorgte der Schaffner ihnen dann noch eine. Joanne, die auch mitfuhr, war empört und ging in ihr Schlafwagenabteil.

Am nächsten Tag mussten alle in Chicago umsteigen; da waren Wade und Paul ziemlich verkatert, aber Joanne überredete ihren Daddy, mit ihr einkaufen zu gehen, bis der Anschlusszug kam. Währenddessen ging auch Paul los und kaufte ein Geschenk für Wade: eine dieser Gesichtsmasken, die man einfriert und sich dann aufs Gesicht legt, damit der Kater nicht mehr so schlimm ist. Wade war begeistert.

PIPER LAURIE WURDE FÜR IHRE ROLLE ALS PAUL NEWMANS GELIEBTE IN *HAIE DER GROSSSTADT* FÜR DEN OSCAR ALS BESTE HAUPTDARSTELLERIN NOMINIERT.

Paul sagte immer: »Warum mache ich das eigentlich? Ich weiß überhaupt nicht, warum ich Schauspieler geworden bin. Eigentlich wäre ich lieber Schreiner.« Ich habe keine Ahnung, ob er tatsächlich handwerkliches Geschick hatte, aber diesen Spruch brachte er öfter.

Natürlich war ich erst mal in Paul verknallt (obwohl ich damals eigentlich in jemand anderen verliebt war). Aber dieser Schwärmerei konnte ich nicht nachgeben, denn er war ja glücklich verheiratet, und Joanne, die ich auch kannte, war gerade schwanger mit dem zweiten Kind. Beim ersten Mal, als Paul und ich uns die Hände schüttelten – am ersten Tag in unserem Probestudio – konnte ich ihn gar nicht ansehen. Mir ging es wie vielen Frauen, wenn sie Paul kennenlernten. Diese Augen, diese leuchtend blauen Augen, das schöne Gesicht. Er hat so eine Offenheit, eine ganz besondere Art von Ausstrahlung. Es dauerte ungefähr zwei Wochen, erst dann – dank seiner entgegenkommenden und ungezwungenen Art – konnte ich mit ihm umgehen wie mit anderen Schauspielern.

Paul war auch unbeeindruckt von der Nacktszene, die ja in einer Zeit gedreht wurde, als Nacktszenen noch nicht an der Tagesordnung waren. Wir sollten in meinem Bett aufwachen, und ich dachte, dass ich dabei nackt sein sollte, denn wenn ich irgendetwas Bedeckendes trug, würde das in der Szene störend wirken; ich dachte, ich würde nicht authentisch wirken. Ich ging zu unserem Regisseur Bob Rossen und sagte ihm, dass ich die Szene von der Taille aufwärts nackt spielen würde – und natürlich warnte ich auch Paul vor, damit er sich nicht wundern würde. Rossen regte sich darüber auf. Letzten Endes machten wir es so, dass wir die Szene in zwei Versionen drehten – nackt für den europäischen Markt, und für die amerikanische Version trug ich einen Slip.

Jahre später, nachdem ich aus New York weggezogen war, rief ich Paul und Joanne an, um ihnen zu erzählen, dass ich bald heiratete. Da sagte er am Telefon etwas zu mir, wovon ich bis heute nicht weiß, ob es ein Scherz war. »Genieß es«, sagte er, »wer weiß, ob es hält.«

Ich erinnere mich noch genau an seine Worte, weil ich nicht wusste, wie sie gemeint waren.

MARTIN RITT GRÜNDETE EINE PRODUKTIONSFIRMA MIT PAUL UND FÜHRTE 1962 REGIE BEI *DER WILDESTE UNTER TAUSEND.*

Anfangs, als Irving Ravetch und seine Frau Harriet Frank als Drehbuchautoren für MGM arbeiteten, spielte Clark Gable in einigen Filmen die Hauptrolle, und in der ersten Hälfte dieser Filme spielte er immer einen total miesen Typen, bis er dann in der zweiten Hälfte von einer Frau oder von Spencer Tracy oder von Gott geläutert wurde. Die Ravetches machten den Anschein, als würden sie gern einen solchen Charakter nehmen, einen Mann von hemmungsloser Zügellosigkeit, den sie dann zu seiner wahren Bestimmung führten. Deshalb waren wir uns theoretisch schon mal darin einig, dass wir einen ernsthaften Film über diese Art von Mann machen sollten und nicht eine der üblichen dämlichen Schmonzetten.

Als ich von den beiden das Skript für *Der Wildeste unter Tau-*

send bekam (wofür sie einen Roman von Larry McMurtry adaptiert hatten), gefiel es mir sofort. Die Hauptfigur Hud ist ein Mann, der immer wild entschlossen ist zu gewinnen, auch auf Kosten aller anderen Menschen in seinem Leben. Mir war klar, dass ich dafür einen Schauspieler finden musste, der so attraktiv war, dass er ungeachtet dessen das Publikum auf seine Seite ziehen konnte. Und deshalb kam ich auf Paul, der gerade zum Star geworden war. Er wollte mir aber noch keine feste Zusage geben. Und seine Agenten von MCA waren der Ansicht: »Diese Rolle ist die eines miesen Typen, warum sollte man *dafür* einen Star nehmen?« Damals schien es lächerlich zu glauben, dass ein Schauspieler wie Paul Newman, der mittlerweile schon berühmt war, jemals einen so miesen Typen spielen würde.

Ich hatte Paul noch in guter Erinnerung aus der Zeit, als wir *Der lange heiße Sommer* gedreht hatten, und ich dachte, wenn wir Geschäftspartner werden, würde ich die Finanzierung für *Der Wildeste unter Tausend* durchkriegen. Ohne Paul hätte ich den Film nicht machen können.

Aber ich hatte alle Mühe, Paul von diesem Film zu überzeugen.

Paul war nach Israel geflogen, um *Exodus* für Otto Preminger zu drehen, und ich verfolgte ihn tatsächlich bis dorthin. Ich blieb hartnäckig. Im Gegensatz zu mir war er sich bei dem Drehbuchmaterial nicht so sicher. Ich kann mir auch vorstellen, dass er meinetwegen Bedenken hatte – ich gehörte nie zu den Regisseuren, die »in« waren bei den Intellektuellen.

Schließlich war Paul einverstanden, und wir schlossen dann sowohl mit Paramount als auch mit Columbia Verträge über jeweils drei Filme ab – jeder von uns würde zwei der drei Filme machen, davon mindestens einen zusammen (wobei wir für Columbia aber nie einen machten).

Der Wildeste unter Tausend drehten wir in Texas, in einer kleinen Stadt namens Claude, und wir wohnten in der Nähe von Amarillo (wo kurz zuvor in der Stadtbibliothek noch Bücher verbrannt worden waren). Und das Erste, was wir erlebten, war, dass reihenweise junge Mädchen zu unserem Motel strömten und vor Pauls Tür campierten. Es war unglaublich, und spätestens da wurde klar, was er an sich hatte. Paul traute sich überhaupt nicht mehr, die Tür aufzumachen. Er war schon immer ein sehr zurückgezogener Mensch.

Als wir *Der lange heiße Sommer* drehten, war Paul gar nicht bewusst, was für eine Wirkung er hatte. Er sah sich immer noch als den kleinen Paul Newman aus Shaker Heights. Nachdem *Der Wildeste unter Tausend* in den Kinos angelaufen war, wurde Paul zu diesem unglaublichen Sexsymbol; das brach über ihn herein wie eine Tonne Ziegelsteine. Als wir mit *Der Wildeste unter Tausend* bei den Filmfestspielen in Venedig waren, wurden wir alle zu einem großen Empfang eingeladen. Obwohl ich als Regisseur und Paul als der Star zusammen dort erschienen, dauerte es keine zwanzig Sekunden, bis die Leute sich zwischen uns drängten und alle, egal ob Mann oder Frau, sich auf Paul stürzten. Das lag an seinem Sexappeal. Mich ließen sie allein in der Ecke stehen.

Wie Paul zu diesem schleppenden Gang kam und zu der ironischen Haltung auf den Filmplakaten von *Der Wildeste unter Tausend*, mit dem stur geradeaus gerichteten Blick, eine Hand in die etwas angewinkelte Hüfte gestützt und in der anderen eine Zigarette? Das hat er sich alles selbst einfallen lassen. Über solche Details machte er sich grundsätzlich bei jedem seiner Filme Gedanken. Ich brauchte nichts weiter zu tun, als ihn einfach machen zu lassen.

ROBERT WEBBER WAR EIN ERFAHRENER CHARAKTER-DARSTELLER IN FERNSEH- UND KINOFILMEN UND DREHTE AUCH FILME ZUSAMMEN MIT JOANNE UND PAUL, MIT DENEN ER SEIT ANFANG DER 1950ER-JAHRE BEFREUNDET WAR.

Paul drehte die Figur des Hud rum, und deshalb war das Publikum begeistert von ihm. Dadurch wurde er in dem Film zu einem Gott und nicht zum Teufel. Damals hätte Paul es auch nicht zugelassen, dass das Publikum ihn nicht mochte, weil er sich ein bestimmtes Image zugelegt hatte. Marty Ritt hat mich etwas gelehrt: »Ab dem Moment, ab dem du ein bestimmtes Image hast, bist du als Schauspieler erledigt, weil du diesem Image entsprechen willst, anstatt die Figur zu verkörpern.« Dazu könnte man natürlich sagen: »Dann ist es doch wohl die Aufgabe des Regisseurs, die Rolle zu gestalten.« Stimmt. Aber nicht, wenn der Schauspieler ein Superstar ist.

PATRICIA NEAL KANN AUF EINE MEHR ALS DREI JAHRZEHNTE LANGE, GLANZVOLLE HOLLYWOODKARRIERE ZURÜCKBLICKEN; SIE BEKAM DEN OSCAR ALS BESTE HAUPTDARSTELLERIN IN *DER WILDESTE UNTER TAUSEND*.

Ich glaube, ich war am ersten Tag im Actors Studio, als Lee Strasberg unterrichtete. Ich saß da und hörte ihm zu, und als ich einen Blick zur Seite warf, saß neben mir plötzlich dieser fantastische junge Mann, und ich konnte gar nicht mehr die Augen von ihm lassen. Ich hatte noch nie von ihm gehört, ihn noch nie gesehen, noch nie. Ich konnte gar nicht anders, als ihn immer wieder anzustarren, diesen gut aussehenden Jungen mit diesen blauen Augen und dem großartigen Profil. Er war wirklich überwältigend. Das war mein erster Eindruck von Paul Newman: der schönste Mann der Welt.

Mit Paul konnte man sehr gut zusammenarbeiten; er wollte die Rolle des Hud ausfüllen, der ja ein echter Horror ist. Ich weiß nicht, ob Paul das immer noch so macht, ob er immer noch zu der Figur wird, die er spielt, jedenfalls ging er während der Dreharbeiten ganz darin auf. Laut Drehbuch amüsieren sich Hud und sein junger Neffe, den Brandon deWilde spielte, immer in der Stadt. Und genauso schien das Verhältnis von Paul zu Brandon auch jenseits der Dreharbeiten zu sein. Ich will es nicht beschwören, aber ich glaube, ich liege mit meiner Vermutung richtig: Sie gingen jeden Abend zusammen aus, betranken sich und amüsierten sich mit Frauen. Bestimmt. Er wollte, dass die Rollen funktionierten, denn er ist ein sehr kluger Mann.

Als ich heute Morgen auf meinem Heimtrainer saß und die Fernsehprogramme durchschaltete, lief *Man nannte ihn Hombre*, ein Film, den ich mit Marty Ritt gedreht habe, basierend auf einem Roman von Elmore Leonard, der den antiindianischen Rassismus im Wilden Westen beschreiben wollte. Ich schaute ungefähr eine Viertelstunde lang hin, aber wenn ich mir meine Arbeit in diesem Film ansehe, bin ich immer wieder unzufrieden damit.

Da ist dieser gottverdammte Filmstar mit den blauen Augen auf dem Bildschirm, der einen Halb-Apachen spielt. Und ich weiß noch, dass ich mir, als wir mit der Arbeit an dem Film anfingen, keine Vorstellung von der Rolle machen konnte. Deshalb fuhr ich allein zu einem Reservat in New Mexico und ließ mich herumführen, von einem Agenten, der selbst indianischer Herkunft war. Wir waren dort zum Frühstück verabredet, und auf dem Weg kamen wir an einem kleinen Gemischtwarenladen vorbei; auf der Veranda stand ein Mann, auf einem Bein, der die Arme vor der Brust verschränkt hielt und den Absatz des Stiefels am anderen Bein in die Kante des Fensterbretts eingehakt hatte.

Einige Stunden später, nachdem wir wie verabredet mit einer dortigen Familie gegessen hatten, fuhren wir zurück und kamen wieder an dem Gemischtwarenladen vorbei. Der Mann auf der Veranda hatte sich keinen Zentimeter bewegt, er stand immer noch mit verschränkten Armen auf einem Bein und hatte das andere Bein auf das Fensterbrett gelegt. Letzten Endes nahm ich mir diesen Mann als Vorbild für meine Rolle – den Eindruck, dass er gar keinen Grund hatte, sich zu bewegen, und es deshalb auch nicht tat. Den Eindruck von Selbstsicherheit ohne jegliche Regung. Mag sein, dass es auf der Leinwand funktionierte, als *Hombre* in die Kinos kam, auch wenn ich selbst nicht ganz zufrieden damit war.

Wenn ich diese Rolle heute nochmal spielen müsste, würde ich anders darangehen. Ich würde, glaube ich, diese reglose Anwesenheit zwar auch wieder zum zentralen Aspekt der Figur machen, aber weniger offensichtlich. Und ich würde darauf bestehen, braune Kontaktlinsen zu tragen. Die blauen Augen sind da einfach unpassend.

Wir drehten *Hombre* größtenteils in Arizona, aber während unseres Aufenthalts wehte dort ein so starker Wind, dass man sich manchmal kaum auf den Beinen halten konnte. Deshalb konnten wir an unserem Set in einem Bergreservat oft gar nicht drehen und mussten den Drehplan am Ende um zweiundvierzig Tage überziehen. Die meiste Zeit saß ich herum und wartete, las ungefähr dreißig Bücher und nahm Tennisstunden in einem Club ganz in der Nähe; da war ein ziemlich professioneller Tennislehrer – und ebenso wichtig: Er war ein unglaublicher Biertrinker.

Um etwas Abwechslung zu haben, überredete ich meinen Filmcrew-Fahrer, mich ans Steuer unseres gemieteten Cadillac zu lassen. Von unserem Filmset aus führte eine wunderbar hügelige Schotterpiste zurück in die Stadt. Ich fuhr immer ziemlich schnell und nahm manchmal eine der vielen Seitenstraßen. Und es war auch nicht von Nachteil, dass der Fahrer eine Kühlbox mit Bier im Kofferraum hatte.

An dem Tag, als ich nach Hause flog, schüttelte mir mein sonst eher gentlemanlike zurückhaltender Fahrer am Flughafen die Hand und sagte: »Mr. Newman, ich würde mich gern noch bei Ihnen für etwas bedanken.«

»Wofür denn?«

»Bevor Sie hierherkamen, war mein Reaktionsvermögen auf fünfzig Meilen pro Stunde ausgelegt, aber jetzt ist es auf hundertfünf Meilen ausgelegt. Und das ist toll.«

Am Set herrschte immer eine kameradschaftliche Atmosphäre. Richard Boone, der den Schurken spielte, machte jeden Tag mit mir ein Wettrennen zu den Wagen, die abseits vom Set standen, und versuchte, als Erster wegzukommen, denn wenn man als Zweiter losfuhr, konnte man in dem Staub, den der Wagen vor einem aufwirbelte, buchstäblich die Hand vor Augen nicht mehr sehen. Dabei wurde nämlich so viel Staub aufgewirbelt, dass es manchmal vier oder fünf Minuten dauerte, bis man wieder genug sehen konnte, um loszufahren. Das konnte ich natürlich nicht zulassen. Also sorgte ich dafür, dass Boones Wagen erst mal nicht losfahren konnte, indem ich ihn mit einem Haken irgendwo befestigte oder Boone sogar die Schlüssel wegnahm. In all den Wochen, die wir am Drehort waren, konnte er nie vor mir losfahren, nicht ein einziges Mal.

Sean Connery, gerade weltberühmt als 007, kam zu Besuch, weil seine Frau, Diane Cilento, die weibliche Hauptrolle spielte. Das nahmen wir zum Anlass, um im Tack Room essen zu gehen, einem damals sehr bekannten Restaurant in Tucson. Da saß man an langen Holztischen, auf denen immer Teller mit furchtbar scharfen Chilischoten standen, die einem wie Feuer im Mund brannten. Selbst wenn man nur ein winziges Stückchen davon abbiss, trieb es einem die Tränen in die Augen und spülte einem für den ganzen Monat die Nebenhöhlen frei.

Sean saß an einem Ende des Tisches und ich am anderen, und plötzlich sah ich, wie er sich eine Handvoll dieser Chilischoten nahm, sie sich in den Mund steckte und zu kauen anfing. Das ging so schnell, dass ich gar nicht mehr reagieren konnte. Ich wartete schon darauf, dass ihm die Schädeldecke platzte und die Ohren abfielen, während sein Stuhl nach hinten kippte und er zum nächsten Swimmingpool rannte, um den Brand zu löschen.

Aber nichts passierte.

Sean redete ganz normal weiter während dieser Hitzewallung. Und ich starrte ihn an, mit einer Ehrfurcht und Bewunderung, die ich sonst wahrscheinlich nur für einen Stierkämpfer oder einen Kamikazepiloten übrig gehabt hätte. Ich war noch nie so beeindruckt; es war überirdisch. Ich weiß nicht mehr, ob ich jemals die Gelegenheit hatte, es Sean zu sagen, aber von da an war er für mich der tougheste Typ, der auf dieser Erde wandelte.

STUART ROSENBERG WAR ALS FERNSEHREGISSEUR SCHON HOCH ANGESEHEN, ALS ER PAUL DAS SKRIPT VON *DER UNBEUGSAME* ZUKOMMEN LIESS. ES WURDE DER ERSTE VON VIER KINOFILMEN, DIE DIE BEIDEN ZUSAMMEN MACHTEN; DIE DREI WEITEREN WAREN: *MACHENSCHAFTEN, ZWEI HAUDEGEN AUF ACHSE* UND *UNTER WASSER STIRBT MAN NICHT.*

Damals, also 1967, gab es praktisch nur zwei Filmstars auf der Welt: Steve McQueen und Paul Newman. Und ich fand, Paul war perfekt für die Rolle des Luke.

Ich rief seinen Agenten an, vereinbarte ein Treffen, und kurz darauf saßen wir auch schon bei ihm auf der Terrasse am Whittier Drive, hier in Beverly Hills. Ich war sehr beeindruckt, weil er das Skript schon gelesen hatte, den zugrunde liegenden Roman auch, und er verfügte über ein beeindruckendes Wissen. Alles, was er sagte, hatte Hand und Fuß. Und obwohl ich als Filmregisseur noch gar keine Erfolgsbilanz aufzuweisen hatte, gab er mir seine Zusage, weil die Rolle ihm gefiel.

Wir trommelten eine Gruppe Schauspieler zusammen, so ähnlich wie eine Theatertruppe. Und all die Jungs, auf die wir die Rollen in dieser Sträflingskolonie verteilten – Dennis Hopper, Joe Don Baker, Ralph Waite, Harry Dean Stanton, Wayne Rogers – schafften hinterher den Durchbruch. Und Paul war natürlich der Beliebteste von allen. Ohne Starallüren, sondern jemand, der auch im Graben wühlte. Der Film war körperlich nämlich ziemlich anstrengend; die Schauspieler mussten raus auf die Straße, Gras mähen, Fahrbahnen teeren.

Im Drehbuch stand nur, dass die anderen Gefangenen Luke ihren Respekt erweisen, indem sie ihn in Ruhe lassen und auf die andere Seite der Baracke gehen, als er erfährt, dass seine Mutter gestorben ist. So wie die Figur des Luke angelegt war, hätte er im Gedenken an seine Mutter sicher auch keine Rede gehalten, aber trotzdem hatten wir das Gefühl, dass wir uns etwas einfallen lassen mussten, weil dem Publikum sonst etwas fehlen würde, wenn Luke nicht auf irgendeine Art durchblicken ließ, dass er um seine Mutter trauerte.

Es stand nicht im Drehbuch. Die Idee kam bei einer der Proben auf. Ein paar Tage vorher hatte ich gehört, wie Harry Dean Stanton, mit seinem schmalen, knochigen Gesicht, diesen pietätlosen Song sang, als alle abends um das Lagerfeuer herumsaßen. Stuart hörte ihn auch. »Get yourself a plastic Jesus« war die Zeile, die mir in Erinnerung geblieben war.

STUART ROSENBERG

Das Problem dabei war nur, dass Paul kein Musiker war. Und nun musste er auf die Schnelle drei Dinge lernen: die Akkorde auf dem Banjo zu spielen, den Song zu singen und die Szene rüberzubringen. Außerdem wollte ich, dass man Paul Newman zum ersten Mal in einem Film weinen sah. Aber so unglaublich professionell, wie Paul ist, lud er mich an dem Nachmittag, als wir die Szene drehen wollten, vorher in seine Garderobe ein und spielte mir den Song vor. Ich dachte mir: »Das macht er ja viel zu gut!« Ich wollte mehr Ecken und Kanten von ihm sehen.

Also dachte ich mir, ich muss Paul ein bisschen aus der Reserve locken, sobald wir drehbereit sind, damit die Szene so wird, wie ich sie haben will. Deshalb unterbrach ich ihn, noch bevor er den ersten Akkord anschlagen konnte, und sagte: »Tut mir leid, Paul, aber wir könnten Probleme mit dem Copyright bei diesem Song kriegen. Du musst die erste und zweite Zeile rumdrehen.«

»Himmel, und das nach all der Arbeit daran – verflucht nochmal!«

Ich sagte dem Kameramann, dass wir bereit waren; die Klappe fiel, und Paul fing an. Ich ließ ihn erst mal ein bisschen machen, aber dann rief ich »Cut!« – vorher hatte ich dem Kameramann gesagt, er soll die Kamera weiterlaufen lassen.

»Paul, ich habe jetzt doch das Gefühl, die Zeilen rumzudrehen, macht das Ganze kaputt, vielleicht solltest du lieber …« Er ließ mich gar nicht ausreden und fing einfach an zu singen. Ich gab ihm per Handzeichen zu verstehen, dass er einfach weitermachen sollte. Er unterbrach sich kurz, fing nochmal an, und dann liefen die Tränen. Das war verflucht nochmal brillant!

Ich weiß, die Leute fanden die Szene sehr emotional, sehr gefühlsbetont. Aber ich hätte das Ganze viel besser machen können, wenn ich dabei allein in meinem Badezimmer gewesen wäre. Es macht mir nichts aus, vor anderen Leuten aufzustehen und zu singen, aber wenn man mich schon mal singen gehört hat, würde man das nie wieder von mir verlangen. Ich war wirklich unglücklich mit den ersten Takes, deshalb fragte ich Stuart, ob wir es nochmal versuchen könnten.

»Nein«, sagte er. »Das ist jetzt im Kasten, lass uns weitermachen.«

Ich flehte ihn fast an. »Lieber Himmel, das kannst du doch nicht so lassen!«

Es endete damit, dass wir es noch drei- oder viermal mit dieser Szene versuchten, aber unter furchtbarem Zeitdruck, und da wurde sie auch nicht besser.

Ob ich dabei tatsächlich geweint habe, weiß ich gar nicht mehr.

STUART ROSENBERG

Für viele Darsteller ist Schauspielen eine Möglichkeit, sich mit ernsthaften Problemen auseinanderzusetzen, sich den eigenen Dämonen zu stellen. Aber Paul ist ein sehr in sich gekehrter Mensch, geradezu qualvoll schüchtern. Wenn er nach Innenaufnahmen das Set verließ, war es an der Stelle, an der er gestanden hatte, immer nass. Ich habe nie jemand anderen erlebt, der so sehr schwitzte. Für ihn ist es jedes Mal ein Kampf, ein Kampf gegen die innere Unsicherheit. Aber wenn man dagegen ankämpft und sie besiegt, passiert etwas Merkwürdiges. Dann kommt eine enorme Intensität zum Vorschein, selbst in den Szenen, die unwichtig sind und letztendlich rausgeschnitten werden, weil man alles daransetzt, diese Barriere zu überwinden und die Kontrolle zu bekommen.

Was Paul als Schauspieler so ungeheuer interessant macht,

ist, dass er immer verzweifelt darum ringt, diesen Kampf zu gewinnen. Immer wenn ich mich mit ihm darüber unterhalten habe, was er an Autorennen so toll findet, ging es nie darum, auszubrechen, Euphorie, das Gefühl von Freiheit oder so etwas. Es ging um den Drahtseilakt, eine Maschine, die ständig droht, außer Kontrolle zu geraten, so zu beherrschen, dass man auch unter extremen Bedingungen die Kontrolle darüber behält.

GEORGE ROY HILL

Der schmollende, schweigsame Amerikaner mit lässigem Gang – das war auf der Leinwand immer Pauls Image. Aber Paul war nicht so. Und als er die Gelegenheit bekam, dieses Image loszuwerden, war er letzten Endes doch froh darüber.

Ursprünglich wollte er Sundance spielen, nicht Butch. Er war sogar dafür vorgesehen, Sundance zu spielen; Steve McQueen sollte Butch spielen. Paul und John Foreman [Pauls Geschäftspartner in der gemeinsamen Produktionsfirma] kamen zu mir nach Hause und sprachen über den Film. Später am selben Tag rief Freddie Fields mich an, Pauls Agent.

»Meine Güte, du hast ja einen bleibenden Eindruck bei Paul hinterlassen«, sagte er. »Wer soll denn jetzt Butch spielen?«

»Paul.«

Erst mal herrschte langes Schweigen am anderen Ende der Leitung.

»Du hast dich bestimmt versprochen«, sagte Freddie. »Du meintest Sundance.«

»Nein, ich meine Butch.«

»War Paul denn damit einverstanden?«

»Wenn das gerade nicht das dämlichste Gespräch war, das ich je geführt habe, glaube ich, er ist einverstanden.«

Paul erklärte sich schließlich einverstanden, aber er sagte immer wieder, wie unwohl er sich damit fühlte, eine »komische« Rolle zu spielen. Er dachte, er würde sich nur in Sundance-Rollen wohl fühlen – als schweigsamer Typ mit finsterem Blick und Sexappeal, der immer den Finger am Abzug hat. McQueen, der vom Typ her viel mürrischer war als Paul, wäre gut gewesen als Sundance, aber er wollte nur Butch spielen. So kam es, dass letztlich Robert Redford Sundance Kid spielte.

Paul war sehr, sehr aufgeregt, als wir mit dem Dreh anfingen. Schon am ersten Tag kam die Szene, in der Paul und Redford den Zug anhalten, und Paul sollte diesen Bankmenschen von Wells Fargo aus dem Postwaggon locken, bevor sie den Safe in die Luft jagten. Paul sprach seinen Namen ein paar Mal laut aus, und plötzlich – ich weiß nicht, warum er so wenig Vertrauen in

PAUL UND STEVE MCQUEEN SPIELEN POOLBILLARD ANFANG DER 1960ER-JAHRE

sich selbst oder in das Drehbuch hatte – versuchte er, die Szene witzig zu gestalten. Ich sagte ihm immer wieder, dass er nicht dafür verantwortlich war, dass die Szene witzig wurde, sondern dass Bill Goldman, der Drehbuchautor, dafür zuständig war; wenn der Drehbuchautor sich eine witzige Situation einfallen lässt und man sie dementsprechend spielt, kann sie durchaus humorvoll wirken. Es geht aber nicht darum, Witze zu machen (und die Witze, die Paul erzählt, sind einfach schrecklich, die können einen wirklich vergraulen), und ab dem Moment, in dem man versucht, witzig zu sein, geht es sowieso nicht mehr.

Als er die Probeaufnahmen sah – und merkte, dass er in dieser Szene wirklich nicht witzig sein musste –, schien Paul richtig erleichtert. Und ich war auch erleichtert, denn nun brauchte ich nicht während der gesamten Dreharbeiten diese Diskussionen mit ihm zu führen (obwohl Diskussionen mit Paul irgendwie auch Spaß machen). Er verlor kein Wort mehr darüber und spielte die Szene wunderbar.

Bei allem, was wir drehten, wollte ich grundsätzlich irgendwelche Lacher vermeiden. Deshalb war ich auch sehr verärgert, als das Publikum in San Francisco bei unserer ersten Vorschau so herzhaft lachte. Da hatte ich mir wohl selbst etwas vorgemacht.

LINDA FOREMAN, SCHAUSPIELERIN, UND DIE EHEFRAU VON PAULS GESCHÄFTSPARTNER JOHN FOREMAN BEI NEWMAN-FOREMAN.

John, Paul, Joanne und ich gingen zusammen zu einer Vorführung bei Fox, um uns einen Rohschnitt von *Butch Cassidy and the Sundance Kid* anzusehen. Paul hatte Popcorn gemacht und Bier mitgebracht, und dann gingen wir alle in den Vorführraum. George Hill war schon da, und die Produzenten, Dick Zanuck und David Brown, auch.

Wir sitzen also die ganze Zeit johlend und lachend da und stoßen mit den Bierflaschen an. Dann drehen wir uns am Ende der Vorführung um, und alle anderen sind weg. John rennt über den Flur und sucht sie; sie waren sauer, und einer von ihnen sagt: »Wenn so eine Vorführung läuft, dann heißt das, ich komme hierher, um zu arbeiten und nicht, um mir anzuhören, wie Leute Popcorn essen, lachen und Bier trinken.«

Direkt am nächsten Tag ruft Joanne Dick Zanuck an, der auch sofort ans Telefon geht, weil es ja Joanne Woodward ist. Und sie sagt zu ihm: »Wenn mein Mann und John Foreman einen Film machen, dann können sie zu so einer Vorführung kommen und da machen, was sie wollen. Und wenn Ihnen das nicht passt, dann können Sie sich einfach verpissen.«

Paul fand das einfach großartig.

STEWART STERN UND GEORGE ROY HILL

STEWART STERN: Als man Paul als Butch am Anfang auf dem Fahrrad sieht, wo er sagt »you're mine, you're mine, you're mine« – stand das so im Drehbuch?

GEORGE ROY HILL: Das stand so im Drehbuch, und das weiß ich noch genau, weil es nämlich meine Stimme ist.

STEWART STERN: Deine Stimme?

GEORGE ROY HILL: Ja meine. Paul konnte das nicht. »You're mine!« Da musste man so ein Vibrato reinbringen. Beim Nachsynchronisieren sagte er dann: »Pass mal auf, ich kann das nicht – das kriege ich nicht hin. Kannst du das nicht machen?«

JOHN FOREMAN

Alle Regisseure, mit denen Paul schon mal gearbeitet hatte, lehnten *Zwei Banditen (Butch Cassidy and the Sundance Kid)* ab: Marty Ritt, Stuart Rosenberg, Bobby Wise – alle. Ich wusste nicht mehr, was ich machen sollte. Ich schlug George Roy Hill vor, der seit er ein paar Jahre vorher *Modern Millie – Reicher Mann gesucht* mit Julie Andrews gedreht hatte, keinen anderen Film mehr gemacht hatte.

Paul lehnte dann zunächst George ab; er sagte George hätte Joanne mal schlecht behandelt, weil er sie vor zwanzig Jahren aus irgendeinem Kraft-Käse-Werbespott rausgekickt hatte. Seitdem konnte Paul ihn nicht leiden. Ich sagte Paul, wir müssten aber trotzdem mit ihm reden, weil ich nicht wusste, an wen ich mich sonst noch hätte wenden sollen.

Also arrangieren wir ein Treffen. In New York stapfen wir dann durch den Schnee zu George Roy Hills Haus. Kein Taxi weit und breit. (So wäre es umgekehrt aber auch gewesen, wenn man sich als George Roy Hill mal auf den Weg gemacht hätte, um den Star zu besuchen.) Wir kommen da an, klopfen uns den Schnee von den Mänteln und noch bevor die Mäntel auf den Bügeln hängen, sagt Paul zu George: »Also, als was siehst du diesen Film?«

»Ist eine Liebesgeschichte zwischen zwei Männern«, antwortet George. Und dann fallen sich Paul und George um den Hals und sind seitdem die besten Freunde.

Übrigens, 20th Century-Fox, in Persona von Dick Zanuck – der sich *Zwei Banditen (Butch Cassidy and the Sundance Kid)* jetzt selbst auf die Fahnen schreibt –, wollte Warren Beatty als Pauls Filmpartner. Beatty sagte, er würde sich nicht mit George Roy Hill treffen, bevor er nicht eine feste Zusage für die Rolle

PAUL JUSTIERT 1963 AM SET VON *CARRASCO, DER SCHÄNDER* DIE PERÜCKE SEINES BRUDERS ARTHUR.

hätte. Und George sagte, er würde sich nicht mit Beatty treffen, wenn es eine feste Zusage *gäbe.* Also gab es kein Treffen.

GEORGE ROY HILL

Redford nervte es immer, eine Szene vor dem Dreh nochmal durchzusprechen. Er verdrehte jedes Mal die Augen, wenn Paul noch über alles Mögliche diskutieren wollte. Dann stand Redford da und sagte: »Können wir jetzt anfangen? Können wir jetzt endlich mal anfangen?« Aber Paul fing immer wieder damit an: »Moment noch – ich will das nur noch eben klar haben.« Was Paul dann aus der Szene machte, hatte sowieso nichts mehr damit zu tun, was wir vorher eine halbe Stunde lang besprochen hatten.

Mir fiel bei Paul immer der Vergleich mit so einem chinesischen Puzzle ein, wo man grundsätzlich ein letztes Teilchen übrig hat, das sich auf mysteriöse Weise doch noch irgendwo einfügen lässt. Ich redete dann immer einfach weiter, in der Hoffnung, dass irgendwas aus meinen Mund käme, an dem er andocken konnte. Und dann sagte er plötzlich: »Ahh, stimmt! Genau das meinte ich.« Und dann spielte er die Szene. Natürlich gab es überhaupt keinen Zusammenhang zwischen dem, was ich gesagt hatte, und dem, was er machte. Aber es war, als hätte das letzte Teilchen des chinesischen Puzzles sich irgendwie an der richtigen Stelle eingefügt.

JOHN FOREMAN

Ich weiß noch, dass Joanne einmal zu mir sagte: »Wenn man versucht zu ergründen, was Paul denkt – wenn man denkt, er denkt etwas, dann denkt er gar nicht immer etwas.«

GEORGE ROY HILL

Ich glaube, bei Redford und Paul bestand durchaus die Möglichkeit zu einer engen Freundschaft, aber es ist nie dazu gekommen. Sie unternahmen etwas zusammen, aber beide haben eine so zurückhaltende Art, dass sie sich vom Prinzip her miteinander gar nicht wohlfühlen, außer bei der Arbeit, bei der sie offenkundig sehr gut miteinander zurechtkommen. Sie respektieren sich gegenseitig enorm.

Eine der Eigenheiten, über die sich Paul bei Robert immer ärgerte, war seine Unpünktlichkeit. Erst Jahre später, als wir *Der Clou* drehten, setzten Paul und ich uns mit Robert in Ruhe hin und sagten ihm, dass wir alle uns darüber ärgerten, wenn er zu spät ans Set kam. Von da an war er immer pünktlich.

Ich betrachte Pünktlichkeit tatsächlich als die Höflichkeit der Könige. Als wir damals *Die Katze auf dem heißen Blechdach* drehten, kam Elizabeth Taylor eine halbe Stunde zu spät ans Set. Ich hatte schon die schlimme Befürchtung, diese Angewohnheit würde den ganzen Film ruinieren – und meine ganze Karriere. Als wir dasaßen und auf sie warteten, sah ich auf die Uhr und verkündete: »Ich bin in einer halben Stunde zurück.« Dann verschwand ich erst mal, und das war so ziemlich das Beste, was ich für diesen Film getan habe – ich hatte den Mut aufgebracht, zu demonstrieren, wie unprofessionell sich Liz verhielt. Bloß weil man ein Star ist, lässt man Leute nicht einfach dumm rumsitzen, bis man gedenkt aufzutauchen. Das war wie beim Irakkrieg – man kann nicht einfach in ein Land einmarschieren, ohne dass es Konsequenzen hat.

Wenn man gut mit mir auskommen will, ist eine der Grundvoraussetzungen, dass man verlässlich ist.

Einmal wollten Redford und ich in unserer Freizeit etwas zusammen unternehmen. Wir wollten Angeln gehen und uns einfach mal ungestört unterhalten, über uns selbst, das Filmbusiness oder was uns sonst noch einfiel. Wir fuhren zu Roberts Hausboot am Lake Powell, südlich von Provo und machten das Boot los, um die Gegend zu erkunden.

Der Lake Powell mit seinen langen Ufern an den unzähligen fjordartigen Nebenarmen ist ein wirklich schöner See. Wir ankerten in einer der vielen abgelegenen Buchten und ließen das Beiboot zu Wasser, um etwas fürs Abendessen zu fangen. Der Plan war: Fisch fangen, Fisch braten, dazu ein paar gegrillte Maiskolben und Fleischtomaten, und dann mit einem Sixpack dasitzen und ein bisschen quatschen.

Aber es ging schon damit los, dass so gut wie keine Fische anbissen. Also mussten wir mit dem Beiboot zum Anleger schippern, um dort Fisch zu kaufen. Doch die Abenddämmerung brach herein, die Sonne ging allmählich unter, und das war genau die Atmosphäre, die wir uns vorgestellt hatten. Als wir uns der Bucht näherten, in der Roberts Hausboot ankerte, hörten wir schon von Weitem laute Musik. Und als wir in die Bucht einfuhren, ankerte dort noch ein Hausboot, direkt neben unserem; mit Lautsprechern an Deck, aus denen »Raindrops keep falling on my head« schallte. Wir sahen vier oder fünf glückselige Gestalten mit strahlenden Gesichtern, die sich in Feierlaune über die Reling beugten. Sie schienen dazu aufgelegt, uns noch bis Mitternacht mit ihrer Musik zu erheitern und womöglich noch mitzusingen. Diese Leute kapierten es einfach nicht. Wenn wir Gesellschaft gewollt hätten, wären wir nicht hierher gefahren, sondern hätten am Anleger festgemacht.

Redford und ich warfen uns nur einen Blick zu. Wir dachten, wenn wir unfreundlich und desinteressiert wirkten, würden sie vielleicht weiterfahren. Aber das taten sie nicht. Also waren wir diejenigen, die schließlich den Anker lichteten, um uns eine andere Bucht zu suchen, in der wir unsere Ruhe hatten. Ungefähr eine dreiviertel Stunde später hatten wir eine gefunden.

Aber als wir dort ankamen, hatten sowohl Robert als auch ich schlechte Laune.

ROBERT ALTMAN

Ich lud Paul zum Lunch in Westwood ein. Ich ließ ein Sixpack und für 200 Dollar Kaviar kommen, dazu einen Büchsenöffner und einen Löffel und sagte: »Das ist Ihr Lunch.« Er sagte: »Altman, ich habe keine Ahnung, was für einen Film Sie machen wollen, aber Sie haben eindeutig Stil. Also machen wir ihn.«

Quintet war ein Endzeit-Märchen. Das Entscheidende an Pauls Rolle in dem Film war, dass das Publikum die Aussage verstand. Und die brachte Paul rüber. Er sagte nicht »Hier würde ich aber lieber Kaugummi kauen« oder »Da hätte ich aber gern eine witzigere Zeile«. Er spielte es einfach so geradlinig, wie ich es haben wollte, und war mit allem einverstanden, was ich von ihm verlangte.

Newman stellte nie Fragen, die ich hätte beantworten müssen. Er stellte Fragen, die ich gar nicht beantworten konnte. Er gab sich mit meinen Nichtantworten zufrieden. Wenn ich sagte »Weiß ich auch nicht«, dann wusste er, dass ich ihm alles an Informationen gegeben hatte, worüber ich verfügte. Ich hatte das Gefühl, Paul glaubte mir einfach. Manche Schauspieler machen einem die Arbeit schwer, weil sie Nervensägen sind. Sie sagen: »Wozu bist du denn der Regisseur? Du musst doch wissen, was dabei herauskommen soll.« Das machte Paul nie.

Mit dieser Herangehensweise muss man umgehen können, und Paul – mit seiner Freigiebigkeit und seinem Vorstellungsvermögen – konnte sich da genau einfügen. Er ließ sich voll und ganz darauf ein.

Leider kam der Film nicht so gut an – ich glaube auch nicht, dass das überhaupt möglich gewesen wäre. Denn dieser Film ist sehr speziell. Er ist ungeeignet für ein Massenpublikum, das hält nicht bis zum Ende durch. Fürstin Gracia (die frühere Schauspielerin Grace Kelly, Anm. d. Redaktion) sagte zur Geschäftsleitung von Fox: »Wie können Sie es wagen, meinen guten Freund, den wunderbaren Schauspieler Paul Newman in so einem grauenhaften Robert-Altman-Film mitspielen zu lassen?« Und Allan Ladd Jr., der sich schon eine Menge Beschwerden über den Film hatte anhören müssen, sprang daraufhin auf und sagte: »Ach was, Sie können mich mal!« Und dann ging er raus und ließ sie einfach stehen.

Aber mir gefiel der Film richtig gut.

Manchmal weiß man zunächst nicht genau, zu welcher der Figuren man halten soll, wenn man ein Drehbuch liest. In *Die Farbe des Geldes* ist die Entwicklung der Figuren von A nach B vielleicht nicht so deutlich erkennbar, aber ich kann nur versichern, dass es sich um ziemlich interessante Charaktere handelt und sowohl die Sprache als auch die Bilder anders sind als alles, was ich bis dahin gesehen hatte. Genau das ist der Aufhänger. Das ist es, was den Film für die Zuschauer interessant macht. Also scheiß auf die Handlung. Man zielt darauf ab, dass die Leute weniger darauf achten, was passiert, sondern vielmehr darauf, wie es passiert. Das funktioniert auch bei *Die Glasmenagerie*, weil der Film auf die Emotionen abzielt, nicht auf die Story, nicht auf Logik und nicht auf die Weiterentwicklung der Figuren.

Als Schauspieler war *The Verdict – Die Wahrheit und nichts als die Wahrheit* natürlich einer der am besten geeigneten Filme für mich. In diesem Film brauchte ich mich nie dazu zu bringen, etwas zu tun, musste nie irgendwelche Reserven abrufen. Alles war immer schon vorhanden. Ich brauchte mich nie auf etwas vorzubereiten, musste mich nie in eine ruhige Ecke zurückziehen, denn alles ging wie von selbst. Das war wunderbar.

All das war eine allmähliche Entwicklung. Als »emotionaler Republikaner« fing ich an, und nun habe ich mich zu jemandem gewandelt, der immer wieder nur darüber staunen kann, dass eine Emotion einfach verfügbar ist. Es ist eher so, dass ich nur auf ihr Vorhandensein zu bauen brauche, als dass ich sie mir erst noch erarbeiten müsste. Jetzt ist es wie eine offene Wunde.

TOM CRUISE SPIELTE NEWMANS UNGESTÜMEN PROTEGÉ IN *DIE FARBE DES GELDES.*

The Verdict – Die Wahrheit und nichts als die Wahrheit. Ich habe ihn nie auf diese Art spielen gesehen wie in *The Verdict.* Diese Froschperspektive auf das Telefon, als er einen Zeugen verliert, diese Verletzlichkeit und diese Angst, und dann der Versuch, die Kontrolle darüber zu behalten, das war so echt.

STEWART STERN

The Verdict entsprach absolut seinem Wesen. Wenn er an einer Szene arbeitet oder auch nur am Tisch sitzt und sie sich durchliest, um sich in die Rolle einzufühlen, und ich sehe, wie sich eine Emotion nach der anderen in seinem Blick abzeichnet, dann weiß ich nicht, wie er das macht. Ich weiß nicht, wie man das als Schauspieler überhaupt macht, weil es sich ja eigentlich im Inneren abspielt.

ROBERT ALTMAN

Mir gefällt es, wie er in *The Verdict* sein Innerstes nach außen kehrt. Das gefiel mir. Wenn man als Schauspieler so etwas kann, ist man sehr, sehr gut. Wenn man sich so weit öffnet, dass man seine wunden Punkte offenbart, dann heißt das: »Da schwingt eine echte Seele mit, jemand aus Fleisch und Blut.«

XI

1969 spielte Paul Newman in *Indianapolis – Wagnis auf Leben und Tod* mit, zusammen mit Joanne Woodward und Robert Wagner. Mit diesem Film begann seine Begeisterung für Autorennen, die sein Leben lang anhielt. Er wurde ein erfolgreicher Rennfahrer, und sein letztes Rennen gewann er im September 2007 auf der Rennstrecke Lime Rock Park.

Das Finanzamt überprüfte mich seit 1972, glaube ich, jedes Jahr, und der größte Stein des Anstoßes war immer die Frage, ob Rennfahrer meine Haupt- oder meine Nebenbeschäftigung war. Mein langjähriger Anwalt, Irving Axelrod (auch bekannt als Irving, die Axt) musste den Leuten vom Finanzamt immer wieder klarmachen, dass Autorennen zu fahren bloß meine Nebenbeschäftigung war.

»Sie verstehen nicht, was es mit den Autorennen auf sich hat«, erklärte Irving ihnen. »Mit Mr. Newmans Karriere ging es bergab. Er war auf dem absteigenden Ast. Deshalb entwarf sein Management einen Schlachtplan, um sein Image zu verbessern. Mr. Newman sollte Autorennen fahren und zu einem dieser Macho-Typen werden, die sich hinter das Steuer eines Rennwagens setzen und damit ihr Leben riskieren. Daran hielt er sich, und der Plan ging auf.

Jetzt ist Mr. Newman wieder bei vielen Zeitungen auf den Titelseiten. Er hat vier bundesweite Meisterschaften gewonnen und sich als Rennfahrer einen Namen gemacht. Als älterer Herr zwischen lauter jungen Männern – und damit hat er sich ein hohes Ansehen erworben.«

Aber das überzeugte die Leute vom Finanzamt noch nicht so richtig. Also legte Irving das entscheidende Beweisstück vor.

»Sie haben doch sicher schon einmal diese dicken Anschnallgurte in den Rennwagen gesehen? Die sind bei Mr. Newman eigentlich nur dazu da, um ihn davon abzuhalten, aus dem Wagen zu steigen, egal was passiert. Selbst wenn er noch so gern aussteigen wollte, wird er mit diesen Gurten so fest angeschnallt, dass er da gar nicht rauskäme.« Das haben sie ihm dann halbwegs abgekauft.

JIM FITZGERALD (FITZY) WAR EIN RENNFAHR-CHAMPION UND GEHÖRTE ZUM RENNTEAM NEWMAN-SHARP.

Ich lernte Paul auf der Road Atlanta kennen. Paul wollte in einem Datsun 510 an den Start gehen, und ich sollte ihn mit der Rennstrecke vertraut machen. Ich fuhr in einem Nissan 240B mit ihm die Strecke ab, und wir drehten eine Runde nach der anderen. Er konnte gar nicht genug davon bekommen. »Zeigen Sie mir noch mehr«, sagte er immer wieder. »Nochmal!« Und als wir dann fertig waren, fragte er: »Haben Sie einen Kühlschrank in Ihrem Zimmer?«

»Kaum zu glauben, aber ja.«

»Gut, Sie stellen den Kühlschrank zur Verfügung, und ich bringe das Bier mit.«

Wir wohnten im Holiday Inn gegenüber der Rennstrecke, in zwei Zimmern mit Durchgangstür, und wir blieben dort zehn Tage lang. Wenn wir von der Rennstrecke kamen, tranken wir ein paar Bier und machten uns Popcorn, wobei wir immer Zeitungen unter die Tür schoben, damit der Geruch nicht rauszog. Irgendwann sagte Paul, er müsse sich jetzt zurückziehen und sich weiter in das Drehbuch einarbeiten.

Aber ich ahnte dann schon immer, dass es nicht lange dauern würde, bis ich ein Kratzen an meiner Tür hörte: Und da stand Paul wieder.

»Vergessen wir das Drehbuch. Machen wir lieber hiermit weiter!«

Das war gewissermaßen der Beginn unserer Freundschaft.

Am Abend vor einem Rennen auf der Rennstrecke Mid-Ohio machten Paul und ich nach dem Abendessen und ein paar Bier noch einen Spaziergang um das Motel herum. Ihm war anzumerken, in welcher Stimmung er war, weil er mir beim Gehen den Arm auf die Schulter legte. »Du kannst dich ziemlich glücklich schätzen«, sagte Paul zu mir. »Alle mögen dich.«

»Na ja, ob alle, da bin ich mir nicht so sicher, aber mit den meistens Leuten komme ich ganz gut klar.«

»Mich würden manche Leute am liebsten mit einem Speer durchbohren«, sagte Paul. »Die meisten Leute mögen mich nicht.«

Ich fragte ihn, wie er denn auf diesen Blödsinn käme, aber er wollte sich nicht genauer darüber auslassen. Ich fragte mich dann: Ist das der Grund, warum Paul nicht aufgeschlossener ist? Habe ich deshalb noch nie erlebt, dass er jemanden wirklich an sich heranlässt? Wir alle haben ja mal eine depressive Phase, in der wir denken, die ganze Welt hat sich gegen uns verschworen, aber da dachte ich dann mir dann doch: Lieber Himmel! Ist es das, wie Paul sich fühlt?

Ich war oft bei ihm zu Hause in Westport und verbrachte auch viel Zeit mit seiner Familie. Ich sagte dann manchmal scherzhaft zu ihm, was für ein Glückspilz er doch war, dass er Joanne hatte.

»Sie ist auch nicht immer perfekt. Wir hatten auch unsere Probleme. Wir waren nicht immer auf Rosen gebettet.«

Aber mehr sagte Paul auch dazu nicht.

Schon als Kind fiel es mir schwer, eine Situation richtig zu beurteilen, und mit den Jahren fällt es mir immer schwerer. Ich bin mein Leben lang misstrauisch gewesen.

1986 nahm mein Team am Entscheidungslauf des Sports Car Club of America in Atlanta teil. Bei der Qualifikation hatte ich, glaube ich, mehr als eine Sekunde Vorsprung vor Fitzy gehabt, und bei diesem Entscheidungslauf lag ich dreizehn oder vierzehn Wagen vor ihm. Aber nach der siebten Kurve konnten ich meinen Wagen nur noch rollen lassen. Der zweite Gang war rausgesprungen und griff nicht mehr. Fitzy verkürzte den Abstand. Nach der fünften Runde war er dicht hinter mir und blieb es auch, aber er überholte mich nicht. Eigentlich hätte er an mir vorbeifahren können, aber er tat es nicht. Auch nicht, als wir auf die Gerade einfuhren, und da dachte ich mir: »Verflucht, der Kerl hat entsprechende Anweisungen.«

Hätte doch jemand einfach zu mir gesagt: »Hey, Paul, mach dir um das Rennen keine Sorgen. Egal, was passiert, solange dein Wagen noch läuft, wird Fitzy dir den Vortritt lassen.« Dann hätte ich wahrscheinlich gedacht, na gut. Ich bin derjenige, der das Team finanziert. Und da ich in der Qualifikation vor Fitzy lag und dann einen Getriebeschaden hatte, hätte ich vielleicht gesagt: »Okay, damit kann ich leben. Es passt mir zwar nicht, aber ich kann es nachvollziehen.«

JIM FITZGERALD

Es gab keine Anweisungen. Aber in unserem Team sind wir uns schon darüber einig, dass Paul unser Aushängeschild ist.

Von meiner Vermutung wollten die Leute aus meinem Team aber nach dem Rennen nichts wissen und sagten sogar: »Du hättest ihn ja dann auch wieder überholen können.« Worauf ich antwortete: »Nein, verflucht nochmal, ich konnte den Wagen doch nicht mal schalten.«

Fitzy war ein Top-Fahrer, der erfolgreichste Rennfahrer in der Geschichte des SCCA (Sports Car Club of America), Mitglied meines Teams und einer meiner besten Freunde. Heutzutage gibt zwar kaum noch jemand etwas auf Vorzeichen, aber ich finde es doch erwähnenswert, dass Fitzy am Abend vor seinem Tod ein Glas Sambuca zum Kaffee nach dem Essen bestellte und dass in diesem Sambuca vier Kaffeebohnen schwammen. Wie es heißt, bringt eine gerade Zahl von Kaffeebohnen in einem Sambuca Unglück. So wie es Unglück bringt, wenn man unter einer Leiter durchgeht.

Das war 1987 in St. Petersburg, am Abend vor dem letzten Trans-Am-Rennen der Saison des SCCA. Mit seinen fünfundsechzig Jahren war Fitzy der älteste Fahrer auf der Strecke. Seine Stimmung am nächsten Morgen vor dem Rennen war feierlich.

Ich habe das Wrack gesehen. Es passierte in der dritten Runde. Er fuhr gegen eine Betonschutzwand. Der Wagen brannte nicht, war nicht einmal so stark beschädigt, dass man sich als Fahrer nennenswerte Sorgen gemacht hätte. Eigentlich hätte Fitzy in der Lage sein müssen, auszusteigen und wegzugehen. Als jemand aus der Crew zu unserer Box kam und uns sagte, Fitzy sei verletzt, der

Krankenwagen sei auf dem Weg und wir sollten alle zur Unfallstelle kommen, hatte ich keine Ahnung, was genau passiert war.

Jemand aus unserem Team sagte dann zu mir: »Ich bin mir gar nicht sicher, ob er nicht schon irgendetwas hatte, bevor er gegen die Wand fuhr, weil sein Kopf so nach unten hing.«

»Was meinst du damit?«

»Als ich ihn um die letzte Kurve fahren sah, sackte ihm der Kopf nach vorn.« Ein anderer aus der Crew sagte mir, Fitzy würde sich nicht bewegen und es sähe nicht gut aus. Als er ins Krankenhaus eingeliefert wurde, lebte er nicht mehr.

Demnach, was ich mir zusammenreimen konnte, muss Fitzy in dem Moment, als er aus der letzten Kurve kam, einen Schlaganfall gehabt haben. Dadurch muss der Aufprall für ihn die Wirkung gehabt haben wie auf einen Beifahrer. Da sein Körper schon erschlafft war, konnte er sich nicht dagegenstemmen und brach sich das Genick.

Das Rennen wurde natürlich unterbrochen. Es wurde besprochen, was man jetzt machen sollte, besonders in meiner Crew. Alle Fahrer saßen in ihren Wagen und warteten auf eine Entscheidung, ich selbst auch. Als die Rennleitung entschied, wieder zu starten, wollte unsere Crew unseren Wagen von der Strecke ziehen.

»Ich glaube nicht, dass Fitzy das recht wäre«, sagte ich. »Er würde wollen, dass ich dieses Rennen zu Ende fahre.«

In einem solchen Moment durchlebt man alle möglichen Gefühle, auch Wut und Ärger. Mit Wut im Bauch fährt man sogar sehr gut, vorausgesetzt, man lässt sich nicht zu Fehlern hinreißen. Doch als alle Fahrer sich bereit machten, um das Rennen fortzusetzen, konnte ich den Motor nicht starten. Ich muss wohl irgendeinen blöden Fehler gemacht haben, bei der Unterbrechung eine der Benzinpumpen angelassen haben, obwohl ich dachte, ich hätte alles ausgeschaltet. Dadurch war einer der Zylinder wahrscheinlich abgesoffen.

Was für ein Jammer, nicht mehr starten zu können! Wir versuchten, den Wagen anzuschieben, aber es ging gar nichts mehr. Für alle anderen muss das ausgesehen haben, als würde ich irgendeine Show abziehen.

Fitzy stand für all das, was mich an Autorennen so fasziniert. Er hatte eine Entschlossenheit, wenn er zum Angriff überging, um die ich ihn nur beneiden konnte, und er legte die Art von Kameradschaft an den Tag, um die es bei Autorennen gehen sollte. Es geht nicht nur um Motoren und Geschwindigkeit, für mich geht es dabei auch nicht ums Geschäft oder darum, Karriere zu machen. Für mich ist es etwas, womit ich all den Filmleuten entfliehen kann, etwas, wobei ich nicht nur Erfundenes erlebe, sondern etwas ganz Reales, Unmittelbares, fast Archaisches. Und es spricht all die Freude am Wetteifern an, die ich als Schauspieler nicht ausleben kann.

Fitzy war mir der Liebste von allen, weil er es schaffte, meinen sorgfältig errichteten Schutzwall zu durchbrechen. Er war immer zum Lachen aufgelegt, hatte viel Humor und war sehr aufgeschlossen und kontaktfreudig. Er stand für die Freude am Rennfahren, und wir waren Freunde, die sich einfach gut verstanden.

Als ich den President's Cup gewann, die höchste Auszeichnung, die man vom SCCA bekommen kann, fuhr ich ziemlich kurz nacheinander zwei wichtige Rennen. Beim ersten startete ich konservativ, wurde beim Gedränge am Start in einen Unfall verwickelt, den ich wahrscheinlich zum Großteil mitverschuldet hatte. Es wurde für mich nicht gerade ein großartiges Rennen. Ich wurde Dritter. Und ich war mit meiner Leistung absolut nicht zufrieden.

Doch beim nächsten Mal fuhr ich allen davon. Mit jeder Runde hatte ich eine weitere Sekunde Vorsprung auf die anderen, und keiner konnte mich einholen. Ich gewann mit einem unglaublichen Vorsprung. Ich machte ein großartiges Rennen. Das Problem ist nur, dass es als Rennfahrer nicht reicht, das eine oder andere großartige Rennen zu fahren. Das unterscheidet die großen Rennfahrer von den Amateuren. Mario Andretti, der später in mein Team kam, fährt nie ein schlechtes Rennen. Es kann ihm passieren, dass der Wagen mal streikt oder ein Reifen schlapp macht, aber ein Rennen, über das er sagen könnte »Ach, da bin ich aber schlecht gefahren«, passiert ihm einfach nicht. Große Rennfahrer fahren immer exzellent, können jederzeit Spitzenleistungen abrufen. Jemand wie ich war an manchen Tagen ziemlich gut in Form, aber an anderen wiederum furchtbar schlecht.

Das hat auch überhaupt nichts damit zu tun, ob man sich provozieren lässt oder cool bleibt. Ebenso wie bei vielen anderen Rennfahrern waren auch meine besten Rennen immer wieder die, bei denen man schon früh angreift und sich verausgabt, dann wieder zurückfällt und das ganze Feld einen nach dem anderen von hinten aufrollt. An dem Punkt hat man nichts mehr zu verlieren, nichts, was auf dem Spiel steht, nichts, was es zu verteidigen gilt. Dann ist das Ganze nur noch ein Spaß. Man hat den Kopf frei, ist ganz locker und denkt sich: Ach, scheiß drauf.

Ich darf wohl behaupten, dass ich den besten Rennstall besitze, den es in den USA überhaupt gibt. Mario ist der renommierteste, meistverehrte und legendärste aller Rennfahrer. Doch obwohl ich immer dachte, es wäre erfüllend, das Fahren dagegen einzutauschen, einen Rennstall zu haben, ist es nicht dasselbe wie selbst am Steuer zu sitzen.

ROBERT WAGNER

Während der Dreharbeiten von *Indianapolis – Wagnis auf Leben und Tod* wohnten Paul und ich beide im Indianapolis Athletic Club. Wir lernten zusammen Rennfahren; er hatte Spaß daran, man konnte ihn gar nicht mehr aus dem Wagen herausbekommen. Er blieb den ganzen Tag lang auf der Rennstrecke.

Ich dagegen konnte gar nicht schnell genug aus diesen Autos rauskommen. Ich fand diese gottverdammten Dinger beängstigend, richtig unheimlich. Für den Film war ich gern bereit, Rennfahren zu lernen, aber darüber hinaus: niemals. Paul spürte dabei wirklich etwas, es brachte ihm etwas. Ich dachte: »Dieser Mann lebt dabei richtig auf, und genau dieses Leben setzt er dabei aber auch aufs Spiel.« Er war immer draußen auf der Rennstrecke – und jeden Tag trieb er es ein bisschen weiter. Ich weiß nicht, ob es für ihn vielleicht so eine Art Ausgleich war, eine Möglichkeit, sich mit dem Gedanken an den Tod auseinanderzusetzen, aber darüber sprach er nie. Für diese Rennbegeisterten geht es immer um »den Wagen« oder »die Bauteile« oder »den Treibstoff« oder »den Fehler« – sie reden nie über den Tod. Dabei kann es im Bruchteil einer Sekunde durch den Fehler von jemand anderem, technisches Versagen, nichts, was man selbst in der Hand hätte, jederzeit passieren.

Mir schien das Ganze total abwegig, aber wenn man zu Paul gesagt hätte »Lass das doch mit den Autorennen«, hätte er es erst recht getan. Er fuhr nicht deshalb Rennen, weil er sich dann vielleicht männlicher vorkam; es ging um die Geschwindigkeit, die Gefahr und all das. Er konnte dem etwas abgewinnen – ich konnte das nie.

Ich setzte mich in einen der Serienwagen, um zur Übung ein paar Runden zu fahren, und in dem Moment fing es an zu regnen. Während ich meine Runden drehte, wurde der Regen immer stärker, aber ich dachte mir nichts dabei und schaltete am Ende einer Kurve nicht herunter, so wie sonst normalerweise. Plötzlich dachte ich: »Mensch, das schüttet ja richtig!« Und als ich die nächste Kurve nehme, denke ich nur noch »Uups!«, weil der Wagen überhaupt

PAUL UND JOANNE AUF EINEM UNDATIERTEN FOTO.

nicht reagiert. Er fährt nicht in die Richtung, in die ich lenke, nicht mal ein Stückchen! Dann weiß ich nur noch, dass ich plötzlich einen Zaun vor mir sah. Dabei brach ich mir ein paar Rippen.

Auf den Rennstrecken erzählt man sich immer einen wunderbaren Witz: »Was ist für einen Fahrer das beängstigendste Geräusch bei einem Rennen? Seine eigene Stimme, wenn er sich sagen hört: ›Oh, Scheiße!‹«

GEORGE ROY HILL

Paul versucht immer wieder, sich Herausforderungen zu stellen. Er will am Leben bleiben, und die einzige Möglichkeit, am Leben zu bleiben, ist, dem Tod zu entrinnen – im wörtlichen Sinne durch das Rennfahren und im übertragenen Sinne durch seinen Beruf.

JAMES GOLDSTONE WURDE 1968 VON UNIVERSAL ENGAGIERT, UM REGIE BEI *INDIANAPOLIS – WAGNIS AUF LEBEN UND TOD* ZU FÜHREN, EINEM FILM ÜBER ZWEI RIVALISIERENDE RENNFAHRER BEIM INDY 500 (DAS TRADITIONSREICHE AUTORENNEN INDIANAPOLIS-500-MEILEN, ANM. D. REDAKTION). SPÄTER FÜHRTE ER AUCH REGIE BEI *DER TAG, AN DEM DIE WELT UNTERGING*, EINEM KATASTROPHENFILM MIT GROSSEM BUDGET, BEI DEM AUCH PAUL MITSPIELTE.

Bei den Dreharbeiten von *Indianapolis* ließ ich immer zwischen vierzehn und achtzehn Autos gleichzeitig mit Paul auf der Rennstrecke fahren. Alle Manöver, die wir drehen wollten, waren im Voraus abgesprochen, und ich gab Paul das passende Signal mit ein paar Flaggen – eine Flagge hieß vielleicht, überhol den Typen rechts von dir, eine andere Flagge hieß vielleicht, überhol den Typen links von dir und so weiter. Alles war gut durchchoreografiert, aber bis auf ein paar Ausnahmen arbeiteten wir mit ein paar wild gewordenen Halbstarken, die schneller fuhren, als sie sollten. Und Paul bekam immer mehr Spaß am Schnellfahren und an der persönlichen Herausforderung, der Erste zu sein.

Für eine bestimmte Phase des Rennens brauchte ich eine Sequenz von Aufnahmen, auf denen alle anderen Autos Paul überholen, also ließen wir Paul zunächst an Position eins fahren und die anderen Jungs fuhren hinter ihm her. Als ich das Filmmaterial von dem Kamerawagen bekam, fuhr Paul auf dem Platz, auf dem er laut Drehbuch fahren sollte – auf dem letzten. Also hielt ich die grüne Flagge hoch, um ihm zu signalisieren, dass wir mit der Szene fertig waren, und sofort trat Paul das Gaspedal durch. Die Jungs waren mit einem großen Star auf der Rennstrecke, und ihnen war eingetrichtert worden: »Wir wollen ihn doch nicht bloßstellen – er ist doch nur Amateur, und ihr seid Profis.«

Aber Paul wurde immer schneller und überholte ein Auto nach dem anderen, bis unser Sicherheitsmensch mir zurief: »Ich werde jetzt die Ampel einschalten, damit die Jungs von der Rennstrecke runterkommen – die fahren doch alle viel zu schnell.« Paul hielt sich an das Ampelzeichen und fuhr an zweiter Position in die Boxen – er hatte vierzehn Fahrer überholt. Und er hatte dieses wunderbar selige Grinsen auf dem Gesicht. Er wusste, dass er das eigentlich nicht hätte tun dürfen, aber er fühlte sich gut – wie ein kleines Kind.

Vielleicht wollte er beweisen, dass es nicht darum geht, wer das meiste Geld verdient oder einen Oscar kriegt, sondern darum, wer die Kontrolle und die Eier hat.

Und jetzt werde ich der Welt ein Geheimnis verraten:

Als ich den Film fertig gedreht hatte und die Szenen zusammenschnitt, brauchte ich für die Montage noch Einblendungen von Pauls Augen mit der Rennfahrerbrille. Ich hatte zwar sehr gute Nahaufnahmen von Paul bei 120 Meilen pro Stunde, aber ich brauchte noch vierzig Sekunden mehr von seinem Nasenrücken und den Augen.

Das Problem war nur, dass Paul nicht mal eben von Connecticut nach L. A. fliegen konnte. Doch ich hatte eine Idee – warum nicht für die Aufnahmen Pauls Bruder Arthur nehmen, der als Produktionsleiter für uns arbeitete? Ich bat ihn, in mein Büro zu kommen, und wir setzten ihm Pauls Brille auf. »Ja, ich glaube, das wird gar nicht auffallen, und dann brauchen wir nicht auf Paul zu warten.«

Wir filmten seine Augen, und in der endgültigen Sequenz sind sie, glaube ich, dreimal zu sehen. Auf den Nahaufnahmen von *Indianapolis* sind also Arthur Newmans Augen zu sehen, nicht die berühmten blauen Augen von Paul Newman. Die beiden Brüder sehen sich eigentlich gar nicht so ähnlich, aber sie haben die gleichen Augen. Damit bekamen wir das hin.

MICHAEL BROCKMAN

Bevor ich das erste Mal Schauspielunterricht hatte, sagte Newman zu mir: »Willst du schon mal ein bisschen üben? Dann bereite eine Szene für mich vor.« Ich besorgte mir also ein Exemplar von *Süßer Vogel Jugend* und studierte den Monolog ein, in dem die Figur, die Paul gespielt hatte, über die eigene Jugend spricht.

Kurze Zeit später, als wir nach einem Event auf der Orange-County-International-Rennstrecke unsere Sachen zusammenpackten, fragte Paul, ob wir noch mal ins Auto springen sollten, und dann schoss er mit mir über die Gerade. Wir stiegen aus und Paul sagte: »Jetzt spiel mir die Szene vor.« Stocksteif hielt ich den Monolog am Ende der Geraden auf der Rennstrecke von Orange County.

Paul sagte lachend: »Zu viel Beethoven und zu wenig Strawinsky.« Beethoven war mir ein Begriff, aber den anderen Typen kannte ich nicht, deshalb erklärte Paul mir: »Du bist immer in derselben Tonart geblieben – mach es mal etwas lebendiger. Spiel es so, wie du dich jetzt fühlst. Sei einfach du selbst. So zum Beispiel!«

Und zack! haut er fünfzehn Zeilen aus diesem Monolog einfach mal so raus. Dabei hatte er sie seit zwanzig Jahren nicht mehr gesprochen. Es war unglaublich, so echt, so glaubhaft. Dann unterbrach er sich und sagte: »Oder du könntest es so versuchen.« Und zack! trägt er ihn in einer Hundertachzig-Grad-Drehung ganz anders vor. Und dann spielt er ihn noch in drei anderen Varianten. Alles am Ende der Geraden auf dieser Rennstrecke. Ich konnte es kaum glauben, und ich kriege heute noch Gänsehaut, wenn ich daran denke. So war Paul für mich als Freund.

GEORGE FOREMAN

Elizabeth Taylor und Richard Burton waren die ersten beiden Schauspieler, die eine Million Dollar für einen Film bekamen. Ich war immer stolz darauf, dass Paul der Dritte war. So viel handelte ich bei *Indianapolis* für ihn aus.

Ich war gerade oben in Portland zu einem Rennen auf dem International Speedway, als ich einen Anruf von John Huston bekam. Ich hatte ihn vor Kurzem erst als Regisseur von *Das war Roy Bean* erlebt, und das war eine meiner schönsten Erfahrungen beim Film. Er war einer von vielleicht einem halben Dutzend Menschen, bei denen ich wünschte, ich wäre in ihrer Gegenwart ungezwungener gewesen; das bedaure ich wirklich. Auf kreativer Ebene konnte ich mich immer sehr gut mit ihm austauschen, aber ansonsten war ich nicht locker und natürlich genug, als dass ich ihm eine unterhaltsame Gesellschaft hätte sein können. Dadurch fehlten uns manchmal einfach die Themen, über die wir hätten sprechen können.

Jedenfalls ging ich in meinem Hotelzimmer in Portland ans Telefon und war begeistert, als John am Apparat war.

»Du fährst am Wochenende ein Rennen? Da werde ich mal raufkommen und dir zusehen.«

»Das wäre großartig John, aber bis hier herauf ist es ziemlich weit.«

»Wo bist du denn?«

»Du hast mich doch angerufen, also müsstest du es wissen.«

»Meine Assistentin hat die Nummer gewählt«, antwortete er. »Also, wo bist du?«

Ich sagte es ihm, und er antwortete direkt: »Ich werde in Kürze da sein.«

Und dann stieg er in L. A. in einen Flieger und flog von Kalifornien aus hier rauf.

John kam an einem Samstag, als ich gerade diesen großen Datsun fuhr, der über neunhundert PS hatte. Er war richtig ehrfürchtig vor all den Autos.

Er blieb nicht den ganzen Sonntag, sodass er bei dem eigentlichen Rennen nicht dabei war.

»Pass auf dich auf, Junge«, sagte er. Und dann stieg er wieder in seinen Flieger und flog zurück.

Als Huston Joanne und mich in sein Herrenhaus Clarens House in Irland einlud, bevor wir mit den Dreharbeiten von *Der Mackintosh Mann* begannen, lehnte ich höflich ab. Wir wohnten dann in einem kleinen Hotel in der Stadt, nicht weit entfernt vom Set. Ehrlich gesagt, wohne ich nicht gern in den Privathäusern von anderen Leuten, und Joanne auch nicht.

Ich weiß gar nicht mehr, wie ich John überreden konnte, bei diesem schrecklichen Film Regie zu führen: *Der Mackintosh Mann*. Mich hat wohl der Hafer gestochen, denn ich dachte, es würde Spaß machen, mal einen Australier zu spielen, aber leider war die Story nicht besonders gut, und Huston konnte sich auch nie so recht mit dem Drehbuch anfreunden. Aber im Jahr zuvor, also 1972, *Das war Roy Bean* mit ihm zu drehen, war schon etwas Besonderes. Es war einfach unvergleichlich. Er ließ uns bei den Proben Neues entdecken, er hatte großes Vertrauen in die Schauspieler. Für mich hatte das einen besonderen Reiz, eine besondere Würze, unbeschreiblich. Die ganze Atmosphäre. Was machte John im Wesentlichen aus? Als er Regie bei *Roy Bean* führte, stand sein Regiestuhl immer fast in der Wüste, ungefähr hundert Meter weit von allen anderen Leuten entfernt. Nachdem er eine Szene mit den Schauspielern durchgespielt hatte, zog er eine Zigarre hervor, zündete sie sich an, und dann saß er da und dachte nach. Ich sagte immer lachend, ich sei überzeugt davon, dass John Hustons Inspiration in seiner Zigarre steckte.

Ich glaube nicht, dass John Huston mich jemals für einen großen Schauspieler hielt, aber für einen guten Schauspieler schon; er hatte immer so viel Geduld. In seiner Gegenwart fehlten mir manchmal die Worte, vielleicht weil ihn eine so starke Aura aus Erwartungen umgab. Er hatte etwas Mystisches, Magisches, etwas Undefinierbares.

Für *Roy Bean* hatten wir eine großartige Truppe zusammengestellt, viele interessante Leute am Set, und manchmal kamen noch welche aus L. A. dazu, weil sie John einfach mal besuchen wollten. Jeden Nachmittag saßen zum Lunch etwa zwölf Leute in Johns Trailer, und plötzlich kam dann ein frei laufender Löwe hereinspaziert und streckte sich über die Breite der mobilen Behausung aus. Der Löwe war wohl mit dabei, um dem Bären Gesellschaft zu leisten.

Denn selbstverständlich hatten wir auch einen riesigen Bären am Set, und zwar denselben Bären, der im Fernsehen Gentle Ben gespielt hatte. In unserem Film gibt die Bärin ihr Leben für Roy Bean, und ich streichle ihren leblosen Körper. Aber vor dieser Szene hatte ich mich wirklich dumm verhalten. Wir drehten eine Szene, in der ich sauer auf die Bärin sein sollte, und da schlug ich drei- oder viermal nach ihr. Das machte ich einfach so, aus Gedankenlosigkeit; nicht um besonders mutig zu erscheinen. Der Trainer stand außerhalb des Bereichs der Kamera, und er konnte nichts mehr sagen, war sprachlos. Offenbar hat so ein Bär eine ganz schöne Rückhand, mit der er einem ein paar Knochen brechen kann, wie ein Schwergewichtsboxer von sechshundert Pfund. Die kommt dann blitzschnell, und ich habe wirklich Glück gehabt.

Ich bin auch schon ein paar Mal nach der Szene gefragt worden, in der die Banditen den jungen Roy Bean loswerden wollen und ihn an ein Pferd binden, das sie mit einem Schuss dazu bringen durchzugehen, bevor sie auf Roy Bean schießen, während er über den Boden geschleift wird. Diesen Stunt wollte ich selbst machen. Huston und der Crew von der Produktionsfirma war nicht wohl bei dem Gedanken, vor allem, weil ja auch noch mit Platzpatronen auf die Pferde geschossen wurde – da kann man nie wissen, wie sie reagieren. Aber ich bestand darauf.

Ich hatte auch keinen Harnisch oder eine feste Unterlage. Stattdessen lag ich auf einem mit weichem Leder gepolsterten Skimboard und wurde vom Kameratruck über das steinige Terrain gezogen. Ich habe nur ein bisschen den Boden geharkt.

JOHN FOREMAN

Eines Tages rief mich John Hustons Agent Paul Kohner an und sagte, John wolle bei mir vorbeikommen. Wie hätte ich da Nein sagen können? Huston hatte Jahre zuvor Himmel und Hölle in Bewegung gesetzt, um Paul für *Die Nacht des Leguan* zu gewinnen, aber Paul lehnte ab; er wollte die Rolle einfach nicht spielen.

Jedenfalls geht irgendwann die Tür unseres Produzentenbüros bei Universal auf, John kommt rein und knallt mir das Drehbuch von John Milius für *Roy Bean* auf den Tisch. »Das gefällt mir«, sagt er, »und ich will diesen Film machen.«

»Ich werde mit Paul sprechen.«

»Wo steckt er denn?«

»In Connecticut.«

»Gut. Dann fliege ich da jetzt hin.«

Ich rufe Paul an, und er spult erst mal alle John-Huston-Filme ab, die ihm nicht gefallen haben. »Ich weiß nicht, ob er der Richtige für so etwas ist.«

»Er will zu dir kommen, Paul.«

»Sag ihm bloß nicht, dass das geht!«

Ich lege auf, dann rufe ich Huston an und gebe ihm Pauls Adresse. Huston macht sich auf den Weg an die Ostküste, und ich rufe wieder Paul an und sage: »Mach dich auf was gefasst, Huston ist schon auf dem Weg.«

»Dann bin ich eben nicht zu Hause. Ich werde einfach das Tor zu machen.«

Noch am selben Abend klingelt bei mir das Telefon. Huston ist seit Stunden in Westport und hat sich Pauls Seele geholt; er hat ihn »rumgekriegt«, den wahrhaftigen Paul Newman, den echten, echten, echten, ehrenvollen, verantwortungsbewussten Paul.

Der letzte Drehabend war zwei Tage vor Weihnachten. Wir waren außerhalb von Tucson, und es hatte geschneit, wodurch wir schon einen Tag verloren hatten und richtig unter Zeitdruck standen. John Huston hatte beschlossen, dass die Grenzstadt in der letzten Szene komplett niedergebrannt werden sollte. Und ich ahnte schon: Wenn John Huston das ganze Set abfackeln will, dann fackeln wir eben das ganze Set ab!

Als John an dem Abend rauskam ans Set, hatte er eine furchtbare Erkältung. Wir hatten nur diesen einen Schuss, nur einmal die Möglichkeit, dass in den Flammen jeder auf jeden losging, und mittendrin Richter Roy auf seinem Pferd.

Und während die Kamera lief, wurde John Huston auf seinem Regiestuhl bewusstlos.

In der unauffälligsten, effektivsten Zeichensprache, die ich je mit Paul erlebt habe, verständigten wir uns sofort darüber, was zu tun war – Paul spielte einfach weiter und übernahm für den Rest der Szene auch noch die Regie. Aber so, dass es keiner merkte. Währenddessen war John immer noch bewusstlos, aber als der Moment kam, um »Cut!« zu sagen, hob der alte Mann den Kopf und rief: »Cut!«

Wir trugen ihn zurück zu seinem Trailer und riefen einen Krankenwagen. Als er aus dem Trailer herauskam und der Krankenwagen mit ihm losfuhr, brachte die gesamte Truppe ihm ein Ständchen.

Roy Bean schaffte es nie so richtig, das Publikum in seinen Bann zu ziehen, aber profitabel war er dennoch. Er war eben nicht *Butch Cassidy and the Sundance Kid*, den Paul am liebsten immer wieder gespielt hätte – *Zwei Banditen I, II, III, IV, V* und so weiter.

Paul mochte die Figur des Roy Bean wirklich, und ich glaube, er freute sich auch über Johns Wertschätzung für seine Darstellung. John hat etwas an sich, das einen spüren lässt, was für ein wertvolles Geschenk seine Wertschätzung ist.

JOHN HUSTON

Am letzten Abend von *Roy Bean* hatte ich das erste Mal richtig mit dem Emphysem zu kämpfen. Dazu hatte ich einen Husten, der überhaupt nicht mehr aufhörte; ich hatte eine Lungenentzündung. Ich war krank. Ich trank etwas, um das Ganze in Schach zu halten. Nicht so viel, dass ich betrunken gewesen wäre, aber es war die einzige Möglichkeit, an dem Abend auf den Beinen zu bleiben, an dem Abend, als es mich dann plötzlich erwischte. Mir ging es richtig schlecht.

Paul ist natürlich unvergleichlich. Ich kann keine Schwachstelle, keinen Fehler an ihm feststellen, weder als Schauspieler noch als Mensch. Er ist ein Mann mit Moral und Anstand, in jeder Hinsicht ein feiner Mensch. Ich bewundere ihn sehr dafür, wie er sein Leben führt.

Wir sind in einem Geschäft, in dem sich andere, die so viel erreicht haben wie er, mit Selbstgefälligkeit bekleckern, die an ihnen klebt wie Honig, so als kämen sie gerade aus dem Bienenstock. Aber Paul nicht. Er inszeniert sich nie wie andere, die in seiner Liga spielen. Marlon Brando, den ich ungeheuer bewundere, inszeniert sich durchaus, vielleicht sogar ganz bewusst.

Nachdem wir den Film fertig hatten, fragte Huston mich, ob ich stellvertretend für ihn eine Auszeichnung in New York entgegennehme könne. Also schrieb ich einen kleinen Text, und als ich ihn an seiner Stelle vortrug, war ich sehr gerührt; mir versagte sogar die Stimme.

Jemand hatte es offenbar aufgenommen und schickte Huston die Aufnahme. Daraufhin rief er mich an. »Ich weiß gar nicht, was mich mehr rührt«, sagte er, »der Klang meiner Stimme oder die wunderbaren Worte, die ich geschrieben habe.« Ich fühlte, dies kam aus tiefstem Herzen.

GEORGE ROY HILL

Den Film *Der Clou* bot ich Paul zunächst mal gar nicht an, weil ich dachte, die Rolle ist nicht groß genug für ihn. Pauls Rolle als Henry wurde dann aber ganz anders, als David Ward sie ursprünglich geschrieben hatte. Wir erweiterten sie an vielen Stellen und machten Henry von einem echten Chaoten zu einem aalglatten Dandy.

Die berühmte Kartenspielszene mit Bob Shaw geht einzig und allein auf Pauls Konto. Ich hatte mal gesehen, wie er das machte – und ich brauchte ihn nur daran zu erinnern, dann hatte er es sofort wieder drauf. Diese Szene halte ich für eine der besten, die jemals irgendwo von einem Schauspieler gebracht wurde. Paul war richtig vergnügt – vorher hatte er nie die Gelegenheit gehabt, eine Rolle zu spielen, in der er seinen ganz eigenen Humor zeigen konnte.

WARREN COWAN

Der Clou hat Paul, glaube ich, richtig Spaß gemacht, obwohl er dabei weniger gearbeitet hat als in jedem seiner anderen Filme.

GEORGE ROY HILL

Wir hatten allerdings Probleme mit der Gesichtsbehaarung. Als Paul zum ersten Mal den Schnurrbart für seine Rolle in *Der Clou* trug, gefiel ihm das gar nicht.

»Sieh dir das Ding doch mal an, das sieht doch lächerlich aus!«, sagte er.

»Mir gefällt es, Paul. Ich will es so haben.«

Ich zielte auf einen echten 1920er-Jahre-Stil ab, deshalb musste er sich das Haar auch genau in der Mitte scheiteln – Paul brauchte Ewigkeiten, bis er sich daran gewöhnte. Aber irgendwann ging es. Und als ich ihm nochmal versicherte, dass er toll damit aussah, kam als Antwort nur noch ein leises: »Na gut.«

Er sagte immer, er sähe aus wie dieser Schauspieler aus den Stummfilmen und den ersten Tonfilmen, dessen Markenzeichen so ein Schnurrbart war, der an den beiden Enden hochgezwirbelt war – Edmund Lowe.

Was auch immer großartig ist bei der Arbeit mit Paul, ist, dass man ihm nach einem Take immer sagen kann: »Das war ja schrecklich.« Er zuckt dann nur die Achseln und lacht – glauben Sie mir, dass kann man nicht bei jedem Schauspieler machen. Aber Paul hat einen Schutzschild aus Gleichgültigkeit, der ihm genau das erlaubt – sein Inneres abzuschirmen. Bei ihm funktioniert das, und es ist schön, wenn man ein solches Verhältnis zu einem Schauspieler hat.

Ich kann mich auch nicht daran erinnern, dass Paul sich bei den Dreharbeiten jemals an die Autoren gewandt hätte. Wenn er etwas zu besprechen hatte, kam er damit zu mir. Ich habe die Drehbuchautoren am Set am liebsten dabei, weil es immer Kleinigkeiten gibt, zu denen ich ihre Meinung hören will.

Als wir mit den Proben halb durch waren, hatte ich einen Streit mit David Ward, dem Drehbuchautor von *Der Clou* (der den Oscar für das beste Originaldrehbuch bekam). Ich hatte ihn um ein paar Änderungen gebeten, und er wollte sie nicht vornehmen. Also nahm ich die Änderungen selbst vor, und David regte sich furchtbar darüber auf. Er regte sich auch darüber auf, in welche Richtung ich den Film durch meine Regie brachte – er hatte sich einen wesentlich ernsteren Film vorgestellt. Ich wollte die Atmosphäre eines Kostümfilms – mit Doppelbildern bei der Einführung der Figuren, einer umgeblätterten Seite als Ankündigung eines neuen Abschnitts. All das regte David nur noch immer mehr auf. Aber nach den ersten beiden Drehtagen veranstaltete der Autorenverband einen Streik, und da konnte David zum Glück nicht mehr ans Set kommen.

Im Endeffekt war David dann doch recht zufrieden, als

der Film erschien und er gegenüber der Presse dazu Stellung nahm. Er sagte, das Resultat wäre weit besser, als wenn er selbst Regie geführt hätte.

Der nächste Film, den ich mit George Hill machte, war *Schlappschuss*. Das war absolut magisch, total originell, ein Thema, das noch nie aufgegriffen worden war – Eishockey, was mir als Kind immer viel Spaß gemacht hatte. Den Film zu machen war, wie man sich denken kann, in jeder Hinsicht ein echtes Abenteuer.

Ein paar Jahre nach unserem Erfolg mit *Der Clou* schickte George mir ein Skript und rief mich an, um mir zu sagen: »Lies es schnell. Wir müssen direkt mit der Vorproduktion anfangen – dieser Film muss abgehen wie eine Rakete.« Das größte Problem bei der Vorproduktion war, dass wir eine echte Eishockeymannschaft mit allem Drum und Dran brauchten, denn die war unverzichtbar für den Film – dafür mussten wir Spieler mitten in der Saison loseisen, und wir brauchten ein paar echte Eishockey-Stadien als Sets.

Ich las das Skript sofort und sagte zur Überraschung aller: Ja. Das Drehbuch gefiel mir, weil es so flapsig und respektlos war. Es war eine ganz neue Herangehensweise an eine Sportler-Story – und die Nebenfiguren waren wundervoll gestaltet, insbesondere die Eishockeyspieler.

Mein Anwalt Irving Axelrod rief mich etwa eine Woche später an und sagte mir, dass er den Deal noch nicht ganz unter Dach und Fach hatte. »Diese Leute von Universal sind ja solche Idioten!«, sagte er. »Die legen einem nicht nur Steine in den Weg, sondern errichten ganze Straßensperren. Ich glaube, wir stecken in einer Sackgasse.«

»Wie ist das möglich?«

»Mach dir keine Gedanken. Die plustern sich nur auf. Nach dem Wochenende werden wir uns schon einigen.«

Ein paar Tage später kam eine von Georges Töchtern zu uns, weil sie mit Nell reiten gehen wollte. Als sie sich auf den Heimweg machte, sagte ich: »Grüß deinen Vater von mir.«

»Das geht im Moment nicht«, antwortete sie. »Er ist nach Palm Springs gefahren.«

»Dann grüß ihn, wenn er morgen zurück ist.«

»Ich glaube nicht, dass er so bald zurückkommt.«

»Wie meinst du das? Wir müssen uns doch an die Arbeit machen. Wir haben eine feste Deadline.«

»Ach ja«, sagte sie, »das hat sich erledigt. Er hatte die Nase voll von den Verhandlungen wegen *Schlappschuss*. Deshalb ist er ja nach Palm Springs gefahren – damit er sich in Ruhe betrinken kann und das Projekt loswird. Also, aus dem Kopf kriegt.«

Ich rief sofort Georges Assistentin an, aber sie wollte mir nicht sagen, wo er war. Er würde sich zurückmelden, wollte sie mir weismachen.

»Also, ich habe eher den Eindruck, dass er das nicht tun wird.«

Um vier Uhr nachmittags am nächsten Tag versuchte ich es nochmal in seinem Büro – und da hatte er sich immer noch nicht gemeldet.

»Wie lautet sein Autokennzeichen?«, fragte ich seine Assistentin.

»Oh, das kann ich Ihnen nicht sagen.«

Also rief ich bei der Parkplatzverwaltung von Universal an. »Hier spricht Paul Newman. Ich soll vorbeikommen und den Wagen von George Hill abholen. Brauner Mercedes-Viertürer, aber ich weiß nicht mehr, wie das Kennzeichen lautet. Das ist doch bei Ihnen registriert, und ich will ja nicht den falschen Wagen nehmen.« Der Mitarbeiter der Parkplatzverwaltung war so freundlich, mir Auskunft zu geben.

Dann rief ich Robert Wagner an, der unten in Palm Springs wohnte, und bat ihn, einen guten Privatdetektiv aufzutreiben. Ein paar Stunden später rief er mich zurück und sagte, dass er keinen gefunden hatte, der vertrauenswürdig schien.

»Hey, hier geht es nicht um eine Frauengeschichte oder um einen Bestechungsskandal«, erklärte ich ihm. »Es hat nur ein kleines Missverständnis mit jemandem gegeben, und ich muss diesen Mann ausfindig machen.«

Wagner rief mich ein weiteres Mal zurück und sagte, er habe einen Privatermittler gefunden, der im Bereich Firmenüberwachung arbeitete, bei Westinghouse oder so, und der früher bei der Polizei gewesen war. Ich sagte, er solle ihm ausrichten, dass ich um acht Uhr abends anrufen würde.

»George ist nicht der Typ, der in einem Hotel mitten in der Stadt absteigen würde«, erklärte ich dem Privatdetektiv. »Und er ist sehr sparsam, also würde er auch kein teures nehmen – eher ein preisgünstiges am Stadtrand vermutlich.« Bei tausend Hotels und Motels in Palm Springs rechnete ich damit, dass es Stunden dauern würde, ihn ausfindig zu machen.

Um neun Uhr am selben Abend rief der Privatdetektiv mich zurück und sagte: »Ich habe den Wagen.«

Um fünf Uhr morgens fuhr ich mit meinem Porsche runter nach Palm Springs. Eine Stunde und vier Minuten später kam ich bei dem Hotel an, sah den Mercedes, stürmte sofort in die Rezeption und fragte: »In welchem Zimmer ist George Hill?« Der Rezeptionist war so überrumpelt, dass er mir direkt erklärte, ich bräuchte nur den Innenhof zu durchqueren und da wäre es auch schon, Zimmer Nummer 12.

Schon von außen sah ich, wie die Vorhänge aufgezogen wurden, und dann stand George mit dem Rücken zum Fenster, reckte sich, und auf dem Tisch stand eine Flasche Scotch. Ich klopfte an die Scheibe, er drehte sich um, öffnete die Tür und sagte: »Du kannst direkt wieder verschwinden.«

Er hatte sich mit allen angelegt, weil sie sich alle ein großes Stück von seinem Kuchen abgeschnitten hatten. »Scheiße, warum mache ich das denn eigentlich? Da bleibt doch für dich und für mich überhaupt nichts mehr übrig.«

Das Problem war, dass obwohl George nicht nur Regie führte, sondern auch der Produzent von *Schlappschuss* war, noch zwei weitere Typen beteiligt werden sollten, die sich ebenfalls »Produzenten« nannten, mit dem Film aber nichts weiter zu tun hatten, außer einen Teil davon vorzufinanzieren und bei den Premieren zu erscheinen. Sie würden einfach mit abkassieren, ohne etwas dafür zu tun. Das klingt vielleicht unfair, denn ohne sie hätten wir *Schlappschuss* vermutlich gar nicht machen können. Aber wir waren beide ziemlich unglücklich über diese Wendung.

George und ich setzten uns draußen auf den Bordstein, tranken ein paar Budweiser und wurden uns über die Vereinbarung zwischen uns beiden sofort einig. »Wie wäre es dir denn am liebsten, George?«, fragte ich ihn. »Ich werde jedenfalls alles mit dir teilen.«

»Pass mal auf, wenn du irgendwo übervorteilt werden solltest, dann mache ich das nicht mit«, erklärte ich ihm. »Aber ich werde dafür sorgen, dass Universal nicht damit durchkommt, mir auch noch das Fell über die Ohren zu ziehen.« Wir stellten sicher, dass wir für den Film als Gesamtpaket zuständig waren; wir brauchten nämlich nicht noch jemanden, der das Paket für uns schnüren würde, um sich dann auch nochmal 10 Prozent von Georges Anteil einzustreichen und die geschätzten Kosten für den Film weiter in die Höhe zu treiben.

Ob ich oftmals übervorteilt wurde? Ja. Und ich sage zwar immer, der Preis dafür, sich nicht übervorteilen zu lassen, ist ständige Wachsamkeit, aber ständige Wachsamkeit ist eine sehr zeitaufwendige und kleinteilige Angelegenheit – sich jede einzelne Quittung ansehen, jede Kleinigkeit überprüfen. Es kann durchaus weniger ärgerlich sein, sich übervorteilen zu lassen, als sich um jede Kleinigkeit zu kümmern – manchmal zumindest.

Es gibt ein paar Leute, bei denen ist man sich von vornherein absolut sicher, dass sie sich niemals einen Vorteil verschaffen würden, indem sie einen ausnutzen; da ist alles genauso, wie es scheint. Dann gibt es welche, bei denen man sich zu 95 Prozent sicher ist –

JOANNE UND STEWART STERN

dass sie einen zwar normalerweise nicht übervorteilen würden, aber wenn sie in Bedrängnis sind, vielleicht schon. Manche Leute konnte ich nie so richtig einordnen und war mir ihrer Loyalität nie ganz sicher. Ich war mir auch nie ganz sicher, woran man Loyalität erkennt – das ist nämlich gar nicht so einfach. Aber mit der Zeit erkennt man die Leute, die darauf aus sind, mit einem aufzusteigen, und die Leute, die darauf aus sind, *auf* einen zu steigen.

George und ich waren uns jedenfalls über alles einig, was wir besprochen hatten. Wir verließen Palm Springs, und die Jungs, die bei uns für das Geschäftliche zuständig waren, konnten sich direkt an die Arbeit machen und die Verträge aufsetzen.

GEORGE ROY HILL

Paul hat die Angewohnheit, den Leuten Streiche zu spielen, und der Streich, den er uns in Johnstown, Pennsylvania, bei den Dreharbeiten von *Schlappschuss* spielte, brachte mich sehr, sehr aus der Fassung. Manchmal kann ich auch über Streiche lachen, aber dieser hier war absolut unvernünftig.

Wir hatten jemanden in unserer Crew, einen Kamera-Assistenten, der die ganze Zeit an der Kamera stand. Ich weiß nicht, ob Paul das wusste oder nicht, jedenfalls hatte er einen Herzfehler.

In einer Szene musste Paul mit einem Wagen in eine Lücke fahren, ihn da stehen lassen und zu Fuß zu dem nahe gelegenen Haus gehen. Etwa zwei oder drei Autolängen hinter der Ecke nach diesem Haus war eine Werkstatt, in der wir all die Fahrzeuge warten ließen, die in dem Film zum Einsatz kamen. Also, Paul fuhr sehr schnell bis zu der Markierungslinie, trat auf die Bremse und schleuderte buchstäblich in die Lücke. Er kam zu mir und sagte: »Hör mal, ich fürchte, der Wagen bräuchte mal neue Bremsbeläge.«

»Keine Sorge, Paul, fahr erst mal ein bisschen langsamer. Dann machen wir die Szene noch ein paar Mal und sehen ja, ob der Wagen sicher ist.«

Er war einverstanden, ich rief »Action«, und Paul kam wieder angerast, noch schneller als vorher. Er fuhr an der Markierung vorbei und außer Sichtweite um die Ecke, wo diese Werkstatt war – als wir plötzlich ein furchtbares Scheppern hörten. Dann war alles voller Staub, und ein einzelnes Rad rollte über die Straße; ich bin verdammt nochmal fast tot umgefallen. Und unser Kamera-Assistent hat sich so sehr erschreckt, dass er sich sofort an die Brust fasste und wir ihn nach Hause bringen lassen mussten.

Ich rannte los, um nachzusehen, was passiert war, und da hörte ich die Leute aus unserer Crew schon lachen. Der ganze Unfall war nur vorgetäuscht, nur gespielt. Ich wollte direkt alle feuern, auch Paul, aber ohne ihn hätte ich den Film ja nicht weiterdrehen können.

Ich war fuchsteufelswild, ich fand es unmöglich, dass die Leute aus der Crew einen solchen Stunt inszeniert hatten – obwohl mir klar war, dass Paul, so wie er nun mal ist, sie wahrscheinlich dazu überredet hatte. Ich war schon fast so weit, die ganze Crew komplett auszutauschen, aber Paul bekniete mich: »Das kannst du doch nicht machen! Du kannst doch nicht dafür sorgen, dass ich mich auf ewig dafür verantwortlich fühle, wenn all die Leute hier ihre Jobs verlieren. Das könnte ich nicht ertragen. Das würde mich total fertigmachen.«

Dieses Argument konnte ich nachvollziehen, und so gab ich schließlich nach. Ich sagte ihm, es ginge in Ordnung, und als ich das sagte, weinte Paul. Er wischte sich über das Gesicht und sagte: »Lieber Gott, mir tränen immer noch die Augen.« In dem Moment wollte er das Ganze wieder als Witz hinstellen.

Ich weiß, alle anderen fanden es ja auch witzig und umwerfend komisch, aber ich werde nie verstehen, was daran witzig sein soll, Dinge kaputt zu machen. Und das hatte Schaden angerichtet, richtigen Schaden. Paul sah irgendwann ein, dass es eine blöde Idee gewesen war.

Wenn ich eine Psychoanalyse über Streiche machen sollte, käme dabei wohl heraus, dass sie auf verborgener, aber nicht richtig verborgener Feindseligkeit beruhen. Man bringt andere Menschen nicht einfach in eine schlimme Situation, die ihnen Angst macht und einen Schreck einjagt, sodass jemand fast einen Herzinfarkt bekommt. Dahinter steckt doch echte Wut. Als Paul und ich darüber sprachen, machte ich ihm klar, dass so etwas ein Zeichen für seine Feindseligkeit war, und irgendwann später sagte er mir, dass dieser Vorfall ein Wendepunkt für ihn war; seitdem hat er nie wieder jemandem einen Streich gespielt. Natürlich kann man sich nur sehr schwer vorstellen, dass Paul in irgendeiner Hinsicht etwas Feindseliges an sich hat. Das ist eben seine Art von Humor, und ganz ehrlich, manchmal ist sein Humor einfach schrecklich, meistens auch ziemlich anzüglich. Ab und zu kann er auch richtig witzig sein, aber Paul sagt ja selbst immer, sein Humor kommt direkt aus dem Klosett.

Von dem Moment an, als er *Butch Cassidy* spielte, hat Paul nach und nach gelernt, sich zu entspannen. Er musste nichts mehr forcieren, denn diese Rolle gab ihm die Gelassenheit, dass er zu dem werden konnte, der er in seiner weiteren Karriere wurde – der lässige Schauspieler, der er ganz am Anfang eigentlich schon war. Er kam zur Ruhe und fand seinen eigenen Stil. Paul wird immer mehr wie Johns Vater Walter Huston, der auf der Leinwand nicht das kleinste Bisschen tat, man sah ihn nie spielen – er *war* einfach. Paul hat mittlerweile auch etwas von diesem Format – er kann gar nichts mehr falsch machen, selbst wenn er wollte.

STEWART STERN

Sehr sympathisch an Paul ist, dass er sich so sehr für etwas begeistern kann. Also, wenn er etwas Neues entdeckt hat, das er mit anderen teilen möchte. Und die Mühe, die er sich macht, damit man daran teilhaben kann: die Größe der schwarzen Oliven, die man in einem Drink haben muss, oder eine neue Erfindung – wie die gepolsterte Drahtkrone, die er sich gebastelt hat, damit ihm in der Sauna nicht die Brille von der Nase rutscht.

ROBERT ALTMAN

Er veranstaltete eine große Party zum Abschluss der Dreharbeiten von *Buffalo Bill und die Indianer* oben in Kanada. Ließ zweihundert Hummer einfliegen. Und Bier, Baseball, Go-Karts, alles, womit er gern herumspielt. Wir neigen beide zu diesem extrovertierten, jugendlichen Benehmen, wenn viele Leute um uns herum sind. Bevor wir anfingen zu essen, warf er meinen Lieblingshut in die Luft, und dann schossen sie Löcher rein. Dann nahm er meine feinen indianischen Rehleder-Handschuhe, warf sie in die Fritteuse und servierte sie mir zum Lunch. Irgendwie fand ich es schade, dass ich die Handschuhe nicht mehr hatte, aber das war nicht so schlimm, denn viel mehr freute ich mich über die Zuneigung, die dieser Spaß ausdrückte.

HAROLD WILLENS

Paul und ich fuhren in seinem Volkswagen zu unserer ersten Vorstandssitzung beim Center for the Study of Democratic Institutions. Er ließ wunderbare Musik laufen – er hörte gern Klassik –, und manchmal stellte er sie leiser und sagte: »Hör dir das an, hör dir das mal an!« Dann stellte er sie wieder lauter, wie ein kleiner Junge. Irgendwann stieß er mich an und sagte: »Jetzt pass genau auf.« Wir fuhren auf dem Freeway, und vor uns war einer dieser klotzigen, PS-starken Cadillacs. »Achte genau auf das Gesicht des Fahrers!«, sagte er, und dann gab er Vollgas. Ich dachte schon, wir heben jeden Moment ab! Was er mir nämlich nicht gesagt hatte, war, dass sein VW einen Porsche-Motor hatte. Dieses Bild von ihm habe ich heute noch vor Augen: dieser kleine Junge, der lauthals lacht, weil er seinen Spaß hat.

MICHAEL BROCKMAN

Ich weiß noch, dass wir zu Pauls Geburtstagparty in Malibu viel zu spät kamen. Joanne fuhr vor uns von der Go-Kart-Bahn aus los, und später sagte sie, dass das ein Fehler war, weil Paul und Elliot und ich, kaum dass sie weg war, einen Sekundenbruchteil später schon versuchten, einen Geschwindigkeitsrekord aufzustellen. Alle Gäste waren längst da, aber wir kamen und kamen nicht, weil Paul nicht da wegwollte, bevor er nicht der Schnellste war.

XII

Eine interessante Frage ist, wie weit man beim Trinken gehen kann, ohne dass es in richtige Selbstzerstörung ausartet. Anfang der 1970er-Jahre ging ich, glaube ich, so weit wie nur möglich, bis ich merkte, dass ich diesen Punkt erreicht hatte. Als ob man den Mount Everest hinaufsteigt und sich zumindest sagen kann: »Okay, ich bin oben angekommen – das war's, und jetzt suche ich mir eine neue Herausforderung.«

Alkohol schien den Effekt zu haben, dass ich meine Aufmerksamkeit deutlich besser auf etwas Bestimmtes richten konnte – vorausgesetzt, ich trank nicht zu exzessiv. Demnach, was ich über den Maler Jackson Pollock gelesen habe, ging es ihm offenbar genauso. Bei Menschen, mit denen es ihm sonst unmöglich gewesen wäre zu kommunizieren, öffneten die ersten vier Bier ihm ein Fenster – für ungefähr zwanzig Minuten. Bis zum siebten Bier konnte er etwas Tiefsinniges und Interessantes über die Kunst und sich selbst erzählen. Aber dann ging das Fenster wieder zu und blieb geschlossen.

Es gab Zeiten, da öffnete mir der Alkohol die Tür zu einer Menge an Themen und Personen, an die ich ohne nicht herangekommen wäre. Er war der Schlüssel – aber er führte nicht zwangsläufig in den Raum dahinter. Er ermöglichte mir, manches gedanklich auszuloten, so als wäre ich allein im Badezimmer oder im Keller. Gedanken, die ich sonst nicht hätte freisetzen können und gar nicht erkannt oder bemerkt hätte.

In der Anfangszeit meiner Karriere, als ich noch oft fürs Fernsehen arbeitete, mietete ich mir ein Zimmer im alten Emerson Hotel und zog mich mit dem jeweiligen Skript dorthin zurück. Nicht, um mich vier Tage lang zu betrinken. Ich setzte mich hin, arbeitete das Skript durch, machte Notizen und um die Abendessenszeit herum trank ich ein Bier. Dann trank ich noch zwei Bier, dann fünf – wobei ich die ganze Zeit Passagen kürzte, überarbeitete und mit meinen Anmerkungen versah.

Wenn ich am nächsten Morgen aufwachte, stellte ich jedes Mal fest, dass 95 Prozent meiner Notizen schauderhaft waren. Ich strich sie wieder durch, damit man sie nicht mehr entziffern konnte. Sie waren nichts weiter als Unsinn unter Alkoholeinfluss. Aber 5 Prozent hatten Substanz, waren stilistisch relevant und von daher für das Geschehen auf der Bühne möglicherweise interessant – und immer kamen mir all diese Anmerkungen viel zu exzentrisch vor, als dass ich im Normalzustand darauf gekommen wäre.

Gore Vidal rechtfertigte seinen Alkoholkonsum immer damit: Förderung der Kreativität. Und ich weiß, dass mir einige Denkvorstöße gelangen, die ich hinterher auf der Bühne umsetzen konnte. Für jemanden, der so kontrolliert ist wie ich, ist diese Verlockung, der Luxus, nicht die Kontrolle haben zu müssen, sich davon überraschen zu lassen, was hinter der nächste Ecke auf einen wartet, und sich dieser Gefahr immer wieder auszusetzen, einfach eine angenehme Erfahrung. Unter Alkoholeinfluss passiert aber auch furchtbar Schlimmes, das gefährlich wird. Für mich ist es ein Wunder, dass ich solche Momente überstanden habe.

TOM CRUISE

Paul übertreibt es immer wieder. Erst quält er sich damit, einen Kasten Bier zu trinken, dann damit, stundenlang in der Sauna zu sitzen. Er lacht immer darüber – so wie Alkohol auf den Körper wirkt und so wie die Sauna auf den Körper wirkt, wechselt man ständig von einem Extrem ins andere.

Paul ist ein wechselhafter Mensch, und trotzdem hat er sich im Griff, behält die Kontrolle. Er scheint auf seine eigene Art mit seinem Schmerz umzugehen und ist nicht mehr so selbstzerstörerisch wie früher. Er hat sich in seinem Leben immer stabilisierende Einflüsse geschaffen: die Entscheidung, Schauspieler zu werden, Joanne, daran hat er immer festgehalten.

ROBERT WEBBER

Paul sagte mir, bei ihm sei das mit dem Trinken so wie bei der Figur des Brick in *Die Katze auf dem heißen Blechdach*. Er trank eine bestimmte Menge, dann macht es plötzlich *Klick*, man schaltet ab und bekommt nichts mehr mit.

Alles auszublenden und dabei trotzdem zu funktionieren ist schon faszinierend. Mein bester Freund war ein Katholik, der sich nicht an die strengen Regeln der Kirche hielt. Er ging aus, schaltete ab, tat, was immer er wollte, und hatte nie Schuldgefühle, weil er sich ja an nichts mehr erinnern konnte. Ist das bei Paul auch so? Da ist auf jeden Fall ein Auslöser am Werk: »So weit will ich jetzt gehen. Dann lege ich den Schalter um und will gar nicht wissen, was ich tue.«

Ich erinnere mich noch an die Zeit, als Paul den harten Drinks abgeschworen hatte. »Ich trinke nur noch Bier«, sagte er. Ja, schon, aber davon einen ganzen Kasten am Tag. Wir waren auf einer Party, und da fiel mir auf, dass das ganze Bier nach und nach weg war. Mir war es ein Rätsel, wie jemand so viel trinken konnte. Wie lange er das so machte, weiß ich nicht. Er war nie unausstehlich, wenn er so viel getrunken hatte. Wie gesagt, er schaltete einfach ab.

MORT SAHL WAR EIN KONTROVERS DISKUTIERTER STAND-UP-COMEDIAN SOWIE POLITISCHER SATIRIKER UND SEIT MITTE DER 1950ER-JAHRE MIT PAUL BEFREUNDET.

Wie viele Filme haben Sie schon gesehen, in denen Paul Newman morgens irgendwo reinkommt und erst mal den Kopf in ein mit Eis gefülltes Waschbecken steckt? Ich glaube, das macht er in achtunddreißig Filmen. Träume sterben schwer.

Paul blieb gern stundenlang in der Sauna. Wir waren mal zusammen in einer, und da nahm er sich einen großen Cognacschwenker voller Eiswürfel und Scotch mit. Er erzählte mir von seiner Mutter, und er weinte. Sie hackte immer auf ihm herum. Wenn irgendetwas Schlechtes über ihn in den Zeitungen stand – Kritiken oder so –, schnitt sie die Artikel aus und schickte sie ihm, einfach nur, um ihn zu quälen.

Manchmal war Paul richtig verbittert. »Warum können die Leute nicht einfach mal tolerant sein?«, sagte er dann. »Vielleicht kann jemand die Nacht nur mit drei Flaschen Scotch überstehen. Wenn andere Leute die Nacht nur mit einer *Schlange* überstehen könnten, sollte man die doch auch in Ruhe lassen – immerhin haben sie die Nacht überstanden.«

Paul trank oft die ganze Nacht lang.

Ich weiß nicht, woher genau das kommt, aber es muss wohl damit zu tun haben, dass die Leute sich einer Aufgabe nicht gewachsen fühlen. Alle Schauspieler, die ich jemals kennengelernt habe, dachten, sie würden sich nur irgendwie durchmogeln. Und ich bin mir sicher, dass Paul tief innen dachte, er würde das Geld, das er bekam, bloß stehlen, und dass er sich fragte, wann ihn das einholen würde. Menschen, die keine gute Meinung von sich haben, werden alles tun, damit sie sich besser fühlen. Wohltätigkeit ist etwas, wodurch man sich besser fühlen soll, aber das Gefühl hält immer nur ein paar Minuten lang.

Er musste so viel unter einen Hut bringen – Ehe, Ruhm, sogar bei der Arbeit gab es immer wieder Herausforderungen. In der Zeit, als es über Paul immer hieß, er stünde im Schatten von Marlon Brando, obwohl er da selbst schon richtig berühmt war, hat er nie einen Oscar bekommen. Steve McQueen machte ihm auch eine Zeit lang zu schaffen. Für ihn war das, als hätte mit McQueen das Analphabetentum in der Schauspielerei Einzug gehalten. Paul wollte immer, dass man ihn als Intellektuellen betrachtete. »Du weißt ja gar nicht, wie glücklich du dich schätzen kannst«, sagte er mal zu mir. »Ich bekomme immer nur Applaus, aber du bekommst Anerkennung.«

ARTHUR NEWMAN JR., PAULS ÄLTERER BRUDER WAR BEI VIELEN VON PAULS FILMEN DER PRODUKTIONSLEITER.

Paul war ein großer Bewunderer von Fredric March. Als Freddie mit Paul zusammen in *Man nannte ihn Hombre* spielte, sagte er zu mir: »Arthur, du musst ein Auge auf Paul haben, wegen der Trinkerei. Ich habe mehr große Schauspieler durch Trinken untergehen sehen als durch irgendetwas anderes.«

Ich persönlich glaube gar nicht, dass es sich negativ auf seine Arbeit auswirkte oder dass es jemals einen Tag gegeben hat, an dem er eine schlechte Darstellung lieferte, weil er zu viel getrunken hatte. Paul ging abends zurück in sein Motel und trank dort, aber es ist nie vorgekommen, dass man ihn in irgendeiner Bar hätte rumhängen sehen.

Ich glaube, durch seine Besessenheit von körperlicher Fitness und der Sauna hat er dieses verdammte Zeug vielleicht sogar teilweise wieder ausgeschwitzt, bevor es ihn erledigt hätte. Alkohol tötet Nervenzellen, und das Nervensystem bildet keine neuen Zellen. Aber bei Paul hat der Alkohol jedes Mal vielleicht nicht achtundzwanzig Zellen abgetötet, sondern nur dreizehn.

Alle Menschen sind ja so konstruiert, dass sie einen eingebauten Selbstzerstörungsmechanismus haben. Und die Leute laufen ihr Leben lang damit herum und wollen immer wieder den Knopf drücken, um sich selbst zu zerstören. Jedes Mal, wenn sie auf den Knopf drücken, richtet das Schaden an, und der summiert sich. Am Anfang ist der Schaden minimal, aber später macht er einem zu schaffen, wenn er immer größer wird.

PAUL UNTERHÄLT PRINZESSIN MARGARET 1965 AM SET VON *DER ZERRISSENE VORHANG* IM BEISEIN DES REGISSEURS ALFRED HITCHCOCK.

Meine Veranlagung zu Sucht oder zu Alkohol hätte sich weniger auswirken können, aber sie hätte sich auch noch mehr auswirken können. Dass ich nicht *mehr* getrunken habe, ist der Tatsache geschuldet, dass ich mich dazu nicht hinreißen lassen konnte. Dass ich weniger hätte trinken können, ist ein Zeichen dafür, dass ich mich dazu auch nicht durchringen konnte. Bis zu welchem Pegel auch immer, es ist damit vergleichbar, bis zu welchem Pegel der Wasserstand steigt. Die Grenze für jeden Einzelnen liegt an dem Punkt, an dem man entweder zu diesem oder zu jenem wird.

Dass ich mir nie ein Kilo Kokain besorgt habe, ist vermutlich besser, als wenn ich es getan hätte. Es nicht zu tun, lag einzig und allein an mir – so wie es einzig und allein an einigen anderen lag, dass sie es leider taten. Sie taten es, ich nicht. Natürlich gibt es auch Menschen, die keinen Alkohol trinken, die kein Kokain nehmen, die gar nichts brauchen. Das liegt an ihnen. Und dafür kann ich ihnen nur Beifall zollen. Aber auch das liegt nicht an ihrer Mutter oder ihrem Vater oder ihrem Onkel – es liegt immer an mehreren Faktoren, die jemanden ausmachen.

Demnach, was ich über Anlage und Umwelt weiß, ist es so, dass sich diese Faktoren bei jedem unterschiedlich auswirken. Aber was man daraus macht, dass man vielleicht von der Veranlagung her oder vom Umfeld her nicht genug mitbekommen hat, hängt letzten Endes von jedem selbst ab. Jeder muss die Verantwortung für das eigene Handeln selbst übernehmen.

Wenn ich »Newman« als Eintrag im Wörterbuch definieren müsste, würde ich ihn so formulieren: »Jemand, der sich zu viel Mühe gibt.« Ich bin überwiegend davon überzeugt, dass man im Rahmen der genetischen Veranlagung einen enormen Handlungsspielraum hat. Und dass solches Gejammer wie »Mami hat mir nie ein Küsschen gegeben« ein großer Haufen Unsinn ist. Aber andererseits habe ich eine ziemlich beschissene Meinung von mir selbst, und die muss ja irgendwoher kommen.

CHRIS HUNTER, DER SOHN DES SCHAUSPIELERS JEFFREY HUNTER UND DER SCHAUSPIELERIN BARBARA RUSH, WAR EIN ENGER FREUND VON SCOTT NEWMAN.

Scott erzählte mir manchmal von den Abenteuern mit seinem Vater. Paul und Scott fuhren mit diesem Rennwagen von Paul durch die Gegend und schossen sich dann so richtig ab. Sie holten sich eine Menge Bier, betranken sich und machten Spritztouren. Einmal sind sie durch die hintere Wand der Garage in einen Kühlschrank gefahren.

Vielleicht war das eine der Verbindungen, die sie zueinander hatten, so eine Art Blutsbande, dass sie sich zusammen betranken. Durch den Alkohol ist man zusammen in einer Art Paralleluniversum, in dem man machen kann, was man will. Ich glaube, er war begeistert davon, dass er zusammen mit seinem Vater so etwas erleben konnte und dass sie sogar durch eine Wand gefahren waren. (Er sagte zu mir, dass ich das niemandem erzählen sollte.)

JOHN FOREMAN

Als Paul und Joanne sich das Haus in Connecticut gekauft hatten, saßen Paul und ich oft noch bis spät nachts da und tranken. Meistens ging ich irgendwann zu Bett, und Paul blieb einfach sitzen und dämmerte ein. Oft war die Stimmung erst mal gut, während er immer mehr trank, aber an vielen Abenden kam es auch vor, dass Paul immer miesere Laune kriegte und aggressiver wurde. Er beschrieb das immer so, dass es irgendwann »Klick« machte, und dann hörte man von ihm

PAUL ANFANG DER 1960ER-JAHRE

nur noch etwas über irgendwelche »Arschkriecher« oder »scheiß« auf dieses oder jenes. Dann machte er die ganze Branche schlecht, alles, was er geleistet hatte, seine ganze Arbeit, ließ sich über sein Versagen als Ehemann aus, und als Vater, und so weiter, bis er irgendwann nur noch lallte und tierische Geräusche von sich gab. Paul blieb in seinem Ledersessel sitzen, und ich als sein Agent empfand es als Teil meiner Aufgabe, als meine Verpflichtung, als einen Freundschaftsdienst, den Abend irgendwie ausklingen zu lassen. Aber er schlief einfach ein. Oder er beschimpfte mich und sagte, wir sehr er mich hasste.

In den ersten Jahren ihrer Ehe blieb Joanne auch immer bis spät in die Nacht da sitzen. Aber dann irgendwann stand sie einfach auf, ging ins Schlafzimmer und machte die Tür hinter sich zu. Und das war's dann. Sie konnte sich das einfach nicht noch länger ansehen.

JOANNE WOODWARD

In der Zeit als Paul 1971 in Oregon bei *Sie möchten Giganten sein* Regie führte, kam er einmal fast zu Tode. Er fiel nachts aus dem Bett. Mit einer blutenden Wunde am Kopf lag er auf dem Fußboden. Da war ich so nah dran wie nie zuvor, ihm zu sagen: »Das war's, ich halte es einfach nicht mehr aus.« Als der Film fertig war, trank Paul nichts Hochprozentiges mehr.

Ich dachte oft, der einzige Frieden, den Paul jemals fand, war der, wenn er total betrunken war. Jetzt findet er ihn in Rennwagen. Ruhe und Frieden, die Gewissheit, dass er etwas richtig gemacht hat.

Die Zeit als ich *Sie möchten Giganten sein* drehte, war für mich eine irgendwie verwirrende Phase. Ich war rastlos. Ich legte mich mit allen an. Sogar mit Joanne bekam ich Probleme. Die Newman-Foreman Company produzierte den Film. Ich sollte eigentlich nur darin mitspielen, aber dann musste unser Regisseur, Richard Colla, ersetzt werden. Also führte ich letzten Endes selbst Regie bei diesem Film – und dann kam die Produktion auch noch wortwörtlich zum Stillstand, weil ich nicht weit von unserem Drehort in Oregon einen ziemlich üblen Motoradunfall hatte. Von allen Seiten kam Druck, der mich belastete und um den ich nie gebeten hatte.

Obwohl ich mich jeden Abend abschoss, hatte ich trotzdem das Gefühl, dass ich ungeheuer viel für diesen Film arbeitete. Der Alkohol half, all das zu bewältigen. Aber vielleicht war das die absolut falsche Bewältigungsmethode.

GEORGE ROY HILL

Paul rief mich an und fragte, ob ich raufkommen könnte nach Oregon, um ihm am Set zur Hand zu gehen. Er war ins Schleudern geraten. Ich stieg in mein Flugzeug und flog da rauf, blieb vielleicht eine Woche, um mir die Aufnahmen anzusehen, die er selbst und Colla schon gemacht hatten, nahm ein paar kleine Änderungen am Drehbuch vor. Ich glaube, meine Anwesenheit hat ihm psychologisch mehr geholfen als professionell, ihm eher Sicherheit gegeben als ihm sonst irgendwie zu helfen.

Als ich bei *Zwei Banditen (Butch Cassidy and the Sundance Kid)* zum ersten Mal mit Paul zusammenarbeitete, hatte er kurz vorher selbst Regie geführt, bei *Die Liebe eines Sommers*, und für seine Regiearbeit hatte er den New York Film Critics Award bekommen und war vom Verband der Regisseure ebenfalls nominiert worden. Obwohl Paul nie auch nur das leiseste Wort darüber verlor, hatte ich innerlich doch damit zu kämpfen. Denn für mich war es so, als stünde hinter ihm ein großes Schild, auf dem in riesigen Buchstaben stand: »Ich habe gerade den Regiepreis gewonnen.«

Er war mir ungeheuer dankbar dafür, dass ich nach Oregon gekommen war, aber ehrlich gesagt, glaube ich, er hat mehr daraus mitgenommen, als ich überhaupt eingebracht hatte.

JOHN FOREMAN

Nach *Sie möchten Giganten sein* fingen wir direkt mit *Das war Roy Bean* an. Wissen Sie, worin der Unterschied bestand? Dadurch dass John Huston Regie führte, hatte Paul nicht die doppelte Verantwortung, gute Regiearbeit leisten und den Film als Schauspieler zum Erfolg machen zu müssen. Und zwischen diesen beiden Filmen traf Paul, mehr oder weniger, die Entscheidung, mit dem Trinken aufzuhören.

JOANNE WOODWARD

Das Trinken war immer der größte Kummer in unserem Leben. Jetzt trinkt er immer weniger. Letztens habe ich zu ihm gesagt: »Das kleine Gläschen Wein, das du da gerade trinkst, wirkt bloß wie ein Schnuller – eigentlich brauchst du es gar nicht, aber du wärst unruhig, wenn du es nicht hättest.

SIDNEY LUMET WAR EINER DER AM MEISTEN GEFEIERTEN AMERIKANISCHEN REGISSEURE UND WURDE VOR ALLEM BEKANNT MIT FILMEN WIE *DIE ZWÖLF GESCHWORENEN*, *SERPICO*, *HUNDSTAGE* UND *DIE WAHRHEIT UND NICHTS ALS DIE WAHRHEIT*, IN DEM PAUL MITSPIELTE.

Paul und ich sprachen über die Trinkerei von Frank Galvin, den er in dem Film spielte. »Damit kenne ich mich aus«, sagte er. Das hörte sich für mich so an, als hätte Paul damit auch so seine Probleme, aber ich fragte ihn nicht danach.

Wir besprachen die Herangehensweise an »das Verleugnen«, und dazu hatte uns unser Schauspiel-Coach Sanford Meisner eine wichtige Erkenntnis geliefert. Wie spielt man einen Trinker? Als jemanden, der sich sagt: »Ich bin nicht betrunken. Ich bin doch nüchtern.« Man spielt die Nüchternheit, legt den gesamten Fokus darauf, nüchtern zu wirken. Paul hatte große Sorge, wie er das Selbstmitleid vermitteln sollte, denn jeder Trinker hat naturgemäß Selbstmitleid. Aber er wollte auf keinen Fall ins Glas heulen.

Paul ließ sich diese physischen Eindrücke einfallen, die unangenehm wirken mögen, aber Galvins Problem offenbaren. Wenn wir ihn im Film das erste Mal sehen, ist er auf dem Weg zu einer Beerdigung und benutzt ein Mundspray; das war Pauls Idee, ebenso wie die Idee, dass Galvin sich immer wieder Tropfen in die Augen träufelt.

Um nüchtern zu bleiben, muss Galvin sich ständig bewegen; Stillstand würde für ihn bedeuten, zum Glas zu greifen – wenn er arbeitet, muss er also immer in Bewegung bleiben. Entschlossenheit zeigt Galvin/Paul erst bei seinem Schlussplädoyer vor den Geschworenen – da bewegt er sich überhaupt nicht.

JOANNE UND PAUL 1970 IN OREGON AM SET
VON *SIE MÖCHTEN GIGANTEN SEIN.*

Ich wüsste nicht, dass mir die emotionalen Momente in meinen Filmen jemals leicht gefallen wären, bevor ich *Die Wahrheit und nichts als die Wahrheit* drehte. Eigentlich kann ich mich nur an ein paar solcher Momente erinnern, in denen es überhaupt funktionierte.

Lumet gibt einem das Skript, dann kommt man an einem Montagmorgen wieder, setzt sich mit allen an den Tisch und geht es zusammen durch, und ab dem Moment war ich wie blockiert. Ich brauchte wirklich lange, um die Figur des Frank Galvin zusammenzuknüpfen. Bei den langen Szenen mit dem Richter, mit den Geschworenen war ich noch deutlich im Rückstand. Wieder zu Hause machte ich mich daran, der Rolle Konturen zu geben.

SIDNEY LUMET

Bei den Proben zu *Die Wahrheit und nichts als die Wahrheit* wurde es einmal etwas kritisch. Paul hatte mir unterschwellig zu verstehen gegeben, dass er zunächst die Äußerlichkeiten seiner Rolle ausarbeiten wollte. Wie soll die Stimme klingen? Wie soll die Körperhaltung sein? Mir ist es einerlei, an welchem Punkt die Schauspieler bei einer Rolle ansetzen. Ich richte mich immer danach, wie die Schauspieler vorgehen wollen.

Am Ende der zweiten Woche spielten wir das Ganze einmal durch. Da las Paul seinen Text größtenteils noch vom Skript ab; er hatte vielleicht ein Drittel davon auswendig parat. Seine Darstellung war sehr gut, aber er füllte die Rolle noch nicht mit Leben. Nachdem ich bei den anderen Schauspielern das eine oder andere kommentiert hatte, schickte ich sie nach Hause, bat Paul aber, noch zu bleiben.

Dann fragte ich ihn unumwunden: »Was ist los? Es funktioniert nicht.«

»Oh, das liegt am Text, Sidney. Es fällt mir so schwer, diesen verfluchten Text zu lernen. Aber das kriege ich schon noch hin.«

»Nein, Paul. Es liegt nicht am Text.«

Er blinzelte ein paar Mal, ziemlich hastig, und dann fragte er: »Was glaubst du, wo liegt das Problem?«

»Ich glaube, du musst dich entscheiden«, sagte ich. »Du

musst entscheiden, wie viel von dir du für uns sichtbar machen willst. Du selbst bist derjenige, der bei der Rolle fehlt, dein Herzschlag.«

Paul sagte erstmal nichts. Wir verabschiedeten uns ins Wochenende. Als er am nächsten Montag wiederkam, war er wie ausgewechselt. Alles war da, und von dem Moment an gab es nur sehr wenig, woran wir noch arbeiten mussten. Ich glaube, Paul hatte nur darauf gewartet, dass jemand sein Talent forderte. Er weiß, was gutes Schauspiel ist, und gutes Schauspiel bedeutet Selbstoffenbarung.

Im Sommer 1948 hatte ich zum ersten Mal mit betrunkenen Schauspielern zu tun, und mit »betrunken« meine ich sowohl hinter als auch auf der Bühne. Ich weiß gar nicht mehr, wie ich die Vorstellung hinter uns gebracht habe.

Ich war als Praktikant am Priscilla-Beach-Theater in Plymouth, Massachusetts, und mir wurde dort erstmalig die Ehre zuteil, einige Stücke zu inszenieren. Das Theater war bekannt dafür, dass es viele verschiedene Stücke auf dem Spielplan hatte, für die oftmals Hollywood- oder Broadwaystars als Publikumsmagneten engagiert wurden, die die Hauptrollen spielten, während die Praktikanten alle weiteren Rollen übernahmen. Mit diesen Stücken gaben wir auch kurzzeitige Gastspiele an anderen Bühnen auf Cape Cod.

Diana Barrymore und ihr dritter Ehemann Robert Wilcox waren die Zugnummern in dem Kriminaldrama *Laura*. Diana Barrymore war die Tochter des legendären John Barrymore, und Wilcox war ein überwiegend in B-Movies auf Hauptrollen abonnierter Filmschauspieler. Wir sollten in einem Theater in Woods Hole auftreten, auf einer sehr merkwürdig gestalteten Bühne; schon beim ersten Blick auf diese Bühne fand ich, wir bräuchten vor unserem Auftritt unbedingt noch eine Art Generalprobe. Also berief ich in meiner

Eigenschaft als Praktikanten-Intendant noch vor der Abendvorstellung für vier Uhr nachmittags eine solche Probe ein. So etwas hatte es bei einem als Intendant fungierenden Praktikanten noch nie gegeben. Und sobald Diana und Bob um vier Uhr einen Blick auf die Bühnenausstattung geworfen hatten, rannten sie zu der Bar auf der anderen Straßenseite und betranken sich. Und als sie um kurz vor acht zurückkamen, waren sie sturzbetrunken.

Die Bühne wurde dominiert von einem großen Sofa, das sage und schreibe nicht mal einen halben Meter entfernt mittig vor dem Bühnenrand stand. Vor diesem Sofa musste Diana einige Male hin- und herlaufen, und das Publikum fing jedes Mal an zu lachen, weil es aussah, als würde sie den Zuschauern jeden Moment auf den Schoß fallen. Diana und Bob lallten ihren Text herunter, und als einer der anderen Schauspieler (so wie es im Skript stand) Diana auf das Sofa schubste, kippte das ganze Sofa hinten rüber, und Diana, die keine Unterwäsche trug, bot dem Publikum freie Sicht auf ihren Schritt. Das Publikum johlte.

Nach einer der Vorstellungen in Wood Hole wurden ein anderer Praktikant, Charlie North, und ich dazu auserkoren, Bob und Diana zu dem Cottage zu bringen, das die Theatergesellschaft für die beiden gemietet hatte, etwa eine halbe Stunde Autofahrt entfernt. Charlie fuhr den Wagen, und ganz im Sinne unserer beiden Mitfahrer schafften wir die Fahrt in ungefähr achtzehn Minuten, indem wir Stoppschilder und rote Ampeln überfuhren, Bordsteinkanten mitnahmen und so weiter. Vorher hatten wir schon einen Kasten Bier gekauft, den wir mit in unsere Unterkunft nehmen wollten, die ganz in der Nähe war. Soweit ich mich erinnere, war der Kasten, als wir ankamen, schon so gut wie leer. Wir dachten vermutlich, wenn es uns denn erwischt, können wir auch gleich die Dummys spielen.

Vor dem Cottage der beiden Stars stand eine hohe Straßenlaterne und beleuchtete die Veranda, die genau im Blickfeld der Unterkünfte der weiblichen Praktikanten lag. In dem Moment, als wir Bob und Diana aussteigen ließen, fingen die beiden an zu streiten. Und dieser Streit eskalierte. Wilcox griff nach den Trägern von Dianas Sommerkleid, riss ihr das Kleid halb vom Leib und schrie: »Und wie findest du das?!« Die beiden schrien nur noch aufeinander ein. Und man hörte, wie in der Unterkunft der Praktikantinnen ein Fenster nach dem anderen anstandshalber zugeknallt wurde.

Für mich war das Ganze ein weiteres Indiz für harte Arbeitstage und harte Drinks.

Und dazu gibt es noch einen Epilog …

MEADE ROBERTS

Ich war nach Philadelphia gekommen, um mir Paul auf seiner Vorab-Tournee mit dem Broadwaystück *An einem Tag wie jeder andere* anzusehen. Am Abend gingen wir im Variety essen, einem privaten Club für Leute aus dem Showgeschäft, der an derselben Straße lag wie das Bellevue-Stratford Hotel. Da torkelte Diana Barrymore herein. Das muss so 1955 gewesen sein, also praktisch am Tiefpunkt ihrer Karriere – als sie mit einer grauenhaften Komödie, die *Pajama Tops* hieß, durch die Provinz tingelte. Sie war Alkoholikerin, aufgedunsen ohne Ende, und in Begleitung ihres Ehemanns Bob Wilcox, der auch in *Pajama Tops* mitspielte und ebenfalls Alkoholiker war.

»Da ist Diana Barrymore«, flüsterte ich Paul zu. Er sagte zu mir, da er sie auf Cape Cod kennengelernt hatte, könne er nun zumindest »Guten Abend, Miss Barrymore« sagen.

»Meinst du, ich sollte anstandshalber mal zu ihr rüber gehen und Guten Abend sagen?«

»Das würde ihr bestimmt gefallen. Diese Sommertheater-Aufführungen sind erst sieben Jahre her, und jetzt bist du der Star in *An einem Tag wie jeder andere*, und sie spielt irgendeine Schabracke.«

Also stand Paul von unserem Tisch auf, ging zu ihrem Tisch und sagte: »Miss Barrymore« – was alles war, was er überhaupt sagen *konnte*, bevor sie den Kopf hob und ausrief: »Marlon! Marlon!« Sie schnappte sich Paul, veranstaltete einen Riesenwirbel und küsste ihn so lange auf den Mund, dass Wilcox und ein anderer Typ sie von ihm wegzerren mussten. Pauls Gesicht war ihr einerlei; ich bin mir sicher, sie konnte sich nicht mal mehr erinnern, dass sie Paul Newman schon einmal begegnet war.

Er kam zurück an unseren Tisch und sagte nur ein Wort: »Jesus!«

Als ich zu Dianas Tisch gegangen war, sah ich in dieses kleine alte Gesicht dieser kleinen alten Frau, die gerade mal Ende dreißig war. Sie hatte sich bis zur Unkenntlichkeit verändert.

Das Gleiche ist mir wenige Jahre später in Beverly Hills passiert. Als ich das Restaurant La Scala betrat, hörte ich jemanden rufen: »Paul?« Ich sah mich in alle Richtungen um, aber das Licht war irgendwie so gedämpft, dass ich nicht viel erkennen konnte. Das »Paul?« ertönte noch einmal, und da merkte ich, dass es von einer Person kam, die allein in einer Nische saß. Ich ging zu ihr und wusste beim besten Willen nicht, wer die Frau mit dem zerfurchten Gesicht und den dunklen Augenringen war.

Sie sagte: »Paul, ich bin es – Pier Angeli.« Ich stand da wie erstarrt. Pier war meine Filmpartnerin in *Der silberne Kelch* gewesen (in der Zeit war sie mit James Dean zusammen, der im Studio nebenan *Jenseits von Eden drehte*), und danach in *Die Hölle ist in mir*. Das war noch gar nicht so lange her. Und jetzt saß hier diese einst so attraktive Frau, die zwar nur bedingt Talent gehabt hatte, aber stets großen Wert auf ihre äußere Erscheinung legte. Ihr Kopf war so groß wie ein Kürbis und von den Gesichtszügen nichts mehr vorhanden, woran man hätte erkennen können, wie sie einmal ausgesehen hatte. Es war beängstigend und verstörend.

Sowohl Diana als auch Pier wurden keine vierzig Jahre alt. Wilcox brachte es immerhin auf fünfundvierzig.

Was auch dazu beitrug, dass ich so oft Probleme mit Alkohol bekam, war, dass ich immer so schnell trank. Schließlich war ich ja die Nummer eins im Exen in der Siebten Flotte gewesen.

Bei diesen Wettbewerben bekam jeder der Kontrahenten ein Glas mit einem Drittel Liter Bier vorgesetzt, jemand anders übernahm den Countdown, und dann trank man das Bier. Wer als Erster sein Glas leer hatte, kam eine Runde weiter. Ich weiß nicht, woher ich diese Gabe habe, jedenfalls konnte ich das auch mit Whisky: das Glas in einem Zug leeren als wäre es Bier. Und wenn ich mir dann irgendwann sagte: »So, jetzt sollte ich lieber schlafen gehen«, und das dann auch tat, wurde ich immer betrunkener. Man muss bedenken, dass der Körper die ganze Flüssigkeit, die man zu sich genommen hat, auf die Temperatur des Blutes erwärmen muss, damit er sie absorbieren kann. Ich legte mich also ins Bett und versuchte einzuschlafen, während mein Körper damit beschäftigt war, diese eiskalte Flüssigkeit zu erwärmen, und ich dadurch immer betrunkener wurde.

Dieser Effekt ist einer der Gründe, warum die Briten normalerweise nie so betrunken waren wie wir. Sie tranken lauwarmes Bier, und Whisky grundsätzlich ohne Eis.

Mein gesamter Kreislauf hingegen war ständig mit all diesen Eiswürfeln beschäftigt.

STEWART STERN

Es war immer wieder erstaunlich. Paul wurde schon immer betrunkener, wenn wir da saßen und redeten, und irgendwann sagte er: »So, jetzt muss ich aber ins Bett«, und dann ging er rauf und legte sich schlafen. Aber es dauerte nicht lange, dann kam er im Schlafanzug wieder runter und fing ein neues Gespräch an. Und dann sagte er wieder: »So, jetzt muss ich aber ins Bett.« Und jedes Mal, wenn er wieder runterkam, war er noch etwas betrunkener.

Ich wachte dann immer wieder auf und wusste gar nicht, wo ich war. Manchmal wachte ich auch an den unmöglichsten Orten in den unmöglichsten Situationen auf. Aber ich weiß nicht, ob es hier jetzt angebracht ist, das auch noch zu schildern.

PAUL FÜHRT SEINE TOCHTER CLEA 2004 ZUM ALTAR.

XIII

Ich bin im Billardraum des Hole in the Wall Gang Camps, als dieses kleine Mädchen mit den niedlichen Rattenschwänzen mit ihrer Gehhilfe zu mir kommt. Jemand aus dem Betreuerteam sagt mir, sie soll nach unten kommen, also nehme ich sie auf den Arm und trage sie die Treppe hinunter. Erst ist dem Moment merke ich, dass die Beine des Mädchens aus Kunststoff sind, weil sie gegen meine Arme drücken. Als wir unten angekommen sind, stelle ich die Kleine auf die Füße und frage: »Geht das so?«

»Klar«, antwortet sie, »geht prima«, und dann geht sie nach draußen und spielt.

Ich habe die Beweggründe für mein wohltätiges Engagement immer infrage gestellt. Ich weiß nicht, wie altruistisch sie wirklich sind. Oder wie großzügig oder wie christlich oder sonst irgendetwas. Das Einzige, was ich zu meiner Ehrenrettung eindeutig sagen kann, ist, dass ich es einfach mache und dass das besser ist, als wenn ich es nicht machen würde.

Ich hinterfrage mein wohltätiges Engagement auch deshalb, weil ich nicht mit Sicherheit weiß, was zuerst kam, erst die Motivation und dann der Gedanke oder erst der Gedanke und dann die Motivation. Der Gedanke dahinter ist natürlich der, dass ich einfach Glück hatte, das Glück in einer Demokratie zu leben, die vorherrschende Hautfarbe zu haben, Bildungschancen gehabt zu haben, unter dem Schutz der Bill of Rights zu stehen, die von Roosevelt formulierten Vier Freiheiten genießen zu dürfen und einiges mehr. Und dass man all das als Privileg betrachten muss, das die unausgesprochene Verpflichtung mit sich bringt, den Menschen, die weniger haben als man selbst, die Hand zu reichen.

Aber gerät man dabei nicht leicht in die Gefahr der Scheinheiligkeit? Indem man sagt: »Meine größte Freude war immer, der Gesellschaft etwas zurückzugeben, auch wenn ich es ihr vorher weggenommen habe.« Erstmal habe ich doch für mich selbst gesorgt, sonst könnte ich mir Wohltätigkeit gar nicht leisten; in materieller Hinsicht kann ich das doch verkraften. Was schadet es mir denn, zehn Millionen Dollar abzugeben? Dadurch ändert sich mein Lebensstandard nicht. Ich bekomme nicht weniger zu essen, und ich kann mir nach wie vor einen Buick-Motor in einen Volvo einbauen lassen.

Das Einfachste, was ich tun kann, ist doch wohl Geld abzugeben. Meiner Ansicht nach bringe ich damit nicht die Art von Opfer, die Großzügigkeit zu einer umso größeren Geste macht. Bin ich wirklich der Philanthrop, als der ich in den Medien immer dargestellt werde? Ich verstehe unter einem Philanthropen jemanden, der auf die Annehmlichkeiten seines Lebensstils verzichtet, sich zu den Benachteiligten begibt, sich die Hände schmutzig macht und sich dem verschreibt, womit er sich die Hände schmutzig macht. So jemand ist ein bemerkenswert anständiger Mensch.

Was nämlich wirklich schwer aufzubringen ist, ist Zeit, um den weniger Privilegierten aktiv zur Seite zu stehen. Das ist einer der Hauptgründe, warum ich mein eigenes Engagement infrage stelle.

Ich weiß noch, dass wir in meiner Kindheit an Thanksgiving immer Scheffelkörbe mit Lebensmitteln und aussortierten Kleidungsstücken zur Kirchengemeinde meiner Tante gebracht haben. Wir bekamen auch die Adressen armer Haushalte, und meine Mutter ist mit uns dorthin hingefahren, damit wir die Körbe abgeben konnten, und Weihnachten haben wir es ebenso gemacht. Manche der Kinder hatten nicht einmal Schuhe. Ich war bestürzt von dieser

Armut. Sie kam mir vor wie die beängstigende Aussicht auf künftigen Mangel, und ich fühlte mich so hilflos und überfordert. Ich war in diesem superhygienischen Haushalt aufgewachsen, in dem alles, was nicht tadellos keimfrei schien oder auch nur den leichtesten Anschein von Moder oder Verfall hatte, penibel gemieden wurde.

Manchmal habe ich die Vermutung, dass mein wohltätiges Engagement seine Ursache darin hat, dass ich eigentlich überhaupt keine sozialen Berührungspunkte hatte, sodass ich mir das irgendwann einfach ausgedacht habe wie alles andere auch: Newman der Footballspieler, Newman der Schauspieler, Newman der sozial engagierte Bürger, Newman der Liebhaber – all das. Man kann Wohltätigkeit ja auch praktizieren, wenn man in dieser Hinsicht ein Manko verspürt und das Gefühl hat, dass man dieses Manko ausgleichen sollte. Man schöpft aus einem Topf mit einer Suppe, die man aber gar nicht selbst gekocht hat. Ich mache mir immer furchtbar viele Gedanken darüber, welchen Eindruck etwas hinterlässt, und Wohltätigkeit macht einen guten Eindruck. Es ist leicht, wohltätig zu sein, wenn es einen nichts kostet. Das ist etwas ganz anderes als bei den Leuten, die auf Kosten ihrer eigenen Lebensumstände rausgehen und sich um andere Menschen kümmern.

Was ich instinktiv davon halte? Mir ist bewusst, dass es teilweise meinem Wesen entspricht, an allem zu zweifeln, was ich tue – an meinen Bemühungen, meinen Freundschaften, bis ich gar nicht mehr erkenne, was wirklich dahintersteckt. Ich wäge immer alles peinlich genau ab, versuche allem gerecht zu werden – meinen Beweggründen, mir selbst, allen anderen. All das lege ich so auf die Waage, dass es nicht aus dem Gleichgewicht gerät, und in dem Moment, in dem es den Anschein hat, dass sich eine Waagschale zu sehr nach unten neigt, lege ich in der anderen direkt etwas nach.

STEWART STERN

Mich trieb immer das Rätsel um, was er eigentlich von mir hielt, wie er zu mir stand, denn dahinterzukommen, welche Gefühle sich hinter dem ruhigen Gesichtsausdruck verbergen, hinter dieser Schweigsamkeit, ist wie ein Multiple-Choice-Test. Aber dann, als ich krank war, hörte ich, wie er auf der Intensivstation mit den Ärzten über mich sprach. Da merkte ich, dass unter dieser Schweigsamkeit seine Fürsorge verborgen liegt.

GEORGE ROY HILL

Wenn ich mal deprimiert bin, stärkt er mir immer den Rücken und ruft an und sorgt dafür, dass ich aus dem Haus komme, er lädt mich dann zum Essen ein oder so. Es bleibt auch nicht nur dabei, dass er mich am Telefon fragt: »Wie geht es dir denn?« Er sagt direkt: »Wir treffen uns auf einen Drink im Louie's.« Und dann geht es auch noch weiter, wir essen zusammen und dann treffen wir uns mit Joanne und gehen ins Kino oder unternehmen etwas anderes. Da ist er sehr engagiert. Und das ist etwas, das mir immer sehr wichtig war. Ich habe keine anderen Freunde, die sich so viel Mühe machen und sich die Zeit nehmen, mich zu unterstützen.

Wenn etwas zu einfach geht, kann man sich zunächst gar nicht vorstellen, welche Wirkung es haben wird. Dass aus einer spontanen Idee ein Salatdressing entsteht, das dann auch noch 19 Millionen Dollar Umsatz im Jahr einbringt, scheint geradezu absurd. Wenn der Gewinn 3,5 Millionen beträgt – was wahrscheinlich die höchste Gewinnmarge eines Lebensmittelherstellers in den USA ist –, müsste ich im Vergleich dazu mit meinen anderen Investments und mit meinen Rollen, ohne Steuern dafür zu zahlen, 3,5 Millionen Gewinn machen. Den Gegenwert des Gewinns aus Newman's Own kann ich zu 100 Prozent weitergeben, was bei meinen anderen Einnahmen nicht geht. Es sei denn, ich bin tot, dann kann ich sogar noch mehr weitergeben.

Dass der Gewinn aus dem Salatdressing an wohltätige Zwecke geht, ist eigentlich gar nicht das Interessante daran, denn er geht deshalb an wohltätige Zwecke, weil es einfach geschmacklos wäre, etwas anderes damit zu machen. Das Unternehmen entstand ja aus einem Spaß heraus, als zwei alte Freunde, nämlich A. E. Hotchner und ich, auf die Idee kamen, selbst gemachtes Salatdressing in alte Weinflaschen zu füllen und in Teeläden und anderen kleinen Geschäften in Connecticut zum Verkauf anzubieten. Es entwickelte dann ein Eigenleben. Je mehr Leute sagten »Das funktioniert doch sowieso nicht«, desto mehr fühlte ich mich angespornt, dafür zu sorgen, dass es funktioniert. Daher sind sogar mein Name und ein Bild von mir auf den Flaschen zu sehen, was ich mir früher im Leben nicht hätte vorstellen können (jedenfalls nicht mit meinem Segen).

Aber mitzubekommen, dass das Projekt zum Leben erwachte, so wie die Figuren in *Sechs Personen suchen einen Autor*, zu erleben, wie dieses kleine Fläschchen herumlief und nach einem Zuhause suchte, gegen verschlossene Türen stieß, sich wieder umdrehte und nach einem anderen Weg suchte, bis es in wohltätigen Zwecken den richtigen gefunden hatte und dazu noch einen reichen Onkel hatte, der ihm half, sein eigenes Leben zu führen, ohne plötzlich irgendwelche Forderungen zu stellen – all das trug dazu bei, dass ich mir schließlich sagte: »Warum eigentlich nicht?«

Wie gesagt, dass das Geld an Wohltätigkeitsprojekte geht, ist keine große Überraschung. Dass das Unternehmen mittlerweile bis zu sechs oder sieben Millionen Reingewinn macht, der unangetastet bleibt – und dass ich davon nichts für mich selbst abzweige –, das ist die Überraschung.

Ich kenne eine Menge Leute, die mit Wohltätigkeit zu tun haben, Leute, die eine Menge Geld einsammeln – sie treten bei Veranstaltungen auf, machen Fernsehauftritte und kassieren als Aufwandsentschädigung exorbitante Honorare. Soll man da etwa glauben, die machen das umsonst? Das tun sie nicht.

Ich weiß nicht, warum eine solche Veränderung in mir vorgeht. Ich glaube, es hat nichts damit zu tun, dass man ein Bewusstsein für den Tod entwickelt; ich verstehe selbst nicht, woher der Impuls kam. Dass wir Mitte der Achtziger die Camps ins Leben riefen, hatte aber, glaube ich, schon etwas damit zu tun, denn auch das war ebenso wenig geplant wie die Veränderung, die ich selbst durchmachte. Es war einfach eine Idee, die plötzlich aufkam, und ich hatte die Möglichkeit, sie umzusetzen.

Zum Teil kam diese Eingebung sicherlich auch durch den Tod meines Freundes Bruce Falconer im Jahr 1987. Er war Architekt in Connecticut und ein Mensch, der wirklich etwas aus seinem Leben gemacht hatte. Als Kind hatte er bei einem Unfall ein Bein verloren, aber er machte trotzdem bei allem mit. Er betrieb das Segeln so intensiv, dass er es sogar fast bis ins olympische Team schaffte. Ich weiß noch, dass er in einem Jahr zu Vorentscheidungen nach Italien flog. Als sein Leben im Alter von zweiundfünfzig Jahren durch Krebs vorzeitig zu Ende war, dachte ich: »Was für eine Tragödie!« Aber dann wurde mir etwas bewusst: Was Bruce passiert war, war tragisch, aber wie tragisch musste es erst für acht- oder zehn- oder zwölfjährige Kinder sein, die Krebs hatten und nicht einmal die Zeit für diese kurze Episode des Lebens, die Bruce gewährt worden war? Und sollte man für diese Kinder nicht die Mauer einen Spalt breit durchbrechen, um ihnen die Gewissheit zu geben, dass sie etwas aus ihrem Leben machten, so wie Bruce sie hatte? Sollte man sich nicht auf eine Art um diese Kinder kümmern, die ihnen das ermöglichte?

Also stürzte ich mich einfach hinein. Meine Motive mag ich ja immer hinterfragt haben, aber nie das, was zu tun war. Es war etwas, das sich ganz von selbst in meinem Inneren abspielte und mich emotional berührte. Ich wachte eines Morgens auf und sagte mir: »Gut, das nehme ich jetzt in Angriff.« Im Vertrauen darauf, dass sich das Schicksal einer so guten Idee schon selbst annehmen würde, dass eine so gute Idee gar nicht scheitern konnte. Also bauten wir dieses Camp. Und es wurde zu einer enormen Quelle der Inspiration für viele Menschen. Auch für mich selbst.

Aber es war nicht so, dass mich das Schicksal auch direkt selbst mitgenommen hätte, denn plötzlich steht man da und hat sich zu einer Investition von 14 Millionen Dollar in ein Camp für Kinder verpflichtet, aber man hat nur sieben Millionen Dollar zur Verfügung. Unter der Prämisse, dass das Salatdressing-Geschäft nicht kaputt ging, bestand mein größtes Risiko darin, dass ich ein Darlehn auf meine künftigen Einnahmen aufnehmen müsste. Aber selbst dieses Risiko wurde minimiert, als eines Tages ein kleines Kind aus Saudi-Arabien nach Connecticut kommt und ich mit ihm Tischtennis spiele.

Da erzählt mir dieser kleine Junge, dass er zufällig eine üblicherweise sehr schlimme Blutkrankheit hat und momentan in Washington D.C. wohnt. Und dass er zufällig eine Verbindung zur Königsfamilie von Saudi-Arabien hat, deren Kronprinz zufällig der saudische Botschafter in den USA ist und auch in Washington wohnt. Und als Moslem und saudischer Staatsbürger steht dem kleinen Jungen zufällig das Recht zu, über den Kronprinzen eine Petition beim König selbst einzureichen. Und dann fliegt man plötzlich aus Washington D.C. nach Connecticut zurück und hat einen Scheck über fünf Millionen Dollar für das Kindercamp in der Tasche, mit einem Brief, in dem steht, dass das Geld eine Spende des Königs und der Bürger von Saudi-Arabien ist.

Wer kann mir das denn erklären? Wer hat eine Erklärung dafür, dass die Erkenntnis, wie viel Courage diese Kinder aufbringen und wie sie ihr Schicksal meistern, einen Mechanismus bei mir in Gang setzt, der mir neu war und auf den ich früher gar nicht reagiert hätte? Einen Mechanismus, der eine Tür in meinem Inneren öffnet und mich erkennen lässt, was sich dahinter verbirgt. Und dann verändert man sich einfach? Vielleicht lautet die Antwort schlicht: »Es war an der Zeit.« Und da stehe ich nun auf einmal, als Atheist und Nicht-Metaphysiker, und finde mich in einer göttlichen Fügung wieder.

Das ist schon komisch. Aber es ist menschlich. Und es ist unerklärlich.

Vor nicht allzu langer Zeit ist mir im Camp ein achtjähriger Junge begegnet, der sich kaum noch bewegen konnte; seine Arme und Beine waren furchtbar geschwächt. Das Immunsystem hatte sich irgendwie gegen den eigenen Körper gerichtet, sodass der Körper sich nun selbst abstieß. Der Junge saß auf einem der großen Felsblöcke am Eingang des Camps und sprach mit einem unserer Betreuer über Gott. Er sagte, über Gott wüsste er wirklich nicht viel, aber über die Urknalltheorie wüsste er eine Menge, und er hätte verstanden, dass dabei unglaublich viel Energie freigesetzt wurde; er verglich sie mit einer atomaren Explosion. Aber er hätte auch verstanden, sagte der Junge, dass man nicht mehr Energie aus etwas herausziehen könne, als hineingesteckt wurde, um es zu erschaffen.

»Aber ich habe das Gefühl«, sagte unser Betreuer, »dass ich viel mehr Energie aus dem Camp zurückbekomme, als ich hineinstecke.«

Der Achtjährige sah den Betreuer nachdenklich an und sagte: »Ja, kann sein, dass die dann von Gott kommt.«

Wenn ich mir vor Augen halte, dass ich das Privileg habe, so lange zu leben, dass alles, was ich jetzt noch zustande bringe, eine Zugabe ist, und dass es Kinder gibt, die nicht einmal ansatzweise dieses Privileg hatten, bevor es ihnen wieder genommen werden kann, dann finde ich, diese Kinder verdienen etwas. Was immer man dazu beitragen kann, um ihnen eine Erfahrung zu ermöglichen, die sie sich bewahren können, das sollte man, wenn man die Möglichkeit dazu hat, auch beitragen. Was sonst könnte bedeutungsvoller sein?

STEWART STERN

Das Camp entstand aus dem Drama, das sich innerlich in ihm abspielte, so wie bei allem. Manchmal befindet man sich absolut im Einklang mit sich selbst, und dann liegen der Impuls und das, was daraus entsteht, genau auf einer Linie. Dieses Camp ist der reinste Ausdruck seiner selbst, es entspricht ihm haargenau. Paul liebt dieses Camp, und diese aufrichtige Verbundenheit trägt dazu bei, dass alle anderen mitziehen. Das ist großartig.

Ich habe mir ganz schön die Hacken abgerannt, um das Hole in the Wall Gang Camp auf die Beine zu stellen. Man macht sich auf den Weg und absolviert vierzehn Benefizveranstaltungen. Man lässt sich sechstausendmal fotografieren. Man lädt zum Dinner in Boston und Hartford ein, und in New Haven und Stamford – man muss das Geld ja irgendwie auftreiben. Aber es hat sich gelohnt. Ich bin sogar nach St. Louis geflogen, zu August Busch, dem damals Budweiser gehörte. Ich ging in seinen Konferenzraum und sagte: »August, ich will, dass Sie die Verantwortung für das Kronjuwel unseres Camps übernehmen, den Speisesaal.«

»Wie viel wollen Sie?«, fragte er.

»Ich brauche 866 000 Dollar. Dann kriegen wir es hin.«

»Geht klar«, sagte er, und ich ging wieder. Das Ganze hatte ungefähr acht Minuten gedauert.

Später schrieb ich Busch einen Brief, in dem ich mich dafür bedankte, dass er als Firmenchef der erste Geldgeber war, der uns die Unterstützung zukommen ließ, die wir uns auch von anderen Unternehmen erhofften. Es sei eine sehr großzügige Spende, so schrieb ich, über die ich mir viele Gedanken gemacht habe. »In all den Jahren, seit meiner Zeit bei der Navy, also seit meinem achtzehnten Lebensjahr, habe ich schätzungsweise zweihunderttausend Dosen oder Flaschen Budweiser konsumiert«, rechnete ich ihm vor. »Wenn man die Zahlen nun ins Verhältnis zueinander setzt, ergibt sich daraus eine Beteiligung Ihrerseits von vier Dollar pro Flasche. Und da Sie seit 1944 mit dem Geld auch noch arbeiten konnten, verringert sie sich um ein Weiteres. Dennoch bin ich Ihnen dankbar.«

Es war, glaube ich, auch gar nicht so schlimm, dass ich, in finanzieller Hinsicht zumindest, immer eine leichte Beute war. Irgendwann in den letzten Jahren habe ich einmal eine Gesamtrechnung aufgestellt, bei der herauskam, dass ich zweiundvierzig Menschen den Lebensunterhalt sicherte. Für den Geschäftsführer eines Unternehmens wie General Motors mag das nicht nach viel klingen, aber für jemanden wie mich schien das beängstigend. Es war ja etwas ganz anderes als etwa vierzig Modelle eines Automobilherstellers im Blick zu behalten, um sie zu vermarkten, damit sich die Investition amortisiert. Außerdem muss ich einräumen, dass von all den Leuten, die auf meiner Gehaltsliste standen, nur etwa die Hälfte überhaupt eine sinnvolle Funktion erfüllte.

Aber wenn man erst einmal für so viele Menschen verantwortlich ist, dann will man auch nicht, dass sie einfach ausscheiden. Wie ich letzten Endes dann doch den Personalbestand verringerte? Tja, nur indem Gott sie aus dem Leben scheiden ließ. Vielleicht fühlte ich mich irgendwie dazu verpflichtet, anderen Menschen den Lebensunterhalt zu sichern, weil mein eigener Erfolg nur dadurch für mich erträglich wurde.

Ich glaube, das entspricht zu einem wesentlichen Teil der Wahrheit. Ich hatte immer das Gefühl, mein Erfolg basierte zum Großteil auf Äußerlichkeiten und weniger auf dem, was ich tat. Ich fand, ich hatte weniger Anspruch, stolz auf meine Leistungen zu sein, und deshalb hatte ich das Gefühl, dass ich wieder abgeben musste, was ich damit verdiente. Jetzt habe ich dieses Gefühl nicht mehr. In dem Camp und darin, was dort geschieht, steckt wirklich eine Menge Herzblut – auch darin, was zu Hause geschieht, was aus dem Projekt mit diesen Memoiren wird. Noch bin ich nicht so weit, aber so allmählich bröckelt mein Schutzwall.

XIV

PAUL AUF DER FEIER ZU SEINEM ACHTZIGSTEN GEBURTSTAG
MIT SEINEM BRUDER ARTHUR UND SEINEM ENKEL HENRY

Ich habe den Eindruck, man hat vom Beginn des Lebens an eine bestimmte Anzahl von Menschen zur Verfügung, mit denen man sich gut versteht. Je älter und je erfolgreicher man wird, desto mehr Freunde kommen hinzu, die eigentlich gar keine sind. Einerseits hoffe ich, dass ich nicht so paranoid werde wie meine Mutter, aber andererseits weiß ich auch, dass manche Menschen nur davon profitieren wollten, dass sie mich kennen. Dadurch fühle ich mich ausgenutzt und bin umso skeptischer geworden.

Ich frage mich, wie mein Leben im Alter sein wird, denn eigentlich habe ich nicht viele Freunde. In New York kann man sich kaum einsam fühlen, aber mir geht es trotzdem manchmal so. Wenn Joanne auf Reisen ist oder ich länger allein bin als normalerweise, dann fällt mir auf, dass es nicht viele Menschen gibt, auf die ich mich verlassen kann, und diejenigen, auf die ich mich verlassen kann, sind weit verstreut. Wenn ich mit jemandem etwas unternehmen wollte, wüsste ich gar nicht, wen ich anrufen sollte. Die meisten Leute, die ich gut genug kenne, wohnen nicht in meiner Nähe,

PAUL 2005 MIT SEINEN ENKELN HENRY UND PETER

sodass ich ihnen nicht einfach über den Weg laufen würde, wenn ich aus dem Haus gehe. Aber ich weiß auch gar nicht, ob ich daran überhaupt etwas ändern will, denn offenbar bemühe ich mich nicht darum. Also kann es so schlimm ja nicht sein. Aber vielleicht bin ich auch einfach nur zu stolz, als dass ich mir die Blöße geben würde, solche Anstrengungen zu unternehmen.

JOANNE WOODWARD

> Es dauert so lange, bis man erwachsen wird, und wenn man es dann endlich ist, sind die Menschen, für die man erwachsen geworden ist, nicht mehr da.

Immer noch laufen zwei Teile von mir herum, der dekorative Teil und das verwaiste Kind. Der dekorative Teil macht alles Mögliche, und das verwaiste Kind, mein inneres Wesen, läuft verzweifelt hinterher und sucht nach einer Lücke, durch die es den Arm hinausstrecken und sich Gehör verschaffen kann, um zu sagen: »Lass mich wieder an dir teilhalben.«

Erst wenn sich unsere unterschiedlichen Teile wieder miteinander verbinden, erkennen wir, was für einen Menschen sie zusammen ergeben. Das ist wie bei der Wiedervereinigung von Deutschland – wird es diesmal ein ehrenhaftes Land werden oder sind all die Zweifel, die manche Skeptiker äußern, tatsächlich berechtigt?

Wenn das verwaiste Kind und der dekorative Teil zu einer Person werden, wird diese Person sich immer noch fragen: »Wo ist mein Mitgefühl?« Und wird die Antwort dann lauten: »Oh, Scheiße, ich habe ja überhaupt keins.«

Wird es so sein, als hätte man sich durch ein ganzes Buch, durch das ganze Leben gekämpft, um hinter all den Ausschmückungen etwas Anständiges zu entdecken, sobald sich diese beiden Teile zusammenfügen? Und fragt man sich dann: »Wer verbirgt sich dahinter?« Und lautet die Antwort vielleicht: »Nur ein Serienmörder, mehr nicht.« Vollständig zu werden, zu etwas Ganzem zu verschmelzen – all das wäre dann sinnlos, und die beeindruckenden Eigenschaften, die man sich erhofft hat, sobald sich die beiden Hälften zusammenfügen, wären hinfällig. Damit hätten sich die schlimmsten Befürchtungen bewahrheitet.

Was mich betrifft, so frage ich mich all das immer noch. Und ich habe Angst davor, dass der emotional Betäubte, als der ich die ganze Zeit lang durchs Leben gegangen bin, niemals fähig sein wird, das verwaiste Kind zum Vorschein kommen zu lassen, damit es selbst am Leben teilhaben kann. Oft denke ich, was für eine schreckliche Belastung es doch für jemanden sein muss, der sich abgekoppelt und betäubt fühlt und dann so wie ich Schauspieler wird.

Ich hatte immer das Gefühl, ich bin in meinem eigenen Leben nur ein Beobachter. Ob sich das durch das viele Budweiser noch verstärkt hat, weiß ich nicht. Es kommt mir jedenfalls so vor, als beobachte ich nur etwas, und nicht so, als lebe ich etwas. Das ist so, als würde ich ein unscharfes Foto betrachten, das etwas verwackelt ist, weil die Kamera geschwankt hat, und nun ist das Gesicht auf dem Foto nur verschwommen zu erkennen. Genau genommen sieht man sogar drei oder vier Bilder, je nachdem, wie die Schwingung gerade ist. Klingt weit hergeholt; aber genauso weit entfernt von allem fühle ich mich ja auch.

Die Zeiten, in denen ich mich am Vollständigsten fühle und nicht das Gefühl habe, in Einzelteile zu zerfallen, die überall verstreut liegen, sind immer die Zeiten, in denen ich arbeite. Dann probiere ich vielleicht etwas Innovatives oder Fantasievolles oder Originelles für meine Rolle aus. Ganz gleich, ob ich dabei allein bin

PAUL UND JOANNE IRGENDWANN
MITTE DER 2000ER-JAHRE

oder zusammen mit anderen da stehe und ein Skript durchgehe, dann spüre ich eine Sicherheit, die ich sonst nicht habe.

Für mich ist das Schauspielen immer eine Möglichkeit gewesen, Gefühle hervorzubringen, ohne dafür bestraft zu werden, dass ich sie empfinde, denn ich könnte ja immer mit einem Lachen sagen: »Ach, das bin nicht ich, es ist doch nur die Rolle.« Ich habe es immer als enorm wichtig empfunden, ein so befreiendes Ventil gefunden zu haben, auch wenn es nur in einer fiktionalen Welt existiert – auch wenn ich im echten Leben keinen Zugriff auf diese Emotionen habe.

Was führt dazu, dass sich ein Mensch verschließt? Nach einer Antwort auf diese Frage suche ich schon lange. Möchte man vielleicht deshalb betäubt sein, weil man die Emotionen, die einem zur Verfügung stehen, gar nicht spüren will? Es ist ja nicht so, dass einem alles gleichgültig wäre, sondern eher so, dass man sich in die Position des Beobachters begibt und so viel innere Distanz wahrt wie nur möglich. Dem inneren Wesen sind ja nie Flügel gewachsen, um die Eigenheiten, die es ausmachen, überhaupt zu entdecken. Es wurde von dem dekorativen Teil verdrängt, überflügelt sozusagen.

Das innere Wesen hatte nie die gleichen Chancen.

Ich fand es schon immer faszinierend, dass man sich grundsätzlich nur in einem bestimmten Licht sieht. Man hält sich für einen netten Menschen oder man hält sich für einen miesen Typen oder man hält sich für furchtbar kompliziert oder was auch immer. Aber das Licht, in dem man anderen Menschen erscheint, hat gar nicht unbedingt die Färbung, die man selbst wahrnimmt. Die anderen sehen einen vielleicht in einem ganz anderen Licht. Etwas, das auf der einen Seite des Blattes steht, widerspricht vollkommen dem, was auf der anderen Seite des Blattes steht. Das ist ein interessantes Phänomen. Wie in einem guten Theaterstück. Es vermittelt das eindeutige Bild, dass es eigentlich gar kein eindeutiges Bild gibt. Es ist nicht so, dass man sich anhand einer bestimmten Äußerung oder anhand einer ganzen Reihe von Äußerungen so einfach ein Bild von einem Menschen machen kann. Was einen Menschen ausmacht, ist, glaube ich, die Komposition aus den deutlichen Widersprüchen, die sich in den Farbschattierungen zeigen. Erst daraus entsteht das vollständige Gemälde. Und auf diesem Gemälde wird man immer Partien entdecken, die man sich genauer ansehen möchte oder eben nicht.

Unsicherheiten haben mich mein Leben lang begleitet. Sie haben mir immer zu schaffen gemacht, ich brauchte immer wieder Hilfe. Einer der Gründe, warum ich in Therapie ging (und das mehr als nur einmal), war der, dass ich vielem so quälend empfindungslos und unbeteiligt gegenüberstand. Ich dachte, ich könnte lernen, mich mehr wie ein Erwachsener zu verhalten.

In der Therapie ging es um meine Kinder, meine Ehe, das Trinken, das Schauspielen – um alles, worauf man den Blick richten konnte. Man sieht sich jede der eigenen Handlungen ganz genau an, und wenn man das Gefühl hat, sie war nicht richtig durchdacht oder man hatte gar keine oder nur eine kindische Vorstellung davon, arbeitet man daran, das irgendwie zu beheben.

Ich habe immer dazu geneigt, mich über manches hinwegzutäuschen, darüber, dass ich zu viel trinke, darüber, dass ich nicht weiß, was mich ausmacht, sodass ich auch nicht wissen kann, was meine Kinder ausmacht – über all das Negative in meinem Leben. Ich war immer nur jemand, der auf all die Leute um sich herum angewiesen war. Der Moment, als ich merkte, dass gar nicht ich derjenige war, dem der ganze Wirbel galt, war schlimm. Es ging bloß um erfundene Figuren. Der Einfallsreichtum und das Können der Autoren, der Einfallsreichtum und das Können der Leute, die all das umsetzten und vermarkteten, das war es, was die Attraktivität ausmachte. Was das Publikum wollte, entsprach nicht dem dekorativen Teil von mir, geschweige denn dem verwaisten Kind. Glauben die Leute, ich bin William Faulkners Ben Quick? Oder Hud aus *Der Wildeste unter Tausend*? Oder Butch Cassidy, einer der beiden Banditen? Oder Frank Galvin aus *The Verdict – Die Wahrheit und nichts als die Wahrheit*? Oder eine der anderen Rollen, die ich gespielt habe? Das ist nur eine Hülle, die auf der Leinwand abgelichtet, von den Fans verfolgt wird und den ganzen Ruhm einheimst. Was auch immer mich wirklich ausmacht, mein inneres Wesen, bleibt unbemerkt, unbehaglich und unbekannt.

STEWART STERN: Gibt es etwas, worüber du dich jetzt ärgerst?

PAUL: Ich ärgere mich darüber, dass ich älter werde. Ich glaube nicht, dass ich in Würde altern werde.

Ich habe nur wenige feste Überzeugungen. Ich glaube nicht an ein Jenseits. Ich glaube nicht an Auferstehung. Ich bin kein Mystiker, auch kein Verfechter von Überirdischem. Aber ich bin überzeugt davon, dass das hier nur die Generalprobe ist. Wenn ich sterbe und man mich in diese Kiste legt und in ein Erdloch hinunterlässt, dann ruft jemand: »Cut!« Und dann sagt der Regisseur: »Okay, alles zurück auf Anfang, bringt die Kamera in Position und dann machen wir diese Szene nochmal ganz von vorn.« Und dann öffnet sich der Sargdeckel wieder und irgendein anderes Leben geht los oder weiter. Ich glaube nämlich, ich sterbe so etwa sieben- oder achtmal.

Dann stellt sich heraus: War alles nur ein Scherz.

JOANNE ANFANG DER 1980ER-JAHRE.
FOTO VON ALOMA GRUSKOFF

PAUL 1976

NACHWORT

STEWART STERN: Joanne, was glaubst du, wer Paul versteht?

JOANNE WOODWARD: Die Mädchen verstehen ihn, sogar besser als er glaubt.

Die Interviews in diesem Buch wurden zwischen 1986 und 1991 aufgenommen. Zu Beginn war Dad Anfang sechzig, und er wollte damit eine Art Bekenntnis ablegen. Für seine Familie und Freunde, und von ihnen, ohne ein Blatt vor den Mund zu nehmen. Daraus wurde ein Zeitdokument – das mit Sicherheit zu entscheidenden Erkenntnissen und Überlegungen führte. Aber damit war die Geschichte noch längst nicht zu Ende, in mancher Hinsicht fing sie damit sogar erst an. Im letzten Viertel seines Lebens veränderte er sich enorm; er war aufmerksamer und wollte unbedingt etwas zurückgeben. Für unsere Familie war das ein unglaubliches Geschenk, und es kam auch der Welt zugute.

Er legte zwar nie besonderen Wert auf Auszeichnungen, aber später in seinem Leben bekam er dann doch viele. Nach zehn Nominierungen bekam er für *Die Farbe des Geldes* den Oscar. Er bekam auch den Jean Hersholt Humanitarian Award (der ihm wahrscheinlich viel wichtiger war), den Freiheit-von-Not-Award der Four Freedom Awards Franklin D. Roosevelts (zusammen mit Mom) und den Kennedy-Preis (auch zusammen mit Mom). Die wunderbare Film-Cutterin Dede Allen sagte: »Ich war total schockiert, als die Academy ihm den Ehren-Oscar für sein Lebenswerk gab. Das machen sie eigentlich nur, wenn sie davon ausgehen, dass jemand nicht mehr weiterarbeitet oder bald stirbt. Er hat ihn so würdevoll entgegengenommen. Das hat er sehr humorvoll gemacht, aber ich habe trotzdem einen scharfen Unterton herausgehört, besonders, als er sagte: ›Ich hoffe, meine beste Arbeiten kommen noch.‹«

So war es. Er suchte sich Rollen aus, die ihn begeisterten, und es war ihm ein besonderes Vergnügen, zusammen mit Mom *Mr. & Mrs. Bridge* zu drehen. Er achtete immer darauf, die besten Schauspieler und Schauspielerinnen zu versammeln, die bereit waren, Zeit in die Proben zu investieren, und ihren Beruf gern machten. Er hatte so viel Spaß bei der Arbeit an *Nobody's Fool*, an *Road to Perdition* und besonders an *CARS* (für seine Enkel). Er war auch immer wieder auf der Suche nach einem Skript für einen weiteren großartigen Film mit Robert Redford, nachdem sie in *Der Clou* und *Zwei Banditen (Butch Cassidy and the Sundance Kid)* zusammengearbeitet hatten, aber leider fand sich keines. Darüber waren beide, glaube ich, sehr enttäuscht. Bemerkenswert war auch, dass Dad als Mutprobe, zu der Mom ihn herausgefordert hatte, im reifen Alter von siebenundsiebzig Jahren (seine Worte, nicht meine) nach achtunddreißig Jahren Pause wieder auf die Bühne zurückkehrte. Er spielte den Inspizienten in einer Inszenierung von *Unsere kleine Stadt* am Westport Country Playhouse, dem Theater in der Stadt, in der wir wohnten. Schon nach ein paar Vorstellungen kam das Stück direkt an den Broadway! Nachdem Mom oft zu ihren Ursprüngen zurückgekehrt war, war es eine Freude, das auch bei Dad zu erleben.

Dad hatte auch unbeschreibliche Freude daran, am Steuer eines Rennwagens zu sitzen. Er hatte schon immer Spaß an Wettkämpfen, und nun hatte er einen Sport gefunden, in dem er sich austoben konnte – manche Leute würden sagen, sogar viel zu viel! Er fing an, Rennen zu fahren, als er den Film *Indianapolis* drehte, und er hörte nie wieder damit auf. Er fuhr Rennen beim Sports Car Club of America (SCCA), und professionell, und er gewann viele Meisterschaften. Im Alter von siebzig Jahren wurde er sogar Erster beim Rolex-24-Stunden-Rennen in Daytona, was ihm einen Eintrag im Guinness-Buch der Weltrekorde als ältester Fahrer bei einem professionellen Rennen einbrachte. Zusammen mit Carl Haas gründete er Newman-Haas Racing, eines der erfolgreichsten Teams aller Zeiten der CART-Rennserie (Championship Auto Racing Teams) sowie der IndyCart-Rennserie, das mit Mario und Michael Andretti, Nigel Mansell und Sebastien Bourdais acht Titel gewann. Er verpasste kaum ein Rennen und war immer gern an der Strecke, um zu helfen, wo er konnte, und wenn es nur darum ging, die Fahrer anzufeuern. Sie waren »seine Leute«. Er fühlte sich immer wohl in der Rennfahrgemeinschaft, und viele Fahrer und Teambesitzer wurden ihm zu guten Freunden. Sein letztes Rennen gewann er auf der Rennstrecke von Lime Rock Park, die ihm immer eine der liebsten war, im Alter von zweiundachtzig Jahren, etwa ein Jahr, bevor er starb.

Dad konnte sich aus vielen Gründen extrem glücklich schätzen. Davon sprach er auch immer wieder. Durch den Erfolg seiner gemeinnützigen Lebensmittelfirma (mit einer der ersten eigenen Bio-Produktlinien) raste er mit Vollgas auf die Wohltätigkeit zu (Pardon für die Formulierung). Dad war grundsätzlich unbeschreiblich großzügig. Selbst sein Steuerberater sagte immer: »Paul ist in finanzieller Hinsicht der großzügigste Mensch, den ich kenne. Er spricht nicht darüber, wem und warum er etwas spendet – ich sehe nur die Gesamtaufstellung der Spenden, die sehr oft anonym erfolgen, was für meine Begriffe einen echten Philanthropen ausmacht. So etwas habe ich noch nie erlebt.« In dem Nachruf auf ihn im *Economist* stand, er war »gemessen an seinem Einkommen die großzügigste Einzelperson des zwanzigsten Jahrhunderts in den Vereinigten Staaten«. Er war auch unglaublich loyal seinen Freunden gegenüber, und seine Hilfsbereitschaft ging weit über das hinaus, wozu die meisten anderen Menschen bereit gewesen wären. Ich weiß, dass er mehr als einmal zugunsten seiner Co-Stars und Regisseure auf einen Teil seiner Gage verzichtet hat, um gerechte Bedingungen herzustellen. Fairness war ihm in jeder Hinsicht sehr wichtig.

Als Dad einen schwer erkrankten Freund im Krankenhaus besuchte, traf er dort auf viele Eltern mit schwerkranken Kindern, und auch das fand er nicht fair. Deshalb kam ihm ein Gedanke: Er würde einen Ort schaffen, an dem diese Kinder wieder Kinder sein durften und, wie er es ausdrückte, »einen kleinen Berg versetzen« konnten. Aus dieser Idee, die er vor über dreißig Jahren hatte, entstand das Hole in the Wall Gang Camp, als Rückzugsort, wo die Kinder der Angst und Isolation durch ihre Krankheit entfliehen konnten. Als er feststellte, dass ein Camp nicht reichte, um all die Kinder zu versorgen, gründete er eine Organisation, die als das SeriousFun Children's Network bekannt wurde, das mittlerweile auf dreißig Camps und Projekte überall auf der Welt angewachsen ist und in dem jeder, der möchte, mitmachen kann. So war er: Wenn er ein Problem erkannt hatte, redete er nicht nur, sondern unternahm etwas. 2005, im Alter von achtzig Jahren, engagierte er sich für ein weiteres wichtiges Anliegen: Wasser. Nachdem er sich von jeher für den Umweltschutz eingesetzt hatte, gründete er das Safe Water Network, das in Kooperation mit anderen Organisationen dafür sorgt, den zwei Milliarden Menschen weltweit sauberes Wasser zu ermöglichen, die keinen Zugang zu dieser lebenswichtigen Ressource haben. Er war nie untätig, fand immer eine Möglichkeit, einen Unterschied im Leben der Menschen auszumachen.

Diese Haltung gab er an seine Familie weiter: Wenn man das Glück hat, ein gutes Leben zu führen, muss man etwas zurückgeben. Eines meiner Lieblingszitate von Dad lautet: »Ich will nicht zum Heiligen werden, ich glaube nur, dass wir es im Leben ein bisschen so halten müssen wie der Bauer, der mehr in den Boden zurücklegt, als er herausgenommen hat.« Nur wenige Menschen, die Dad kannten, haben sich nicht von diesem einfachen Gedanken inspirieren lassen. Er setzte ihn mit Würde und Menschlichkeit in die Tat um. Letzen Endes betrachtete er Philanthropie als sein größtes Vermächtnis.

Ein letzter Gedanke …

Dad war eindeutig einmalig. Was für ein unsinniger Begriff, aber das war er wirklich. Er hat nie aufgehört, zu lernen und daran zu arbeiten, sich selbst und die Welt um sich herum zum Besseren zu verändern. Seine Familie, seine Freunde und seine Begeisterung, das war es, was seiner Seele guttat und ihn besser machte. Er hat nie aufgehört, nach der »exzellenten« Arbeit zu streben, von der er immer sprach – als Schauspieler, als Rennfahrer, als Philanthrop … ganz zu schweigen von den Burgern, die er auf dem Grill zubereitete. Wir hatten das Glück, ihn in unserem Leben zu haben, und tun unser Bestes, um aus seinen Erfolgen und aus seinen Fehlern zu lernen, so wie man es als Kinder eben macht. Auch jetzt noch, nachdem er vor so vielen Jahren starb, haben wir seine guten Ratschläge, seine schlechten Witze und seine unermüdlichen Ermutigungen im Ohr.

Oft war es ein Segen, aber manchmal auch ein bisschen wie ein Fluch, einen Vater zu haben, der von so vielen Menschen verehrt wurde, doch als wir uns ein letztes Mal von ihm verabschiedeten, war er umgeben von seiner Familie. Dennoch hat man nie genug Zeit, es gibt immer noch so viel mehr, was man hätte sagen können, worüber man hätte streiten können, wo man hätte Verständnis füreinander aufbringen können, und wir vermissen ihn jeden Tag schmerzlich. Er war der Kitt, der uns zusammengehalten hat. Deshalb ist auch dieses Projekt etwas, das er uns allen hinterlässt – seiner Familie, seinen Freunden und allen, die sich die Zeit nehmen, dieses Buch zu lesen. Es Realität werden zu lassen, war auf jeden Fall sehr erkenntnisreich, und ich hoffe, es wird für uns alle auch in der Zukunft eine Bereicherung sein. Mehr könnte man sich gar nicht wünschen.)

Clea Newman Soderlund

ANMERKUNG DER HERAUSGEBER

Die von Paul Newman selbst erzählten Passagen basieren auf den vielen Tonaufnahmen der Gespräche, die er und Stewart Stern zwischen 1986 und 1991 aufzeichneten.

Bei der Aufarbeitung der Dialoge zu den Texten in diesem Buch wurde sorgfältig darauf geachtet, Newmans gesprochenes Wort so unverfälscht wie nur möglich wiederzugeben. Obwohl Paul und Stewart keiner erkennbaren Chronologie folgten, wurde das Material weitgehend in eine chronologische Reihenfolge gebracht. Aus erzähltechnischen Gründen wurden einige der Zitate zusammengefügt oder aneinandergereiht, und stellenweise wurden der besseren Verständlichkeit halber Worte eingefügt. Die Wiedergabe der Aufzeichnungen ist eine originalgetreue, wenn auch komprimierte Adaption der Newman/Stern-Transkripte.

Newman hinterließ keine genauen Angaben dazu, wie er das Material verarbeiten wollte. Gleichwohl wurden Stil und Tenor seiner Äußerungen beibehalten.

FOTONACHWEIS UND COPYRIGHT

REGISTER

ÜBER DIE AUTOREN

PAUL NEWMAN war Schauspieler, Filmregisseur, Rennfahrer und Unternehmer. Nach zehn Oscar-Nominierungen bekam er den Oscar als bester Hauptdarsteller für seine Rolle in *Die Farbe des Geldes*. Er bekam auch zahlreiche andere Auszeichnungen, unter anderem den Filmpreis der British Academy of Film and Television Arts, drei Golden Globe Awards, einen Screen Actors Guild Award, einen Emmy Award, den Cecil B. de Mille Award, den Jean Hersholt Humanitarian Award sowie die Franklin D. Roosevelt Freiheit-von-Not-Medaille. Bekannte Filme von ihm sind unter anderen: *Haie der Großstadt, Der Wildeste unter Tausend, Ein Fall für Harper, Der Unbeugsame, Zwei Banditen (Butch Cassidy and the Sundance Kid), Der Clou, The Verdict –Die Wahrheit und nichts als die Wahrheit, Mr. & Mrs. Bridge, Nobody's Fool, Road to Perdition* und Disney-Pixars Cars, bei dem er als Berater fungierte und Doc Hudson seine Stimme lieh. Als Rennfahrer gewann Newman mehrere bundesweite Meisterschaften; er bekam einen Eintrag im Guinness Buch der Weltrekorde als ältester Fahrer bei einem professionellen Rennen, als er im Alter von siebzig Jahren beim Rolex-24-Stunden-Rennen in Daytona Beach Erster wurde. Bei seinem Engagement für die Umwelt und für humanitäre Hilfe mobilisierte und spendete er fast eine Milliarde Dollar an zahlreiche Wohltätigkeitsorganisationen. Newman hatte sechs Kinder und war fünfzig Jahre lang mit der Oscar-Gewinnerin Joanne Woodward verheiratet. Er starb 2008 im Alter von dreiundachtzig Jahren.

STEWART STERN war Drehbuchautor und ein langjähriger Freund von Paul Newman. Er wurde vor allem mit den Drehbüchern von Filmen wie *… denn sie wissen nicht, was sie tun* und *Die Liebe eines Sommers* bekannt.

ÜBER DEN HERAUSGEBER

DAVID ROSENTHAL war Verleger bei Simon & Schuster, bei Villard Books und bei Blue Rider Press, deren Gründer er auch war. Er arbeitet seit über vierzig Jahren als Journalist, Zeitschriften-Redakteur und Geschäftsführer im Verlagswesen.